D1747692

Volker Kluge
OTTO DER SELTSAME
Die Einsamkeit eines Mittelstreckenläufers
Otto Peltzer (1900-1970)

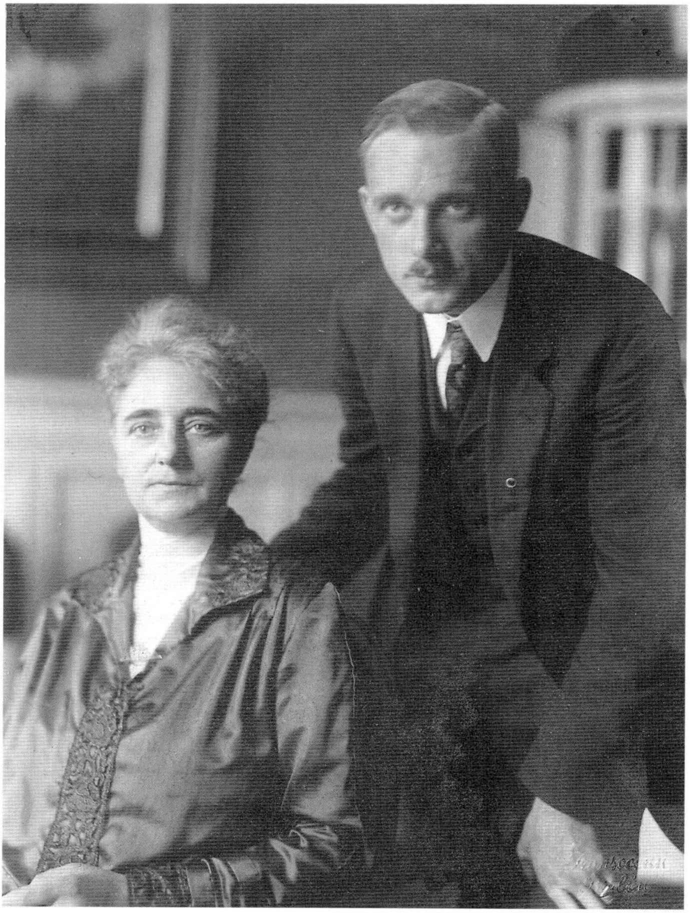

Volker Kluge

Otto der Seltsame

Die Einsamkeit eines Mittelstreckenläufers
Otto Peltzer (1900-1970)

Parthas Verlag

Die Deutsche Bibliothek - CIP-Einheitsaufnahme

Kluge, Volker:
Otto der Seltsame : die Einsamkeit eines Mittelstreckenläufers ; Otto Peltzer (1900-1970) / Volker Kluge. - Berlin : Parthas-Verl., 2000
ISBN 3-932529-74-X

© 2000 Parthas Verlag GmbH, Berlin

Frontispiz:
Dr. Otto Peltzer mit seiner Mutter

Projektkoordination:
creAtiv Werbeagentur GmbH, Berlin,
Gabriele Kluge
Umschlaggestaltung, Layout und DTP:
Irene Fischer
Lektorat: Angelika Griebner
Lithos: City Repro GmbH, Berlin
Druck und Binden: Graphische Betriebe
Heggemann, Druck und Verlag, Templin

Alle Rechte vorbehalten
Printed in Germany

Die Verwertung des Textes, auch auszugsweise, ist ohne Zustimmung des Verlages urheberrechtswidrig und strafbar. Dies gilt auch für Vervielfältigungen, Übersetzungen, Mikroverfilmungen und für die Verarbeitung mit elektronischen Systemen.

Inhaltsverzeichnis

Geleitwort von Walter Jens
Grußwort von Helmut Digel

I.	Stationen eines Lebenslaufs	11
II.	Kindheitsstop	12
III.	Jugend	14
IV.	Entwicklung zum liberalen Humanisten	20
V.	Eigentliche Kampfjahre	46
VI.	Auf der Flucht	71
VII.	Verlust von allem	89
VIII.	Wiederaufbaujahre	105
IX.	Neue Sichten	131
X.	Farewell, India!	139
Epilog		147

Anmerkungen	148
Bestleistungen	152
Biographien	153
Bibliographie	164

Geleitwort

Otto Peltzer war der Inbegriff einer unverwechselbaren Persönlichkeit unter den Leichtathleten – Weltbürger und Patriot, verläßlich und eigenwillig, kritikfreudig und nonchalant, ein laufbesessener Pädagoge, den Funktionären – und den Behörden erst recht – wegen seiner, sagen wir's behutsam, hellenischen Neigungen suspekt, die er als seine Existenzform unter Gustav Wynekens Ägide im Landschulheim Wickersdorf verwirklichen konnte. Otto Peltzer, den man den „Seltsamen" nannte, weil er sich nicht anpassen wollte, sondern nur ein einziges Ziel hatte: laufen zu können und deshalb Trainingsmethoden erfand, die noch in der Nachkriegszeit ihre Gültigkeit hatten.

Der Deutsche Leichtathletik-Verband täte gut daran, gerade heute, auf der Suche nach Vorbildern unter den Meistern vergangener Tage, eines Mannes zu gedenken, der zeitlebens als geheimer „Aufwiegler" galt, – ein Leichtathlet, der die Interessen der Sportler gegen eine – so heißt es in den Memoiren – „selbstherrliche Sportbürokratie" verteidigte und immer seinen eigenen Weg ging. Otto Peltzer, ein Sportsmann aus Deutschland, der seine Heimat verließ, Trainer in Skandinavien wurde und nach der Rückkehr, die Aufenthaltsgenehmigung war abgelaufen, im Konzentrationslager Mauthausen Zwangsarbeit zu leisten hatte, wie sie grausamer nicht vorzustellen ist, – Otto Peltzer, ein Sträfling zwischen Leben und Tod.

Nun, Otto Peltzer hat die Martern überlebt; das jahrzehntelange Training hatte Kräfte wachsen lassen, die ihn, nach der Befreiung durch die Amerikaner, genesen ließen; aber er war ein im Innersten gebrochener Mann, dem die Welt, in welcher die dem Nationalsozialismus willfährigen Sport-Funktionäre immer noch das Sagen hatten, fremd erschien: Wer, im Kreis derer, die einst Hitlers Krieg glorifizierten, stand, in Verpflichtung gegenüber dem Außenseiter und eigener Schuld eingedenk, in den Jahren nach dem Krieg einem Leichtathleten zur Seite, der, hochgeehrt in Indien und mehr und mehr vergessen in Deutschland, in einem Akt tieftraurigen Aufbegehrens einen Briefkopf mit den Worten „Dr. Otto Peltzer" benutzte, „Schriftsteller und Soziologe. Experte in Sportmedizin, -Technik und -Erziehung. Olympionike. Ehemaliger Weltrekordläufer"?

Und dennoch, an Abrechnung dachte er nie. So leicht es gewesen wäre, die auf eine makabre Kontinuität über die Zeiten hinweg eingeschworenen

Ideologen, die Sport mit Wehrhaftigkeit und Angriffslust identifizierten (Carl Diem an der Spitze), an den Pranger zu stellen: Otto Peltzer wollte am Ende der Leidensjahre Frieden, Versöhnung und vor allem einen Ausgleich zwischen Ost und West schaffen, der, so hoffte er schon in den fünfziger Jahren, in nicht sehr ferner Zeit Deutschland vereinigen werde.

Otto Peltzer, ein Mann zwischen den Fronten, selbstbewußt und geschunden, eigenwillig und demütig, – der Deutsche Leichtathletik-Verband sollte ihn heimholen, diesen liebenswertesten Ketzer in seinen Reihen, den Träumer, der im Augenblick tiefster Demütigung von dem Gedanken nicht lassen mochte, daß die Leichtathletik, nach der Überwindung nationalsozialistischer Herrschaft, auferstehen werde, wie der Phönix aus der Asche. Ja, er sollte seiner gedenken, der Verband, indem er, zum Beispiel, eine Ehrung nach ihm benennt, – bestimmt für einen jungen Athleten, der in Peltzers Weise, unbeirrt, couragiert und bereit, gesellschaftliche Tabus im Blick auf andere – humane! – Werte in Frage zu stellen, der Leichtathletik zum Ruhm gereicht: einen Otto-Peltzer-Preis.

Walter Jens

Beschluß des Verbandsrates
des Deutschen Leichtathletik-Verbandes,
4. Dezember 1999:

Der DLV verleiht in Anerkennung besonderer Verdienste um die Leichtathletik die Otto-Peltzer-Medaille. Die Medaille wird – stets nur aus gegebenem Anlaß – an Persönlichkeiten der Leichtathletik vergeben, die sich durch hervorragende Leistungen, mündiges Handeln und kritische Solidarität zur deutschen Leichtathletik ausgezeichnet haben.

Grußwort

In der vorliegenden Publikation widmet sich der Journalist Volker Kluge mit Dr. Otto Peltzer einem Läufer, der in den zwanziger Jahren in der Leichtathletik für Furore sorgte. Für den Leser bedarf es einer Erläuterung, warum der Deutsche Leichtathletik-Verband dieses Buchprojekt besonders begrüßt und unterstützt. 1998 beging der DLV das 100jährige Jubiläum der Leichtathletik in Deutschland. Die wachgerufene Erinnerung an die schillernde Persönlichkeit von Dr. Otto Peltzer verdankten wir einer den Feierlichkeiten in Berlin vorausgehenden Kommunikation mit dem Tübinger Rhetorik-Professor Walter Jens. Sie gipfelte in der Anregung des Wissenschaftlers, man möge dieses herausragenden Athleten mit einer besonderen Form der Ehrung gerecht werden.

Otto Peltzer war zu seiner aktiven Zeit gewiß zunächst lediglich eines jener leichtathletischen Idole, wie es sie auch in den folgenden Jahrzehnten gab. Immerhin triumphierte er 1926 über einen Paavo Nurmi und erzielte dabei in Berlin einen Weltrekord über 1500 m. Über seine läuferischen Fähigkeiten hinaus beeindruckt heute jedoch aus zeitgeschichtlicher Distanz sein kritischer Geist und sein in diversen Publikationen dokumentiertes trainingsmethodisches Wissen. Sie sind es, die Otto Peltzers herausragende sportliche Karriere noch bedeutsamer erscheinen lassen. Prof. Dr. Walter Jens hat ihn, den man den „Seltsamen" nannte, als „Inbegriff einer unverwechselbaren Persönlichkeit unter den Leichtathleten" bezeichnet, als „Weltbürger und Patriot". Die Kritik Peltzers galt den nationalsozialistischen Machthabern und den von ihnen eingesetzten Sportführern. Sie brachte ihm zunächst einen Gefängnisaufenthalt und schließlich die Inhaftierung im Konzentrationslager Mauthausen ein. Jahre nach der Befreiung hat er sich in seinen Memoiren als Mensch bezeichnet, der stets seinen eigenen Weg ging. Dieser Weg war aufs Engste verknüpft mit der Leichtathletik. Nicht nur als Läufer, sondern auch als Trainer, internationaler Experte in Sportmedizin und Sportsoziologie sowie als sportwissenschaftlicher Analytiker war die Leichtathletik sein bevorzugter Untersuchungsgegenstand. Peltzer fühlte sich dabei insbesondere auch dem Anspruch der Leichtathletik verpflichtet, Völker über Ländergrenzen und nationale Besonderheiten hinaus zu einigen. War sein Aufenthalt als Trainer in Skandinavien noch eine kriegsbedingte Notwendigkeit, um der politischen Verfolgung der Nazis zu entkommen, so war sein zweites Exil von 1956-1967 in Indien auch von leichtathletischer und entwicklungspolitischer Passion getragen.

„Umkämpftes Leben. Sportjahre zwischen Nurmi und Zatopek", so lautet die Autobiographie von Dr. Otto Peltzer, die Volker Kluge im vorliegenden Buch an vielen Stellen in Erinnerung ruft. Wichtig an ihr scheint vor allem auch, dass Otto Peltzer am Ende seiner Leidensjahre Versöhnung und einen Ausgleich zwischen Ost und West schaffen wollte und schon in den fünfziger Jahren von der deutschen Wiedervereinigung träumte. Walter Jens hat dem DLV nicht zuletzt deshalb empfohlen, auf der Suche nach Vorbildern und Vordenkern unter den Meistern vergangener Tage Otto Peltzer ein ehrendes Andenken zu gewähren. Der DLV ist deshalb dankbar für das von Volker Kluge in Angriff genommene Projekt, der Anregung von Walter Jens im Rahmen einer sporthistorischen Publikation zu entsprechen und Otto Peltzer, diesen – so Jens – „liebenswertesten Ketzer in seinen Reihen" auf diese Weise heimzuholen; auch um damit posthum ein Stück weit seinem unerfüllt gebliebenen Wunsch nach Mitarbeit an der Weiterentwicklung des Verbandes zu entsprechen.

Mit der vorliegenden Dokumentation wird das Lebenswerk eines Athleten gewürdigt, der zeitlebens auch als Kritiker einer selbstherrlichen Sportbürokratie galt und die Interessen der Sportler verteidigte. Nachdem seine Leistungen in Vergessenheit zu geraten drohten, erfolgt nunmehr die längst notwendige kritische Auseinandersetzung mit Leben und Werk Otto Peltzers. Der DLV gedenkt damit über Peltzer hinaus exemplarisch auch all jener Leichtathleten, die sich den beiden deutschen Diktaturen des 20. Jahrhunderts widersetzt haben. Diese Biographie soll jungen Athleten Mahnung und Beispiel sein, sich in ähnlicher Weise mündig und couragiert für die Werte der Leichtathletik und für einen ethischen Werten folgenden Spitzensport einzusetzen. Dem Autor des Buches, Herrn Volker Kluge, danke ich für seine sporthistorisch wertvolle Arbeit und wünsche dem vorliegenden Werk eine breite und interessierte Leserschaft.

Prof. Dr. Helmut Digel
DLV-Präsident

Stationen eines Dr. Otto P. [...]
Lebenslaufes
geb. 1900, 8. III. – Ellerbrook [...] bei [...] Holstein.
[...]

I. „Stationen eines Lebenslaufs"

DJERBA, TUNESIEN, HOTEL SIDI SLIM, 8. MÄRZ 1969. EIN MANN ORDNET SEINE ANGELEGENHEITEN. AUF DER TERRASSE SCHREIBT ER: *„Dr. Otto Peltzer. Stationen eines Lebenslaufs, geb. 1900, 8. III. in Ellernbrook-Drage, Holstein. Wie bekannt sein dürfte verläuft unser Leben im 7 Jahresrhythmus. So auch meines, alle 7 Jahre treten entscheidende Veränderungen ein."*

Ellernbrook liegt auf einem Gestrücken, der sich bis nach Jütland zieht. Bevor hier „Land unter" ausgerufen wird, müßte die Nordsee schon überlaufen. Wenn der Wind gut steht, der die alten Eichen zum Rauschen bringt, kann man sie riechen.

Ellernbrook ist keine Ortschaft, sondern ein Hof. Wer hier geboren wird, kommt nicht *in* Ellernbrook zur Welt, sondern *auf* Ellernbrook; oder *auf* Wischof, *auf* Schäferei, *auf* Bremsenknöll oder eben *auf* Drage, wie die Gemeinde, die aus all diesen Höfen gebildet wird, heute offiziell heißt. Früher thronte hier einmal das Schloß Friedrichsruhe, das dem Markgrafen von Culmbach und Brandenburg gehörte. Er hatte wohl zu sehr gefeiert, weshalb er bald bankrott war. Schon nach wenigen Jahren stand vom Schloß kein Stein mehr auf dem anderen, aber die Höfe ringsum waren um einiges größer geworden. Die Holsteiner sind eben sparsame Leute.

Drage besaß sogar strategische Bedeutung. Der Ort liegt an der Bekau, die in die Stör fließt, und die Stör wiederum mündet in die Elbe, womit man fast in Hamburg ist. Von dort kamen die Schiffe, um *auf* Drage Eichenholz zu holen, damit neue Schiffe gebaut werden konnten. Eine schöne alte Eiche, deren Alter auf 400 Jahre geschätzt wird, ist dabei allerdings übersehen worden. Sie steht direkt vor – oder auch *auf*? – Ellernbrook.

Über 90 Jahre alt ist dagegen die älteste Frau des Dorfes, die im Gasthof wohnt. Ja, ja, nickt sie. An einen Otto Peltzer kann sie sich erinnern, weil der „doch immer loopen" ist. Vielleicht verwechselt sie ihn aber auch.

Dem „Loopen" verdankte es Peltzer, daß er 1928 im Album von Eugen Diederichs unter die „Großen Deutschen" eingereiht wurde, womit der Schnelläufer neben Albert Einstein, Max Planck und Gustav Stresemann stand. Auf diese Weise kam sogar Ellernbrook zu einer gewissen Berühmtheit. Zu viel Ehre für einen Sportler? Offenbar nicht, denn unwidersprochen blieb damals auch die Behauptung von Willy Meisl, daß „Peltzer oder Rademacher in England und Amerika bei weitem volkstümlicher sind als Thomas Mann, Wundt oder Rilke".[1]

II. „Kindheitsstop"

„MIT 7 JAHREN nach glücklicher Kindheit auf dem Lande in Holstein bekam ich Kinderlähmung und wurde ein Sonderling, als solcher auch in der Schule (Hohenwested, Krefeld, Stargard i.P.) betrachtet. Ich ging meine eigenen Wege."

Kozielice, das einmal Köselitz hieß, liegt südlich von Stettin, wo sich die Oder in das breite Haff ergießt. Das Dörfchen verkriecht sich hinter Gardinen. Ab und zu schlägt ein Hund an. Der Ort zeigt an diesem Tag die kalte Schulter. Schweigend harkt ein Mann seinen Vorgarten. Deutsch versteht er nicht.

Das Gehöft am Dorfende ist die einstige Domäne. Doch das Gutshaus steht leer wie die übrigen Gebäude, überall Zeichen des Verfalls. Hinterm Haus sollen ein Park gewesen sein und gepflegte Blumenbeete, seitlich standen Laubengänge. Wo aber befanden sich der umzäunte Tennisplatz und das Gewächshaus?

Die Feuerwalze, die den Schnee schmelzen ließ, erreichte Köselitz am 27. Februar 1945; der Wehrmachtsbericht sprach von der „Bewegungsschlacht in Pommern". Wer hier noch geblieben war, kam darin um oder wurde Opfer einer Soldateska. Wie Peltzers Eltern, Schwester und Bruder.

Die Backsteinkirche in der Mitte des Dorfes steht wieder, Gräber allerdings finden sich auf dem kleinen Kirchhof nicht. Sie sind eingeebnet. Am Ortsrand liegt eine verfallene Bahnstation, die Schienen sind rostig. Hier fährt kein Zug mehr. *Endstation!*

*

Ellernbrook, Remmels, Krefeld, Köselitz – Stationen einer Kindheit, mit deren Sorglosigkeit es eines Tages vorbei war. Der Junge verspürte Schmerzen in der Hüfte und konnte sich nicht mehr richtig bewegen. Der Hausarzt verordnete Salzbäder und Massagen, die wenig halfen. Als die Eltern wie immer zu den Weihnachtsfeiertagen zur Großmutter nach Krefeld fahren wollten, mußte Ottochen zurückbleiben. Er wurde ins Krankenhaus eingeliefert, erhielt einen Streckverband und wurde auf Hüftentzündung behandelt. Das Gegenteil von Ruhe wäre richtig gewesen. Die Folge waren ein kürzeres linkes Bein und ein ebensolcher Arm.

Als Entschädigung für seinen Aufenthalt im Krankenhaus durfte Otto für längere Zeit nach Krefeld, wo die Wurzeln der Patrizierfamilie Peltzer liegen, die zuerst im 14. Jahrhundert in Aachen auftauchte. Der Großvater war der Begründer der bekannten Krefelder „Seiden- u. Samtfabrik Peltzer Gebrüder". Der kleine Otto besuchte hier eine Privatschule. Einen Turnunterricht gab es nicht.

Inzwischen hatten seine Eltern Ellernbrook verkauft und waren zum anderen Großvater nach Remmels gezogen, auf einen alten Posthof, der von Heinrich Radbruch, einem königlich-dänischen Kanzleirat, über viele Jahre betrieben wurde. Nun ging Otto Peltzer in Hohenwested zur Schule, was für den Knaben einen täglichen Fußmarsch von fünf Kilometern bedeutete. Da der Turnunterricht nachmittags stattfand, entschieden die Eltern, daß er daran nicht teilnehmen würde, weil man seiner zarten Natur den langen Weg nicht noch ein zweites Mal zumuten wollte. Der träumerische Junge vergrub sich derweil in den Büchern von Johanna Spyri, in deutsche und griechische Heldensagen.

Ein Jahr später zog die Familie nach Pommern und übernahm die „königlich staatliche Domäne" Köselitz. Erst hier, in dieser ländlichen Stille, entstieg Peltzer endgültig dem Rollstuhl. Nach dem nächsten Weihnachtsbesuch in Krefeld blieb er jedoch fürs Erste noch einmal bei der Großmutter und besuchte das Realgymnasium, wo der Neuling mit größtem Mißtrauen empfangen wurde. Schwächlich von Statur, litt er unter seinen Mitschülern. Er freute sich, wenn er krank war und im Bett bleiben konnte.

III. „Jugend"

„MIT 14 JAHREN *brach der erste Weltkrieg aus und ich wurde glühender Patriot. 1917 meldete ich mich als Kriegsfreiwilliger und trat bei den 2. Grenadieren 1918 in Stettin als Fahnenjunker ein. Auch nach dem Abitur in Stettin und nach einer wieder aufgegebenen Ingenieurlaufbahn (Volontär an den Vulkanwerkstätten in Stettin) blieb ich Nationalist und gründete eine eigene Jugendzeitschrift, ‚Die Nationale Wacht'."*

Das alte Stargard trägt heute einen Doppelnamen und heißt Stargard Szczeciński. Der Fluß, der hier bis zu dreißig Meter breit ist, nennt sich weiter Ihna, nur schreibt diese sich auf Polnisch ohne „h". Viele der schönen gotischen Bauten, die bei Kriegsende zerstört wurden, sind rekonstruiert, auch die Marienkirche. Aus Stettin wurde 1945 Szczecin. Hier regierten die pommerschen Piastenherzöge. Dann kam die Hanse, später die Schweden, gefolgt von den Preußen, zwischenzeitlich besetzt von den Franzosen, erobert und zerstört von den Russen, als Totalschaden übergeben an die Polen und wiedereingekauft von den Deutschen mit ihrer D-Mark.

*

In Stargard besuchte Peltzer ab 1913 die Oberrealschule. Sehr zu seinem Verdruß, denn die Geschwister wurden weiter in Köselitz von einer Hauslehrerin unterrichtet. Einquartiert hatte er sich in einer Pension, in der auch andere Schüler wohnten. Die Schule lag etwa einen Kilometer entfernt, und der Weg dorthin wurde für ihn an jedem Morgen zu einem Dauerlauf. Wenn die anderen Pensionsschüler schon frühstückten, lag er noch im Bett, um sich dann gähnend und schlaftrunken – nach der soundsovielten Ermahnung – endlich zu erheben. Das Frühstück nahm er im Stehen ein. Den Ranzen unterm Arm, eilte der junge Herr mit Riesenschritten in die Schule, dabei die Uhr der Marienkirche immer fest im Blick. Stand der Zeiger vier Minuten vor acht, mußte er seine Schritte verlängern, um eine Sekunde vor dem Lehrer das Klassenzimmer zu erreichen. Da aber die schulischen Leistungen trotz aller Belehrungen und Ermunterungen nur mäßig blieben, fühlten sich Peltzers Eltern darin bestätigt, daß ihr Sohn ein Versager sei, ja, für seine Zukunft das Schlimmste zu befürchten wäre. Dieses Urteil traf den Jungen hart. Alle späteren Versuche, doch noch ihre Anerkennung zu finden, scheiterten. Selbst als er promoviert hatte und Weltrekorde lief, wichen sie nicht von ihrer Meinung ab. Er blieb das „schwarze Schaf" der Familie.

Ein sportliches Leben existierte in dieser Abgeschiedenheit im Grunde nicht. Gelegentlich wurde in der Ihna geschwommen, oder es fanden Ruderwettkämpfe statt. Das Fußballspiel jedoch galt als roh und war deshalb von der Schulleitung verboten. Erlaubt waren dagegen Faustball oder Schlagball. Im Unterricht wurde ausschließlich das Gerätturnen gepflegt, bei dem der lange Peltzer eine unglückliche Figur machte. Die Kippe am Reck führte sogar in seinen nächtlichen Träumen noch zu Schweißausbrüchen. Auf dem Zeugnis lautete die Turnnote regelmäßig „mangelhaft". Aus Ärger über seine körperliche Ungeschicklichkeit und sein Unvermögen, sich gegen die kräftigen Mitschüler zu behaupten, begann Peltzer mit gymnastischen Übungen; zum Geburtstag ließ er sich Hanteln schenken. In Köselitz genehmigten ihm seine Eltern, eine Anlage für Stabhochsprung zu bauen, über den er im Sportteil des Pyritzer Kreisblattes gelesen hatte. Wo bisher Blumenrabatten wuchsen, übte Peltzer jetzt mit einer Wäschestange, und bei der nächsten Zeugnisausgabe zu Ostern erhielt er erstmals in der Schule einen Preis – im Stabhochsprung. Im Turnen freilich prangte auf dem Blatt weiter nur ein „Mangelhaft".

Der „Storch" auf der „Treibjagd"

Unbemerkt von der Familie begann Otto Peltzer, ein selbständiger, zielstrebiger Jüngling zu werden. Zu seinen liebsten Spielen zählte die „Treibjagd". Mit jungenhafter Freude hetzte er seine Geschwister mit Vorgabeläufen, um sie schließlich im Stadtwald von Pyritz noch abzufangen, wobei er sich einbildete, der Münchner Läufer Hanns Braun zu sein, über dessen olympische Heldentaten von Stockholm 1912 er in der Zeitung gelesen hatte. Wegen seiner dünnen Beine und der langen Schritte hatte Peltzer bald einen Spitznamen weg: Seine Geschwister nannten ihn „Storch".

Der Kriegsausbruch war auch in Köselitz euphorisch aufgenommen worden. Im Kinderzimmer hing eine Karte, in der die Frontverläufe mit kleinen Fähnchen abgesteckt wurden. Bangend wurden die ersten großen Schlachten verfolgt, die Siege im Osten und die Einnahme von Antwerpen gefeiert. Die Begeisterung flaute jedoch ab, als der Vormarsch auf Paris zum Stehen kam. Eine Ahnung, wie grausam Krieg sein konnte, wuchs erst mit dem Eintreffen der ersten Lazarettzüge.

Während die älteren Schüler, von denen sich viele freiwillig zur Front gemeldet hatten, in den Schützengräben im Westen verbluteten, organisierten sich die Jüngeren in der „Jugendwehr", die meist von kriegsversehrten Offizieren kommandiert wurde. Zur Ausbildung gehörten militärische Übungen wie Handgranatenwurf, Kartenlesen und Entfernungsschätzen, vieles hatte auch sportlichen Charakter. Zum ersten Mal rannte Peltzer so gegen eine Stoppuhr. Sein Trainingszustand verbesserte sich. Im Weitsprung kam der Siebzehnjährige bereits auf sechs Meter und mehr.

Nachdem er noch bei der regulären Musterung seines Jahrgangs wegen allgemeiner Körperschwäche zurückgestellt worden war, entschloß er sich im Winter 1917/18, Offizier zu werden. Im Sommer wurde er als Fahnenjunker zu den 2. Grenadieren nach Stettin eingezogen, wo ihm die Ausbildung ebenso schwer fiel wie die abendlichen Männlichkeitsbeweise im Casino. Kaum nach Berlin zur Fähnrichschule abkommandiert, war der Krieg zu Ende, und Peltzer hatte viele seiner vaterländischen Ideale verloren.

Abkochen unter freiem Himmel

Die Enttäuschung über die militärische Niederlage äußerte sich in einem überspitzten Patriotismus, der in einem seltsamen Kontrast zu seinem liberalen Individualismus stand. Peltzer, dessen Evangelium nun die Schriften von Arndt, Fichte und Jahn waren, fühlte sich verpflichtet, die alten Ideale „in einem neuen Geist wieder herzustellen, ein vertieftes nationales Bewußtsein zu schaffen".[2] Aber wie? Da er von der Schule in Stargard mit der Oberprimareife abgegangen war, mußte er, um das Abitur zu erhalten, auf der Stettiner Bismarck-Oberrealschule noch einen Kriegsteilnehmerkurs ablegen. In dieser Zeit schloß er sich der „nationalen Jugendbewegung" an, die der 1871 gegründeten „völkischen Bewegung" nahestand, deren Protagonisten vom altgermanischen Heldentum und der Wiedergeburt eines neuen Reiches träumten. Peltzer wurde Leiter der Stettiner Gruppe und schließlich Landesvorsitzender von Pommern. Als Vertreter aller „nationalen Jugendverbände Ostdeutschlands" nahm er an Tagungen in Berlin und Nürnberg teil, wo er als gefürchteter Debattenredner in Erinnerung blieb.

Es war eine Grauzone zwischen dem aufkommenden „Nationalsozialismus" und der Wandervogelbewegung, in der die „Völkischen" existierten. Adolf Hitler, der etwa zur selben Zeit zur „Deutschen Arbeiterpartei" gestoßen war und bald deren Führung übernommen hatte, empfand ihnen gegenüber „den tiefsten Ekel". Er hielt sie für „Weltfremde", „Sprücheklopfer", „Feiglinge" und „Komödianten". Als Bundesgenossen kamen sie für ihn nicht in Frage. Der Grund: „Wer es aber auf dieser Welt nicht fertigbringt, von seinen Gegnern gehaßt zu werden, scheint mir als Freund nicht viel wert zu sein."[3] Und im Übrigen war er stolz darauf, daß „ein ganzer Schwarm dieser völkischen Schlafwandler von uns zurückgescheucht wurde", nachdem dieser mit dem Begriff „Partei" konfrontiert worden war.

Näher stand den „Völkischen" da schon die romantische Wandervogelbewegung, deren Nationalismus sich zwischen 1914 und 1918 im Stellungskrieg aufgezehrt hatte. 1901 im Ratskeller von Steglitz als „Ausschuß für Schülerfahrten" gegründet, hatten sich die Wandervogelgruppen von Berlin aus bald über das ganze Reich verbreitet. Sie zogen beschwingt durch die Natur, kochten auf dem offenen Feld, sangen ihre Lieder zur „Zupfgeige" – der Gitarre. Die Nacht verbrachten sie im Zelt oder in einer Laubhütte. Hinter Lagerfeuerromantik, Nacktbaden und Sonnenwendfeiern, die als Alternative zum Großstadtleben angesehen wurden, entbrannten aber heftige Auseinandersetzungen nicht nur um den Genuß von Alkohol, sondern vor allem um Einfluß, Posten, die Einbeziehung der Mädchen und gleichgeschlechtliche männliche Erotik, die Hans Blüher 1912 in seinem Buch „Die deutsche Wandervogelbewegung als erotisches Phänomen" als Grundlage der Jugendbewegung charakterisiert hatte. Der Streit darüber war so intensiv, daß sich die „Wandervögel" mehrfach spalteten.

Doch „die romantischen Ideale der Jugend mit dem Singen zur Laute am Lagerfeuer, dem Abkochen im Freien, dem Übernachten in Zelten oder in Herbergen alter Burgen und dem Herumstrolchen in der Natur wie die Indianer" hielt Peltzer auf die Dauer für zu wenig tragfähig. „Bei vielen tritt im kritischen Alter die Gefahr der Ernüchterung ein und das Hinüberwechseln zu den zweifelhaften Freuden der Erwachsenen mit ihren oberflächlichen Vergnügungen, und sie haben nicht gelernt, bewußt an sich selbst zu arbeiten, ihre Leistungen, wie das der Sport tut, ständig zu kontrollieren und danach ihr weiteres Leben einzurichten."[4]

Als bestes Mittel zur Charakterbildung und zur „körperlichen Ertüchtigung" kam für ihn nur der Sport in Frage, weshalb er in seiner Gruppe die

Leichtathletik einführte. Peltzer selbst versuchte sich vor allem im Lauf, im Hochsprung und im Speerwerfen. Bei einem Wettkampf in Berlin schaffte er es jedoch nicht, im 100-m-Lauf unter 13 Sekunden zu bleiben. Über 400 m hingegen sah er besser aus: Auf der Außenbahn laufend, erreichte er 60,1 s. Wenig später nahm er am „Jugendbundsportfest" in Stargard teil, wo er seinen ersten Sieg errang – mit 12,78 m im Dreisprung. Auf sein Bitten hin wurde zum Abschluß noch ein 400-m-Lauf ausgetragen, in dem er – zum ersten Mal – unter 60 Sekunden kam.

Ein schwarzer Adler auf der Brust

Ende der 80er Jahre des 19. Jahrhunderts brachten zwei Hamburger Brüder die ersten Fußbälle nach Stettin, doch es dauerte noch bis 1901, ehe dort der „Sport-Club Stettin" gegründet wurde. Fußballer waren damals gleichzeitig auch Leichtathleten; eine Spezialisierung sowie die Gründung einer Hockey- und Damen-Abteilung erfolgten erst kurz vor dem 1. Weltkrieg. 1913 gab sich der Sport-Club eine neue Satzung und ließ sich als „Preußen 1901" ins Register eintragen. Seine Mitglieder trugen stolz den schwarzen Preußenadler auf der Hemdbrust.

1919 griff der Verein den durch den Krieg verschobenen Plan auf, sich eine neue „Kampfanlage" zu bauen, wofür die Stadt ein altes Werksgelände in Neuwestend – nahe dem Glambeck See – zur Verfügung gestellt hatte. Ein Fußballfeld und eine Laufbahn wurden angelegt; 1922 errichtete man eine Holztribüne; als Umkleidekabine wurde die Baracke eines Kriegsgefangenenlagers gekauft.

Kontakt zu den „Preußen" bekam Otto Peltzer durch ein Mitglied seiner Jugendgruppe, Alfons Sobeck, der dem Sport-Club angehörte. Von ihm erhielt er Trainingshinweise und organisatorische Hilfe für die von Peltzer veranstalteten Bundessportfeste. Als Gegenleistung baten die „Preußen" um Peltzers Unterstützung bei einem Mannschaftslauf über fünf Kilometer, der auf der Straße ausgetragen wurde und bei dem er ein derart beherztes Rennen gegen den starken Gerhard Volkmann vom Lokalkonkurrenten „Comet" zeigte, daß er mit einem Schlag in Stettiner Sportkreisen bekannt war.

Die „Preußen" luden ihn daraufhin zu ihrem „1. lokalen Sportfest" ein, mit dem am 1. Mai 1920 die neue Bahn eröffnet werden sollte. Aufgrund seines Trainingszustandes plante Peltzer, über 200 oder 400 m an den Start zu gehen, doch er wurde im 1500-m-Lauf gemeldet, weil er nach Ansicht der „Preußen" auf der Straße genügend Zähigkeit bewiesen hatte.

Als Peltzer seinen Freunden erzählte, daß er wieder gegen Volkmann laufen müßte, wurde er im voraus bedauert. Er fühlte sich selbst nicht wohl in seiner Haut bei dem Gedanken, gegen einen Athleten anzutreten, der im selben Jahr noch Deutscher Meister über 3000 m Hindernis werden sollte. Andererseits wäre er sich feige vorgekommen, gegen ihn zu kneifen.

Nach dem Startschuß verfolgte Peltzer die gleiche Taktik wie beim letzten Mal. Er setzte sich sofort an die Spitze, die er gegen Volkmann verteidigte. Nachdem dieser mehrfach vergeblich versucht hatte, an dem Zwanzigjährigen vorbeizuziehen, gab er auf. Inzwischen war Peltzer, der bei den Zwischenspurts ebenfalls seine Kräfte verbraucht hatte, von zwei Läufern des Stettiner SC überholt worden und lag beim Einläuten der letzten Runde schon 40 m zurück. Seine Freunde riefen ihm zu, wie Volkmann auszusteigen, doch das hätte Peltzer als unsportlich empfunden. Lag es an den Aufforderungen aufzugeben oder am nachlassenden Tempo? Jedenfalls gelang es ihm, seine Kräfte noch einmal derart zu mobilisieren, daß er sich an die Ausreißer heranarbeiten konnte. Unter den anfeuernden Rufen der Zuschauer schaffte er es, die Konkurrenten kurz vor dem Ziel abzufangen. Er hatte seinen ersten großen Sieg gegen die komplette Stettiner Mittelstreckenelite errungen.

Für Pommersche Verhältnisse war Peltzer nun ein kleiner Star, zumal er sich von Wettkampf zu Wettkampf verbessert hatte, ohne sich verausgaben zu müssen. Freilich zeigte ein Blick auf seine Bestzeiten – 800 m in 2:02,0 min und 1500 m knapp unter 4:20 min –, daß er bei den Deutschen Meisterschaften in Dresden keine großen Chancen haben würde, gegen erfahrene Läufer zu bestehen. In der Tat schied er in beiden Wettbewerben im Vorlauf jeweils als Vierter aus. Aber in Dresden begriff er, daß es ihm am nötigen Selbstvertrauen und taktischen Vermögen fehlte.

Ein Jahr vorher hatte Peltzer sein Abitur abgelegt; mit einem starken „Endspurt" in der Prüfungswoche, wie er später notierte. Er war sogar Jahrgangsbester geworden, wozu eine „Eins" im Sport, der das Turnen abgelöst hatte, beitrug. Da er in den naturwissenschaftlichen Fächern besonders gut abgeschnitten hatte, beschloß der Familienrat, daß Otto Ingenieur werden sollte. Sein Patenonkel Paul Millington Herrmann, der Aufsichtsratsmitglied bei den Stettiner Vulkan-Werken war, besorgte ihm eine Volontärsstelle. Doch der lange Arbeitstag auf der Werft und die ungewohnten körperlichen Anstrengungen waren so gar nicht nach Peltzers Geschmack. Bei einem Sonntagsbesuch in Swinemünde gelang es ihm mit Hilfe eines Hamburgers Onkels, seinen Vater umzustimmen. Dieser willigte ein, daß sein Sohn Volkswirtschaft studiert; die Bedingung aber war, außerdem Rechts- und Staatswissenschaften zu belegen.

Vom Sport hielten seine Eltern nichts; für Peltzers Vater war das eine „brotlose Kunst" und „'rausgeschmissenes Geld". Von den Erfolgen ihres Sohnes erfuhren seine Eltern erst, als sie durch einen Zufall in einem seiner Bücher eine Widmung fanden und er ihnen klar machte, daß es sich dabei um einen Ehrenpreis handelte, den er im 400-m-Lauf gewonnen hatte. Nie und nimmer jedoch hätte er von seinem Vater die Genehmigung erhalten, zu den Deutschen Meisterschaften nach Dresden zu reisen, so daß er sich schon einen dringenden Verwandtenbesuch ausdenken mußte, bei dem er sich über die Studienmöglichkeiten an der dortigen Technischen Hochschule informieren wollte.

IV. „Entwicklung zum liberalen Humanisten"

„1921 begann die sportliche Laufbahn in Stettin und meine Tätigkeit als Jugendzieher unter den Studenten in Jena, München und Berlin sowie in den Ferien in Stettin."

Sein Lauf ist rhythmisch: „klopp-trott, klopp-trott". Er rennt und haucht seinen dampfenden Atem aus, der von inneren Feuern erzeugt wird. Die Adern pochen – „klopp-trott". Die Silhouette von Pyritz taucht auf; im Stadtwald, wo heute ein beschmierter T 34 martialisch auf einem Sockel thront, war der Wendepunkt. Buchenalleen fliegen vorbei. Vor lauter Nachdenken vergißt er das Laufen. „Ich träumte davon, ein echter Sportheld zu werden, ja vielleicht schon auf den Olympischen Spielen 1924 als solcher für Deutschland erfolgreich kämpfen zu können", schrieb er später.[5] Am Dorfeingang von Köselitz spurtet er. Hunde bellen, der Mann im Vorgarten harkt weiter. Ein seltsamer Vogel, dieser Läufer! Viele mögen damals so gedacht haben.

*

Peltzer war ein Besessener. Von nun an wurde Laufen großgeschrieben, anfangs vor allem das Weglaufen. Hätte es nicht Köselitz als Anlaufpunkt gegeben, wäre er ohne festen Wohnsitz gewesen. Seine Adressen wechselten ständig.

Im Herbst 1920 begann er an der Universität in Jena, Rechts- und Staatswissenschaften zu studieren. Er wohnte bei dem Sozialwissenschaftler Gerhard Keßler, dem er durch eine Bekannte seiner Schwester Ilse empfohlen worden war. Der Professor machte aus ihm einen neuen Menschen, denn in den abendlichen Diskussionsrunden in seinem Hause begriff Peltzer, daß sich seine Kenntnisse in Politik und Geschichte bisher zumeist in Schlagworten erschöpften. Keßler verstand es, sein Interesse für Sozialpolitik zu wecken. Im Übrigen lebte Peltzer wie in Stargard. Wenn er morgens im Hörsaal erschien, begaben sich die Studenten auf ihre Plätze. Sie wußten, *jetzt* mußte die Vorlesung beginnen.

Trotz Keßler wurde Peltzer in Jena nicht glücklich. Mit Ausnahme seines „Frühlaufs", der Wanderungen in die Kernberge und einiger Fechtlektionen sah er für sich nur wenig sportliche Möglichkeiten. Vor allem vermißte er seine Stettiner Trainingskameraden. Als das Semester vorüber war, entschloß er sich, nach München zu wechseln und dem TSV 1860 beizutreten, dem Verein des 5000-m-Meisters von 1919, Carl Krümmel. Doch schon im Frühjahr 1922 meldete er sich wieder ab, um sein Studium in Berlin fortzusetzen.

Hier begann sein sportlicher Aufstieg. Nachdem er am 29. Mai 1921 in Neukölln den deutschen Rekordhalter über 400 m Hürden, Gerhard von Massow, geschlagen hatte, erhielt Peltzer eine Einladung für das erste „Istaf", das „Internationale Stadion-Sportfest", das am 3. Juli 1921 im Grunewaldstadion stattfand. Doch die internationale Beteiligung hielt sich in Grenzen, da Deutschland nach dem verlorenen Krieg weitgehend isoliert war.

Peltzer machte sich keine großen Hoffnungen, im 800-m-Lauf gegen den Schweden Eric Sundblad und die besten deutschen Läufer bestehen zu können. Er sah seine Rolle vielmehr darin, dem favorisierten Frankfurter Walther Kern, der eigentlich von Adelson hieß, aber unter einem Pseudonym startete, das Leben zu erleichtern und ihm zu einem Erfolg über einen bekannten Ausländer zu verhelfen. Also opferte er sich für das Anfangstempo und gab dann 300 m vor dem Ziel die Innenbahn frei, um Kern und Sundblad den Sieg ausfechten zu lassen. Als nun weitere Läufer an ihm vorbeispurten wollten, spürte er, daß er mit seinen Kräften nicht am Ende war. Er trat noch einmal an und näherte sich mit Riesenschritten den beiden Führenden. Zwar konnte er sie nicht mehr erreichen, doch als Dritter blieb er das erste Mal in seinem Leben unter zwei Minuten. Mit 1:58,2 min gehörte er von nun an zur nationalen Spitzenklasse.

„Otto der Seltsame"

Im Mai 1920 war in Berlin die Deutsche Hochschule für Leibesübungen (DHfL) gegründet worden. Sie zog in die Räume der Schwimmbahntribüne des Grunewaldstadions ein und erhielt im folgenden Jahr einen eigenen Anbau mit Hörsälen, Turnhalle, Lesesaal und Laboratorien. Rektor war der berühmte Chirurg August Bier, der auch eine Reihe anderer Ärzte als Dozenten verpflichtet hatte. Peltzer besuchte die Hochschule mehrfach, wobei er erstmals auch dem Prorektor, Dr. Carl Diem, begegnete, der im Deutschen Reichsausschuß für Leibesübungen, dem Dachverband des Sports, das Amt eines Generalsekretärs innehatte. Beide sollte zeitlebens eine intensive Abneigung miteinander verbinden.

In der Hochschule traf Peltzer auch Willy Kohlmey, der vor dem 1. Weltkrieg zu den besten deutschen Sprintern gehört hatte und jetzt ein Sporthaus betrieb. Über ihn wiederum lernte er den Arzt Dr. Martin Brustmann kennen, der sowohl an der DHfL als auch an der Hauptschule für Leibesübungen der Preußischen Polizei unterrichtete. Brustmann, der 1906 in Athen bei den Olympischen Spielen als Sprinter und Springer dabei gewesen war, hatte sich seit 1914 einen Namen als Sportarzt gemacht und Themen wie „Ernährung, Lebensführung, Eheführung von Hochleistungsmenschen" als Arbeitsgebiete gewählt.[6]

Fürwahr, mit dem Monomanen Otto Peltzer war ihm ein ideales Studienobjekt über den Weg gelaufen. Das Vertrauen des jungen Athleten hatte Brustmann gewonnen, als er ihm nachweisen konnte, daß er bei einem Hallenwettkampf über 1000 m am 11. Dezember 1921 im Berliner Sportpalast gegen den Zehlendorfer Friedrich-Franz Köpcke nur deswegen knapp verlor, weil er im Winter zu viel Fett angesetzt hatte. Er verordnete Peltzer eine spezielle Diät, die Wunder bewirkte. Fortan kontrollierte dieser täglich sein Gewicht, führte über jedes Training und jeden Wettkampf genau Protokoll. Der Kampf gegen das Übergewicht stand an erster Stelle.

Schon in Stettin hatte sich Peltzer, der zum Entsetzen seiner Altersgenossen selbst im Sommer lange Unterhosen trug (zeitlebens litt er unter

Rheumatismus), von dem üblichen Schönheitsideal gelöst. Während die anderen stolz auf ihre „eisenharten" Muskeln waren und beim 100-m-Lauf extra Rennkorken in der Hand trugen, die sie zusammenpreßten, weil nach der damaligen Lehre beim Sprint alle Muskeln angespannt sein sollten, verblüffte er mit seiner geradezu kraftlos aussehenden Lockerheit. Trotz schwächlichen Oberkörpers und dünner Arme war er jedoch selbst in den Wurfdisziplinen zu erstaunlichen Leistungen fähig.

Äußerlich machte Peltzer meist einen verhärmten Eindruck, weshalb ihn seine Eltern, die über seine sportlichen Aktivitäten noch immer völlig unwissend waren, 1922 zu ihrem alten Hausarzt nach Pyritz schickten. Der glaubte, bei ihm einen Herzfehler gefunden zu haben, verbot ihm sowohl schnelles Treppensteigen als auch Radfahren und verordnete Liegekuren. Im selben Jahr wurde Peltzer in Duisburg das erste Mal Deutscher Meister im 1500-m-Lauf.

Durch Brustmann hatte Peltzer begriffen, daß sich ein guter Athlet nicht auf sein natürliches Talent verlassen durfte. Er lernte bei ihm den Wert der Massage und anderer vorbereitender Maßnahmen schätzen: Wechselbäder, Sauna und Ölabreibungen. In Stettin verbündete sich Peltzer deshalb mit dem schwedischen Masseur Harald Rhodin, der vier Jahre in St. Petersburg gearbeitet hatte, wo sogar der Sänger Fjodor Schaljapin zu seinen Kunden gehörte. Nach der Oktoberrevolution war er aus Rußland ausgewiesen worden und in Stettin gelandet. Von Rhodin, der seinen Lebensunterhalt außerdem als Vertreter einer skandinavischen Firma für Gabelbissen verdiente, erlernte Peltzer die schwedische Wringmethode. Nun wurde er Peltzers ständiger Reisebegleiter.

Seine Mannschaftskameraden standen diesem Tun mit völligem Unverständnis gegenüber. Einerseits entkam Peltzer keiner noch so harmlosen Infektionskrankheit, andererseits warf er sich schon bei der ersten Frühlingssonne auf die Reste des tauenden Schnees, weil dadurch die Haut angeblich besser durchblutet werden würde. Kein Wunder also, daß viele ihn für „verrückt" hielten oder wenigstens als „seltsam" ansahen.

Es war der nach Berlin übergesiedelte Frankfurter Hürdenläufer Heiner Troßbach, der als Werbeleiter für den Berliner Sport-Club (BSC) aktiv war und der in einem Artikel schrieb, man sollte Peltzer in Zukunft am besten „Otto der Seltsame" nennen. Der Grund: Peltzer hatte den „Europa-Wettkämpfen", die der BSC 1925 aus Anlaß seines 30jährigen Bestehens veranstaltete, ein 400-m-Rennen in Hamburg gegen den Holländer Adriaan Paulen vorgezogen. Damit hatte Peltzer seinen Spitznamen weg. Er war eine Mischung aus Spott und Ironie, aber auch Bewunderung. Unterm Strich freilich kam viel Unverständnis für einen Menschen zum Ausdruck, der einfach seinen eigenen Weg gehen wollte.

Das Prinzip Lust

„Mein Ziel, Deutscher Meister zu werden, war ja dem Wunsch entsprungen, gewissermaßen ‚Sportbeauftragter' meines Landes zu sein"[7], schrieb Peltzer in seinen Erinnerungen. „Die ausgleichende Wirkung des Sports" erschien ihm vor allem nach dem 1. Weltkrieg wichtig, um „zur Verständigung mit unseren ehemaligen Gegnern beitragen" zu können. Nachdem Deutschland 1920 von den Olympischen Spielen ausgeschlossen war, hoffte er, daß „durch faires Auftreten deutscher Sportler im Ausland" für 1924 eine Wiederzulassung erreicht werden würde. Die außenpolitische Wirkung von Sporterfolgen hatte Peltzer schon 1922 in Schweden erlebt, wo man den Finnen Paavo Nurmi, der 1920 in Antwerpen dreimal Olympiasieger geworden war, begeistert feierte. „Ich war also jetzt ganz erfüllt von der Aufgabe, den deutschen Sport im Ausland zu vertreten."[8]

Seine Möglichkeiten waren allerdings begrenzt. Deutsche Sportler wurden nur selten ins Ausland eingeladen; Länderkämpfe begannen sich erst zu entwickeln. Der erste deutsche fand am 4. September 1921 in Basel gegen die Schweiz statt, bei dem Peltzer aber noch fehlte, doch 1922 in Frankfurt/Main war er dann dabei und gewann über 800 und 1500 m überlegen. Im selben Jahr erreichte er auch seine ersten Deutschen Rekorde über 500 und 1000 m.

Letzteren stellte er als Zweitplazierter von Stockholm hinter dem Schweden Sven Lundgren auf, der mit 2:28,6 min Weltrekord lief. Für Peltzer wurden 2:29,5 min gestoppt, womit er in die internationale Spitzenklasse aufgestiegen war. Als deutscher Rekord jedoch konnte die Zeit nicht anerkannt werden. Die Deutsche Sport-Behörde für Athletik (DSBfA) ließ nur Resultate von Wettkämpfen gelten, bei denen auch deutsche Kampfrichter beteiligt gewesen waren.

Anfang Juli 1923 wurden die Deutschen zu den „Göteborgs-Spelen" eingeladen. Diese gingen auf eine Initiative von Hugo Lewin zurück, der mit der Mannschaft von Orgryte dreimal schwedischer Fußballmeister geworden war. Er hatte 1916 vorgeschlagen, die 300-Jahr-Feier seiner Heimatstadt Göteborg im Jahre 1921 mit einer Sportveranstaltung nach dem Beispiel der Olympischen Spiele von Stockholm zu begehen. Doch nachdem er 1918 überraschend gestorben war, mußten die Wettkämpfe verschoben werden. Sie fanden schließlich 1923 statt und stießen auf große Resonanz. 15 Länder nahmen teil, darunter die USA und Australien. Für viele Athleten war es eine Generalprobe für die Olympischen Spiele 1924 in Paris.

Otto Peltzer hoffte, in Göteborg auf Nurmi zu treffen, der ein Trainingsbuch veröffentlicht hatte, das erst ins Schwedische übersetzt und davon wiederum ins Deutsche übertragen worden war. Nachdem Peltzer die Lektüre geradezu verschlungen hatte, stellte er fest, daß er sich in völligem Einverständnis mit dem Finnen befand. Lediglich das tägliche Training Nurmis hielt Peltzer nicht für nötig, weil es seiner Ansicht nach zur Abstumpfung führen würde. Er plädierte vielmehr für ein kurzes, aber erschöpfendes Pensum nach dem Lust-Prinzip.

Zur Enttäuschung Peltzers meldete Nurmi aber nicht für Göteborg. Stattdessen kündigte der Schwede Edvin Wide an, den 1500-m-Weltrekord seines Landsmannes John Zander, den dieser 1917 mit 3:54,7 min aufgestellt hatte, brechen zu wollen. Doch auf weicher Aschenbahn mißlang dieses Vorhaben dem „fliegenden Schulmeister", wie er tituliert wurde. Im gebührenden Abstand belegte Peltzer, der zuvor im 800-m-Lauf gestürzt war, Rang zwei, wobei er mit 3:59,4 min erstmals einen deutschen Rekord auf dieser Strecke erreichte und unter der damals bedeutsamen Vier-Minuten-Grenze blieb.

Die Hoffnungen, 1924 an den Olympischen Spielen teilzunehmen, erfüllten sich jedoch nicht. Als einziger Verliererstaat des 1. Weltkrigs wurde Deutschland nicht eingeladen, worauf die deutsche Presse die Spiele von Paris als „Rumpfolympiade" schmähte und die erreichten Ergebnisse, die über Erwarten gut ausgefallen waren, anzweifelte. Vor allem Nurmi gab Rätsel auf: Von seinen fünf Goldmedaillen gewann er allein zwei innerhalb einer Stunde. Nur 26 Minuten nach seinem Sieg über 1500 m ging er über 5000 m an den Start, wobei er mit einer Stoppuhr in der Hand lief, um die Gleichmäßigkeit des Tempos kontrollieren zu können.

Daß Peltzer gute Chancen gehabt hätte, vordere Plätze zu belegen, bewies er nach den Olympischen Spielen in Düsseldorf beim Länderkampf gegen die Schweiz. Auf der 800-m-Strecke bezwang er den Schweizer Paul Martin, der in Paris hinter dem Briten Douglas Lowe die Silbermedaille gewonnen hatte. Überlegen besiegte er auch den Zweiten im 1500-m-Lauf, Willy Schärer, auf den er in der Olympischen Staffel traf. „Im Nationaldreß bin ich sehr viel schwerer zu schlagen"[9], erklärte Peltzer einmal; ein Ausspruch, der für seinen konservativ geprägten Patriotismus steht.

„Rassenhygiene" oder: Die Welt gehört den Tüchtigen

Seit 1921 verdiente sich Peltzer sein Studium als Redakteur der „Reichswacht", die sich im Untertitel „Monatsschrift für national-politische Jugendbewegung" nannte. Einer seiner wichtigsten Autoren war der Arzt Dr. Helmut Gaumitz, den Peltzer im Verein Deutscher Studenten kennengelernt hatte. Dort war Gaumitz, der später als Stadtarzt von Köln ein bekannter Mann wurde, sein Tutor und der sechs Jahre jüngere Peltzer nach studentischer Tradition also sein „Leibbursch".

Das Blatt, das zweimal im Quartal im Stettiner Reichswacht-Verlag erschien, wurde von einem „jungvölkischem Kreise der deutschen Jugendbewegung" herausgegeben und stand dem „Bund für deutsche Volkskraft" (Deutscher Volksgesundheitsverein) nahe. Ziel dieses Bundes war es, die „Zukunft unseres Volkes durch einen gesunden und kraftvollen Nachwuchs zu sichern"; Zweck sollte es vor allem sein, „besonders die Jugend auf die Bedeutung der Rassenhygiene hinzuweisen".[10]

Die Grundsätze des Vereins, zu dessen Satzung es gehörte, „die aufgestellten Ziele nicht mit den Zielen einer Partei oder eines politischen Vereins zu verquicken", basierten auf der Lehre von der Eugenik, die von einer Vermehrung der positiven Erbanlagen einer Bevölkerung und der Reduzierung der negativen, d. h. krankhaften, ausging. Erreicht werden sollte das durch die Einrichtung eines „Staatlichen Gesundheitsamtes". Zu dessen Aufgaben sollte es neben Forschung und Statistik u. a. gehören: „3. Regelung der Auswanderung und der Einwanderung fremdstämmiger und minderwertiger Elemente, 4. Ueberwachung des Siedlungswesens, 5. Förderung der gesunden Kinderaufzucht, 6. Hebung der augenblicklichen Volksertüchtigung durch Leibesübungen und dergl." Als Sofortmaßnahmen wurden neben der Bekämpfung von Alkoholismus, Nikotin, Geschlechtskrankheiten sowie von „Schmutz und Schund" auch die „Verhinderung der Fortpflanzung Minderwertiger"[11] verlangt.

Die Eugenik galt damals nicht nur in Deutschland als sehr aktuell. Sie existierte als besorgte Reaktion auf den Zustand der Industriegesellschaft im ausgehenden „Fin de siècle" in vielen Staaten mit unterschiedlichen Untergangsszenarien. 1905 wurde die „Deutsche Gesellschaft für Rassenhygiene" gegründet. Als wichtigste Befürworter der These, durch die Rassenhygiene könnte die soziale Frage gelöst werden, galten Gustav Schmoller, vor dem 1. Weltkrieg in Deutschland der bedeutendste Vertreter eines „Kathedersozialismus", und der Sozialanthropologe Alfred Ploetz, bei dem Peltzer in München Vorlesungen hörte und in dessen Haus am Ammersee er öfter zu Gast war. In Jena zählte Peltzer zu den Schülern von Alfred Grotjahn, der 1919 auf Betreiben der SPD den ersten Lehrstuhl für Rassenhygiene in Deutschland erhalten hatte.

Die „Rassenhygieniker" verfochten eine „Lehre von der Förderung einer Rasse".[12] Zentrales Untersuchungsobjekt war der Mensch, der den Erfordernissen der modernen Industriegesellschaft angepaßt werden sollte, was nicht nur seine Disziplinierung, sondern auch seine körperliche Ertüchtigung erforderte, um ihn leistungsfähiger zu machen. Der Sport wurde als beste „Therapie" gegen jede Degeneration angesehen. Die mörderische Konsequenz der nationalsozialistischen Krankenvernichtung war noch nicht abzusehen.

Doch es gab Vorzeichen. Am 17. November 1923, einen Tag nach dem Ende der Inflation und der Ausgabe der neuen Rentenmark, die gegen eine Billion Papiermark eingewechselt wurde, meldete sich Peltzer in München zum Studium zurück. Die Stadt stand noch unter dem Eindruck des Hitler/Ludendorff-Putsches, der unter den Schüssen der Reichswehr vor der Feldherrnhalle blutig zusammengebrochen war. Peltzer hatte Hitler mehrfach in München gehört; nach der anfänglichen Anziehungskraft, die ein Programm des „nationalen Sozialismus" auf ihn ausgeübt hatte, fühlte er sich jedoch von dem hysterischen Geschrei des „Führers" abgestoßen.

Während die „Reichswacht" Konkurs anmelden mußte, überstand Peltzer die Inflation einigermaßen unbeschadet. Zwar waren alle Ersparnisse verloren, aber da er bei seinen ersten Auslandsstarts die Rückfahrkarte stets in Deutschland gelöst und die ihm zustehenden Vergütungen und Reisespesen in ausländischen Währungen erhalten hatte, verfügte er über einige Rücklagen. Diese legte er nun bei einer Münchner Privatbank an, die dem Vorsitzenden der DSBfA, Rechtsanwalt Dr. Franz-Paul Lang, gehörte. Beinahe täglich besuchte Peltzer das Bankhaus am Marienplatz, um mit dem Kassierer, Franz Miller, der Sportwart des Turnvereins „Jahn" war und später als „Weltstarter" bekannt wurde, über die Leichtathletik zu diskutieren.

Peltzers heimlicher Wunsch war es, als Beamter beim Wohlfahrtsministerium angestellt zu werden. Deshalb entschloß er sich, zum Thema „Das Verhältnis der Sozialpolitik zur Rassenhygiene" zu promovieren. Als Doktorvater wurde ihm der Direktor des Statistischen Seminars, Otto Edler von Zwiedineck-Südenhorst, ein Fachmann für Lohntheorie und Verfasser eines Handbuchs über Sozialpolitik, zugeteilt.

In seiner Dissertation stellte sich Peltzer hinter die bekannten Grundsätze der Eugenik, wonach die „wertvollen Erbanlagen in einem Volke" gefördert und „das Schwache und Verkommene" daran gehindert werden müsse, sich fortzupflanzen. Um „das Tüchtige" zu stärken, empfahl er vor allem die Förderung des Kleinhausbaus, die Verhinderung der Auswanderung der Tüchtigen und die Gesundheitsfürsorge. Im Unterschied zu den Familien, die durch Kindergeld unterstützt werden sollten, wollte er Junggesellen stärker besteuern.

Als Hauptursachen der Degeneration benannte Peltzer Alkoholismus und Geschlechtskrankheiten, weshalb er das „Verbot von Getränken mit mehr als 2% Alkohol wie in Amerika", den Präventivverkehr und die Abschaffung des § 218 verlangte. Zwangsmaßnahmen gegen „Entartete" lehnte er zwar ab, aber um die Sterilisierung von „manchen Verbrechern und Geisteskranken" würde man seiner Meinung nach nicht herumkommen. „Die zwangsmäßige Unfruchtbarmachung geistig Minderwertiger und somit Entarteter wird vorläufig noch nicht durchzuführen sein, jedoch muß die Unfruchtbarmachung krankhaft Veranlagter auf ihren eigenen Wunsch und mit ihrer Zustimmung alsbald gesetzlich geregelt werden, weil sonst Mißbrauch getrieben werden kann. Um die Fortpflanzung unsozialer und sonst schwer entarteter Personen zu verhüten, sollte deren Absonderung in Arbeitskolonien, wie dies auch Grotjahn fordert, schon heute gesetzlich in Angriff genommen werden."[13]

Zwiedineck-Südenhorst hielt die Dissertation für „eine wirkliche Bereicherung", obwohl sich Peltzer in ihr auch mit Auffassungen seines Doktorvaters, die dieser in seinem Werk „Sozialpolitik" veröffentlicht hatte, kritisch auseinandersetzte. „Durchaus nicht einseitig konservativ, sondern von gesundem Fortschrittssinn erfüllt ...., hat der Verf. mit idealer, <u>wirklich</u> vorbildlicher Begeisterung seine Aufgabe auch hier wie überall sonst, wo er bisher wirksam gewesen ist – er ist ein international gefeierter und preisgekrönter Sport-Meister – in Angriff genommen und durchgeführt."[14] Auch den Prüfern war die Schrift ein „Summa cum laude" wert.

„Eine erzreaktionäre Arbeit!" schrieb später eine unbekannte Hand auf das Titelblatt – wahrscheinlich nach 1945 und mit der historischen Erfahrung, wie die Nationalsozialisten mit Leben umgingen, das sie für „unwert" hielten. Obwohl Peltzer inzwischen selbst von ihnen als „entartet" eingestuft worden war, ist der Vorwurf berechtigt, daß die „Rassenhygieniker" zu den Vordenkern dieser „Ausmerze" gehört hatten. Wie schnell der Schritt zur Durchsetzung solcher Ideen gegangen war, bewies wenige Jahre später der auch von Peltzer geschätzte Sportmediziner und Olympiaarzt von 1928 Hans Hoske, dessen Empfehlung für die „Minderwertigen" gelautet hatte: „Wer nicht tauglich ist, sollte künftighin auch nicht vollberechtigter Bürger (Wahlfähigkeit, Wählbarkeit, Beamtenfähigkeit usw.) sein. Hier wäre auch in jedem Falle nachzuprüfen, ob der Betreffende nicht unter das Sterilisationsgesetz fällt."[15]

Der bisherige Sozialhygieniker Hoske bezeichnete sich nun als „Adjutant beim Reichsarzt der SS" und stand während des 2. Weltkriegs im Dienst des Reichsministeriums für die besetzten Ostgebiete, eine Tätigkeit, über die bis heute nichts bekannt geworden ist. Ungeachtet dessen war der Karriereknick nach Kriegsende nur von kurzer Dauer: Nach Enthüllung seiner Nazi-Vergangenheit wurde er zwar in Hamburg entlassen, aber sofort von Carl Diem an der Kölner Sporthochschule als Dozent angestellt.

Ein Traum wird wahr: Training mit Nurmi

Der Doktortitel steigerte Peltzers Popularität beträchtlich. Hier war kein Athlet, der vom Sport lebte, sondern ein Intellektueller, dem der Sport dazu diente, seine Persönlichkeit zu vervollkommnen. Konnte das olympische Ideal – oder was man dafür hielt – besser zum Ausdruck kommen?

Obwohl Peltzer von der Sportpresse, unter der er nicht nur Freunde hatte, als eigenwilliger Außenseiter dargestellt wurde, wuchs seine Anziehungskraft – vielleicht gerade deshalb. Ja, er entwickelte sich zu einem Magneten der Massen und der Kassen, zu einem Athleten, der ein Stadion füllen konnte. Sein akademischer Titel war ein Aushängeschild; als Sportler aber war er beliebt, weil Anspruch und Leistung stimmten. Außerdem spürte das Publikum, daß er ein Kämpfer war und immer alles gab, was in seinen Kräften stand. Grundsätzlich gewann er seine Rennen, indem er das Teilnehmerfeld von hinten aufrollte, und mit einem Endspurt, der die Zuschauer im wahrsten Sinne des Wortes von den Sitzen riß.

Hinzu kam seine Vielseitigkeit. Peltzer entwickelte sich zuerst auf den Mittelstrecken; seinen ersten Landesrekord lief er jedoch 1922 auf der damals nicht ungewöhnlichen 500-m-Distanz. Ein Jahr später unternahm er in Kopenhagen einen Ausflug über 2000 m und rannte einen deutschen Rekord. Ab 1924 erschloß er sich die 400-m-Strecke. Anläßlich eines Sportfestes in Budapest ließ er sich von dem englischen Lord David Burghley in der Hürdentechnik unterweisen, um im darauffolgenden Jahr über 400 m Hürden an den Start zu gehen. Und 1926 wurde er in nur zwei Tagen in Leipzig viermal Deutscher Meister, wobei er sogar auf eine Teilnahme am 800-m-Lauf verzichtete. Die größte Genugtuung: sein Sieg über 400 m Hürden in der deutschen Rekordzeit von 54,9 s. Das war die Rache an Heiner Troßbach, weil der bisherige Rekordhalter den Namen „Otto der Seltsame" in Umlauf gebracht hatte.

Getreu seinem Vorhaben, ein „Sportheld" zu werden, steckte sich Peltzer immer höhere Ziele, weshalb er auch die Nähe zu Paavo Nurmi suchte. Im Herbst 1924 wurde Peltzer das erste Mal zu Wettkämpfen nach Finnland eingeladen, an denen Nurmi allerdings nicht teilnahm. Er lernte den „großen Schweiger" aber danach in Helsinki in einem Restaurant kennen und war ganz erstaunt, wie offen und gesprächig sich Nurmi gab. Er lud Peltzer zum gemeinsamen Training ein, doch bevor er mit seinem Programm begann, ließ er sich erst einmal von einem Masseur durchwalken. Danach gab es einige Fotoaufnahmen, von denen eine später auf dem Titelblatt der „Berliner Illustrirten" erschien. Sie zeigte die beiden Läufer vor dem Training. Nurmi im langen Unterhemd mit einem Pullover darüber und in langen Unterhosen, über die er eine kurze schwarze Hose gezogen hatte. Peltzer trug einen Pullover mit offenem Kragen und gestrickte Wollhosen, die er mit einem Gürtel zusammenhielt. Trainingsanzüge waren noch unbekannt.

Trotz dieser Nähe gelang es Peltzer nicht, Zugang zu Nurmi zu finden, doch er begriff ihn besser als die Millionen, die dem Finnen zujubelten. Letztlich blieb er auch für ihn „ein Buddha zwischen den Kreidelinien". „Nicht daß er seine zahlreichen Konkurrenten oft und immer wieder besiegte, machte ihn so populär, es war mehr der Zauber seiner großen Persönlichkeit. Schweigend betrat er den Platz, schweigend lief er seine Runden und schweigend, fast scheu, verschwand er wieder in seiner Kabine."[16]

Im Winter 1925/26 verstärkte Peltzer seine Zusammenarbeit mit Dr. Brustmann. Nichts sollte mehr dem Zufall überlassen bleiben. Auf seinen

Reisen hatte er nun immer eine eigene Apotheke dabei, in der sich das Massagemittel „Rheumasan", antineuralgische Mittel wie Aspirin, Posphor- und Eisenpräparate sowie Brustmanns berühmte Traubenzuckertabletten namens „Ad astra" befanden. Der Arzt, der seit den Olympischen Spielen von 1906 in Athen sportmedizinische Untersuchungen vorgenommen hatte und auch die Röntgenaufnahmen von Sportlerherzen wie von Paavo Nurmi besaß, verordnete Peltzer verschiedene Leistungstests, um seine Schnelligkeitsreaktionen und Ausdauer zu erproben. Bei einem dieser Tests malte er auf ein Blatt Papier sechs Felder und forderte Peltzer auf, in jedes dieser Quadrate mit einem Bleistift so viele Punkte wie möglich zu malen. Nach dem Startkommando begann Peltzer also wie wild auf das Papier zu hämmern, um dann nach zehn Sekunden ins nächste Feld zu springen. Nachdem Brustmann die letzten zehn Sekunden angesagt hatte, unterstützte er das Tippen mit lauten „Peltzer, Peltzer, Peltzer!"-Rufen. So sollte sich der Läufer seinen Endspurt in einem 1500-m-Lauf gegen Nurmi vorstellen.

Gewinnen wie Hanns Braun

Nurmi zu besiegen, dazu fühlte sich Peltzer vorerst noch nicht in der Lage. Strecken, die länger als 1000 m waren, rannte er ausgesprochen ungern, weil er nach der 1000-m-Marke an sich einen starken Leistungsabfall festgestellt hatte. Als die deutschen Leichtathleten im Sommer 1926 zu den internationalen Englischen Meisterschaften eingeladen wurden, entschloß er sich deshalb, lieber über 880 Yards anzutreten, obwohl er wußte, daß er hier auf den 800-m-Olympiasieger von Paris, Douglas Lowe, treffen würde. Als Vorbereitung auf dieses Rennen – und um Lowe zu beeindrucken – verordnete Brustmann Peltzer einen Weltrekordversuch auf der nichtolympischen 500-m-Distanz, die als Aufbaustrecke diente.

Dafür hatte Peltzer ein Angebot des Ungarischen Athletik-Clubs (MAC), der Anfang Juni auf der Budapester Margareteninsel ein „Internationales Sportfest" veranstaltete. Peltzer sollte hier gegen den erfahrenen Lokalmatador László Barsi antreten, der sich ebenfalls Hoffnungen machte, unter der bisherigen Bestmarke des Holländers Adriaan Paulen zu bleiben. Barsi entpuppte sich als der erwartet schwere Gegner, der sich tapfer wehrte. „Aber mein Siegerwille wuchs mit jedem Schritt", schrieb Peltzer später.[17] Er gewann in 1:03,6 min, womit er Paulen um zwei Zehntelsekunden unterboten hatte. Sein erster Weltrekord!

Einen Monat später standen die Englischen Meisterschaften auf dem Programm, zu denen die kleine deutsche Mannschaft mit dem Flugzeug reiste. Für die meisten, so auch für Peltzer, war es der erste Flug ihres Lebens, den sie – trotz guten Wetters – mehr schlecht als recht überstanden. Fast alle kämpften mit ihrer Übelkeit, einige füllten die Tüten. Die Wettkämpfe, die traditionell in Stamford Bridge, einem alten, häßlichen Londoner Stadtteil, stattfanden, wurden auf einer Grasbahn ausgetragen, die noch die Spuren der allwöchentlichen Motorradrennen zeigte. Zum Erstaunen der Deutschen waren nicht nur die breite Holztribüne, sondern auch die Wälle rings um die Bahn bis auf den letzten Platz besetzt. Dreißigtausend Briten wollten im Halbmeilenrennen Douglas Lowe siegen sehen.

Da sich die Sprinter gut geschlagen hatten, herrschte im deutschen Team eine gehobene Stimmung; doch die ärmellosen Trikots und vor allem die viel zu kurzen Hosen, mit denen die Athleten bekleidet waren, hatten das Mißfallen der Gastgeber hervorgerufen. Sogar der Zollstock wurde herbeigeholt, um den Deutschen zu zeigen, daß die Hosen etwa zehn Zentimeter über den Knien zu enden hatten. Da sie keine anderen besaßen, halfen sie sich, indem sie diese nach unten zogen und erst kurz vor dem Lauf nach oben hievten. Da der Starter auch mit Peltzers Kleiderordnung unzufrieden war, schickte er ihn in die Kabine, um sich eine andere Hose zu besorgen. Doch zu seinem Schreck befand sich dort niemand, der ihm mit einem Wäschestück hätte aushelfen können. Kurz entschlossen zog er sein Beinkleid verkehrt herum an, so daß die Tasche nach vorn zeigte. Mit diesem „Wechsel" gab sich der Referee zufrieden.

Peltzer begann das Rennen gegen den Olympiasieger wie üblich mit einem Fehlstart; eine Taktik, die ihm dazu diente, seine Anspannung zu lösen. Lowe bestimmte in der ersten Runde das Tempo, wobei er von seinen Landsleuten frenetisch unterstützt wurde. Peltzer mußte alle Kräfte aufbieten, um den Anschluß zu halten. Die Zuschauer gerieten in Ekstase, während Peltzer – ganz „Sportbeauftragter" – nur von einem Gedanken beseelt war: „Du mußt wie Hanns Braun eine englische Meisterschaft gewinnen. Du mußt beweisen, daß Deutschland zu Unrecht von den Olympischen Spielen in Paris ferngehalten wurde. Du mußt siegen!"[18] In seiner Autobiographie erinnerte er sich später, daß Totenstille eintrat, als er an Lowe vorbeizog. Dann brach ein langer, herzlicher Beifall los, und sein geschlagener Konkurrent war der erste, der Peltzer ehrlichen Herzens gratulierte.

Mit 1:51,6 min hatte Dr. Otto Peltzer einen neuen Weltrekord über 880 Yards aufgestellt, der gleichzeitig für die 4,68 Meter kürzere 800-m-Strecke galt, für die offiziell keine Zwischenzeit genommen worden war. Damit war er der erste Deutsche, der sich auf einer olympischen Strecke in das Rekordbuch eingetragen hatte. Für Karl Ritter von Halt, der als Sportwart des DSBfA die Mannschaft nach London begleitet hatte, lief Peltzer „das wundervollste Rennen, das ich je in meinem Leben sah".[19] Und überschwenglich formulierte er: „Aber ich glaubte an Peltzer und mit mir alle anwesenden Deutschen, insbesondere unsere Wettkämpfer, die Peltzer mit größter Sorgfalt, ja Liebe umgaben. Sie alle wußten, daß er berufen war, unserem Vaterlande den herrlichsten Sieg zu erfechten."[20]

Da Peltzer auch über die Viertelmeile, die 440 Yards, einen zweiten Platz belegt hatte, überreichte ihm Königin Mary zum Abschluß der Meisterschaften den „Königspokal". Die Rückfahrt mit der Eisenbahn entwickelte sich zu einem Triumphzug. Beim Umsteigen in Deutschland hielten die Bürgermeister Huldigungsreden, Chöre traten auf, Ehrenjungfrauen überreichten Lorbeerkränze.

Berlin, 11. September 1926

Zur Eröffnung der Dritten Großen Deutschen Funkausstellung am 3. September 1926 in Berlin wurde nach zweijähriger Bauzeit auf dem Messegelände der Funkturm eingeweiht. Die schlanke Stahlkonstruktion von Heinrich Straumer ragte 138 Meter in die Höhe; 18 Meter unter der Mastspitze eröffnete ein Café. Am Rande der Avus und am Fuße des Turmes, der bereits 1925 den Sendebetrieb aufgenommen hatte, lag der alte BSC-Sportplatz. Dort wollte der SC Charlottenburg an den letzten beiden Tagen der Funkausstellung „Internationale Wettkämpfe" veranstalten, um sich von den Einnahmen im Eichkamp ein eigenes Stadion zu bauen.

Knüller der Veranstaltung sollte das Aufeinandertreffen von Paavo Nurmi und Edvin Wide sein, von dem sich die Organisatoren einen neuen 1500-Weltrekord erhofften – Nurmi hielt ihn seit 1924 mit 3:52,6 min. Als deutsche Ergänzung im Zweikampf der beiden Großen wollte man Peltzer gewinnen, weshalb der SCC eine Abordnung nach Stettin schickte, um ihn zu überzeugen. Als Vierter sollte der aufstrebende Herbert Böcher von Teutonia Berlin, der beim Dreiländerkampf in Basel dem Schweizer Paul Martin über 800 m nur knapp unterlegen war, das Feld komplettieren.

Peltzer hatte übrigens gegen die Schweiz über 1500 m Platz eins belegt und eine Zeit knapp unter vier Minuten erreicht. Das empfand er indes als enttäuschend, weil er damit seinen im Mai erzielten Deutschen Rekord – 3:58,6 min – verfehlt hatte. Die Strecke sei für ihn eben zu lang, meinte er. Obwohl Peltzer wußte, daß er nach einer langen Saison – sein 38. Wettkampf in jenem Jahr – nicht mehr in bester Form war, willigte er dennoch ein. Immerhin hatten sich die „SCCler" zu einer Spende von 1000 Mark zugunsten der Jugendabteilung der Stettiner „Preußen" bereit erklärt.

Es war Samstag, der 11. September 1926. Aufmacher in den Berliner Morgenzeitungen war die einstimmige Aufnahme Deutschlands in den Völkerbund und der „ausgezeichnete Eindruck", den die deutsche Delegation, für die Außenminister Gustav Stresemann sprach, hinterlassen hatte. Auf der Sportseite stellte das „Berliner Tageblatt", das für den 1500-m-Lauf am Nachmittag einen Ehrenpreis gestiftet hatte, die inhaltsschwere Frage, ob es in dem „außergewöhnlichen Wettkampf" einen Läufer geben könnte, der „diesen Wundermenschen zu besiegen imstande ist". Gemeint war Paavo Nurmi.

Den Verlauf des Rennens stellte sich der mit Nurmi befreundete frühere Langstreckenläufer Ottomar Krupski, einer der Organisatoren beim SCC, so vor: „Die mit einer schweren Dampfwalze behandelte 400-m-Bahn wird sich in tadelloser Glätte präsentieren. An der Innenkante, die Nurmi haarscharf läuft, wird mit Handstampfern besonders gearbeitet werden. Kurz nach sechs Uhr werden die vier am Start erscheinen, ein kleines Häuflein erlesensten Menschenmaterials. Unter atemloser Stille wird Altmeister Richard Rau den Startschuß abgeben. Bald nach dem Ablauf wird Nurmi an der Spitze erscheinen und führen. Das kostet Nervenkraft, hat aber für ihn den Vorteil, daß die Gegner s e i n Tempo laufen müssen. Außerdem darf er Peltzer nicht schonen, sonst tritt zum Schluß dessen fabelhafter Endspurt in Kraft. Hinter dem Rücken Nurmis wird wohl die Reihenfolge einige Male wechseln. Der eine will ja nicht den Anschluß verlieren, der andere bleibt vorsichtig zurück, um nicht durch einen unnötigen Stellungskampf Kraft einzubüßen. So wird man einen Kilometer zurücklegen, wenig mehr als 2 Minuten 30 Sekunden wird die Zeit hierfür sein. Dann kommt der tote Punkt für die Gegner Nurmis. Während letzterer nunmehr „aufdreht", werden diese – gewohnt, hier Atem zu holen, um für den Endkampf Kraft zu sammeln – etwas abfallen. Aber Wide bringt Peltzer wieder heran, und was dann geschieht, läßt sich nicht prophezeien."[21]

Eine weise Voraussicht. Tags darauf jubelte das „Berliner Tageblatt": „Die Sportleute der ganzen Welt werden aufhorchen und staunen, wenn sie hören, was sich am gestrigen Nachmittag auf dem Platze des Sportklubs Charlottenburg in Berlin vor den Augen von über 20 000 Menschen zugetragen hat. In dem bedeutendsten 1500-m-Lauf, den es bisher auf der Welt gegeben hat, konnte der deutsche Meister Dr. Peltzer (Stettin) durch einen Sieg in Weltrekordzeit erneut unter Beweis stellen, daß der deutsche Sport marschiert", so begann der Bericht des „Berliner Tageblattes". „Als erster der Teilnehmer erschien dann Böcher auf dem Platz, dem stark applaudiert wenig später Nurmi und Wide folgten. Zuletzt kam Dr. Peltzer, am stärksten beklatscht. Nach einigen Laufversuchen und vielen Photoaufnahmen stellten sich die Läufer am Start auf. Die Innenbahn hatte Wide (Schweden) ausgelost. An ihn reihten sich nach außen Böcher (Teutonia), Nurmi (Finnland) und Peltzer (Stettin), der sehr aufgeregt zu sein schien. Erst nach zwei Fehlstarts, die der Stettiner verursachte, konnte das kleine Feld abgelassen werden. Wide hatte sich sofort an die Spitze gesetzt und führte vor Peltzer, Nurmi und Böcher. Als die Läufer nach 300 Metern das erstemal an der Tribüne vorbei waren, hatte sich schon Nurmi auf den ersten Platz geschoben. In mörderischem Tempo wurde in der Reihenfolge Nurmi, Wide, Peltzer, Böcher die nächste Runde durchlaufen. Die Zwischenzeiten waren folgende: 300 Meter 45 Sekunden, 400 m 61 Sekunden. Nachdem dann nach 900 Metern Dr. Peltzer auf den zweiten Platz gegangen war, wurden für die 1000 Meter 2 Minuten 34,8 Sekunden gestoppt. Böcher hatte inzwischen aufgegeben. Dreihundert Meter vorm Ziel schoß dann plötzlich Wide an Peltzer vorbei an Nurmi heran, den er noch vor der letzten Kurve nach kurzem Kampf passierte. Peltzer war sein gleichmäßiges Tempo weitergelaufen und konnte ebenfalls an Nurmi, der schon sichtbar geschlagen war, in der Kurve vorbeigehen. Der Endkampf, über dessen Ausgang bei den begeisterten Zuschauern kein Zweifel mehr herrschte, spielte sich dann nur zwischen Peltzer und Wide ab. Unter dem immer stärker werdenden Geschrei der Massen kam Peltzer dem Schweden näher und näher, um ihn 40 Meter vor dem Ziel leicht zu passieren."[22]

Peltzers Sieg löste unter den Zuschauern einen Sturm der Begeisterung aus. Hüte wurden geschwenkt oder flogen durch die Luft. Im Triumphzug wurde der Sieger auf den Schultern seiner Sportkameraden über den Platz getragen. Ein Flugzeug, vom nahen Flugplatz Staaken gestartet, kurvte in niedriger Höhe über dem Sportplatz; als erster Glückwunsch wurde daraus ein Blumenstrauß abgeworfen. „Fast eine Viertelstunde verging, ehe es dem Ansager möglich war, den Zuschauern mitzuteilen, daß Dr. Peltzer mit 3 Minuten 51 Sekunden den Weltrekord Nurmis (3:52,6) ganz beträchtlich unterboten hatte."[23] Daraufhin stimmten die insgesamt etwa 30 000 Zuschauer stehend das „Deutschlandlied" an.

Der vom Lauf angefertigte dokumentarische Film zeigt einen zutiefst ergriffenen Otto Peltzer. Die Augen starr geweitet und mit einem geradezu erschrockenen Gesicht hört er die Ansage; im Unterbewußtsein läßt er sich einen Siegerpokal in die Hand drücken. Es dauerte Tage, ehe er zu einer Stellungnahme fähig war, die er – ganz Selfmademan – unter der Überschrift „Mein Weltrekord" und mit faksimilierter Unterschrift auch gleich im „Berliner Tageblatt" veröffentlichte. „Ich war bisher noch den Beweis schuldig geblieben, daß ich auch über 1500 Meter zur ersten internationalen Klasse gehörte. Der Beweis ist mir nun recht viel leichter zu erbringen möglich gewesen, als man wohl erwartete", hieß es darin. Der Artikel endete mit dem Eingeständnis, daß er eigentlich kein Tempoläufer sei: „Wenn Nurmi oder Wide noch etwas schneller gelaufen wären, würde ich sicher auch noch schneller gelaufen sein, darum war ich einigermaßen überrascht, daß die Endzeit doch Weltrekord geworden war. Dies ist sicher nicht zuletzt darauf zurückzuführen, daß ich stets gute Zeiten laufen kann, wenn gute Läufer führen. Nie kann ich das aber allein, darin sind mir also Nurmi und Wide ohne Zweifel überlegen."[24]

Die öffentliche Resonanz auf Peltzers Rekordlauf übertraf alles bisher Erlebte. Die Zeitungen erschienen mit Extrablättern; schon um 18.30 Uhr, also wenige Minuten nach dem Wettkampf, brachte die „Kasseler Post" ein „Sonderblatt" heraus. Großer Bahnhof auch in Stettin, wo Peltzer von einer riesigen Menschenmenge empfangen wurde, die „Heil Dr. Peltzer!" rief. Der SC Preußen huldigte ihm mit einem Fackelzug, und mit Zufriedenheit nahm man in Stettin zur Kenntnis, daß Peltzer der Stadt – trotz „glänzender Stellungsangebote aus München, Berlin und Hannover"[25] – auch weiter die Treue halten würde. Der Reporter des „Stettiner General-Anzeigers", für den Peltzer seit 1923 nebenberuflich tätig war – zu seinem großen Bedauern nur für den Sportteil –, durfte sich anschließend noch in seiner „gemütlichen, kleinen Bude" umschauen, wo er „Stöße von Post aus allen, aber auch allen Ländern" entdeckte.

Wochenlang blieb „der Doktor" Gesprächsthema Nummer eins, und auch noch Jahre danach analysierten Fachleute wie der Reichstrainer Josef

Waitzer seine Lauftechnik: „Dr. Peltzer besitzt den rationellsten Laufstil aller Läufer. Seinen Oberkörper trägt er nicht so aufrecht wie Nurmi; unübertrefflich ist bei ihm die lange und vollkommene Streckung des abstoßenden Beines ... Auch er setzt den Fuß flach mit der Sohle auf. Eine Eigenart Dr. Peltzers besteht mit der Ausnützung der winzigen Pause, die vor jeder Beinstreckung eintritt. Man kann deutlich verfolgen, wie lange der Körper auf dem Stützbein ausruht. Dieser unerreichte Vorzug des Stettiners und seine Schrittanpassung ermöglichen es ihm, jedes vorgelegte Tempo ohne besondere Anstrengung zu halten. An der Bewegungskurve des Kopfes ist zu sehen, daß der Schwerpunkt des Körpers fast horizontal vorwärts getragen wird. Dr. Peltzers Laufstil wird immer vorbildlich bleiben."[26]

Übrigens: Viele, die damals in Berlin in Literatur und Kunst Rang und Namen hatten, waren an jenem 11. September 1926 unter den Zuschauern – so unter anderen der Dichter Bertolt Brecht, der Verleger und Kunsthändler Alfred Flechtheim, der Maler George Grosz, die Bildhauerin Renée Sintenis und ihr Kollege Rudolf Belling. Die Sintenis ließ sich von diesem Rennen sogar zu einer Plastik inspirieren, die vielleicht ihre schönste, bestimmt aber ihre bekannteste wurde: „Der Läufer Paavo Nurmi". Weshalb sie ihn und nicht Peltzer modellierte, überlieferte der mit ihr befreundete Schriftsteller Hans Siemsen: „Peltzer fiel um, als er gesiegt hatte, völlig außer Atem. Nurmi ging ganz ruhig in seine Ankleide-Kabine – ging und atmete schön und ruhig – als ob nichts geschehen sei. Das gefiel Renée ganz besonders. Und deshalb machte sie die Figur von Nurmi. Ohne eine Zeichnung, ohne eine Photographie."[27]

Otto Peltzer (links) im Kreise seiner Familie in Köselitz

Titelblatt der „Reichswacht", deren Redakteur Peltzer seit 1921 war.

„Dr. Peltzer in Dresden. Eingeladen durch Sporthaus Böhme", lautet die Aufschrift auf der Rückseite dieser Postkarte (Foto rechts)

Berlin, 11. September 1926: Programm der „Internationalen Wettkämpfe" des SC Charlottenburg

Start zum 1500-m-Lauf: Dr. Otto Peltzer, Paavo Nurmi, Herbert Böcher und Edvin Wide (v.l.n.r.)

„Der bedeutendste leichtathletische Kampf seit Jahrzehnten", schrieb die „Berliner Illustrirte". Nach seinem Weltrekord wurde Peltzer auf Schultern durch das Stadion getragen.

Sonderblatt der „Kasseler Post", herausgegeben 11. September 1926, um 18.30 Uhr

Sonderblatt der Kasseler Post

Sonnabend, den 11. September 1926, nachmittags 6.30 Uhr.

Peltzer siegt in Weltrekordzeit!

Bei dem internationalen Sportfest des Sportklubs Charlottenburg konnte Dr. Peltzer-Deutschland mit 3,51 Min. über 1500 Meter einen neuen Weltrekord aufstellen. Der alte Rekord stammt von Nurmi mit 3,52,6 Min.

Zweiter: Wide-Schweden 3,51,8 Min.
Dritter: Nurmi-Finnland 3,52,8 Min.
Vierter: Böcher-Deutschland.

Stamford Bridge, 3. Juli 1926: Englischer Meister über 880 y in Weltrekordzeit vor Großbritanniens Olympiasieger Douglas Lowe

Wiedersehen 1929 in Stamford Bridge mit Douglas Lowe (Mitte), der ein Jahr vorher zurückgetreten war. Links: „Weltstarter" Franz Miller

*Australienreise 1929/30:
Ankunft von „Emton"
in Sydney*

*Empfang durch den Bürgermeister von Wellington und seine Ratsherren
für Dr. Otto Peltzer und „Emton"*

"Morgengymnastik" in Wickersdorf mit Dr. Otto Peltzer

Wettkampf der Wickersdorfer und Stettiner „Preußen" 1931 in Wien: in der Mitte Peltzer, 2.v.r. der 18jährige Gerhard „Emton" Obermüller.

*Start des 800-m-Finales von
Los Angeles: Peltzer 3.v.r.*

Olympiapaß von 1932

*Ein „Mann in den besten Jahren":
Dr. Otto Peltzer Anfang der 30er*

Besuch der Oberschule in Vacha/Rhön: Dr. Otto Peltzer in seiner Lieblingsbekleidung - gefütterte Motorradjoppe und Knickebocker

V. „Eigentliche Kampfjahre"

„1928: *Obwohl inzwischen unbestritten der Welt bester Mittelstreckenläufer (5 Weltrekorde), keine Erfolge bei den Olympischen Spielen in Amsterdam wegen Verletzungen. 1929 Gelbsucht, daher nicht Deutscher Meister, dennoch nach Japan zum Länderkampf mitgenommen und Weltreise durchgeführt, sogar in Wellington 1930 einen Weltrekord über 440 Yards aufgestellt, der jedoch nicht anerkannt wurde (Formfehler). Beruflich blieben Erfolge als Schriftsteller und Erzieher in Wickersdorf nur gering. Olymp. Spiele 1932 wieder krank (Rippenfellentzündung), dennoch trotz Nazifeindschaft 1934 zum 15. Mal Deutscher Meister."*

„Wenn wir noch schlafen, ... steht PELTZER auf ... und führt seine Schüler ... zur Morgengymnastik ... und zum Medizinball." Mit diesen Wortfetzen, zwischen die Filmaufnahmen geschnitten, beginnt der zweite Teil des Streifens „Zwei Tage im Leben eines Weltmeisters".

Ein kleines Bergdorf taucht im Morgennebel auf, dann ein Herrenhof, auf dessen Türmchen eine helle Glocke läutet. Krachend fliegt die Haustür auf; einige Jungen in kurzen Hosen und mit nackten Oberkörpern stürmen die Stufen hinab. Sie rennen in den Wald, hüpfen und springen auf einer Lichtung und lassen die Arme kreisen. Die Sonne bricht durch, die Körper schwitzen. Dann laufen die Jungen zurück und duschen sich, ehe sie – in dicke Badetücher gehüllt – zum Frühstück einrücken.

Es ist „sein Alltag", wie der Film mitzuteilen weiß. Vormittags erteilt der „Weltmeister" seinen Schülern wissenschaftlichen Unterricht, nachmittags geht es dann wieder hinaus – „zu fröhlichem Spiel". Während die Sonne hinter den Bergen des Thüringer Waldes versinkt, sitzt Otto Peltzer in seinem Studierstübchen, „wo abends ein einfaches Mahl wartet! ... Brot, Butter, ,echter Kathreiner' und Obst." Schnell liest er noch einen Brief, bevor er ihn auf den Stapel der übrigen legt. Genüßlich führt er eine Tasse Malzkaffee zum Mund, worauf er im Dunkel verschwindet. Im Bild bleibt die Tasse, aus der dampfend die Worte emporsteigen: „Eine von den 33 Millionen Tassen Kathreiner, die täglich in Deutschland getrunken werden!"

*

Es war der Alltag eines Schulmeisters und eine ländliche Idylle, für die sich Peltzer entschieden hatte. Dafür erntete er nur das Kopfschütteln zweier amerikanischer Agenten, die ihn noch am Abend des Weltrekordlaufes von Berlin im „Russischen Hof" aufgesucht hatten und anfangs glaubten, er wolle den Preis hochtreiben. Dabei lautete das Angebot des Boxmanagers Tex Richards doch schon 250 000 Dollar plus Werbeeinnahmen, wenn Peltzer ein Jahr lang in den Pausen von Football- und Baseballspielen rennen würde. Und der Dollarkurs belief sich damals auf 4,20 Mark!

Keine Minute indes benötigte Peltzer zum Überlegen. Er wolle Deutschland bei den nächsten Olympischen Spielen vertreten und immer als Amateur starten, hielt er ihnen entgegen. Als er später Waitzer, der sich ebenfalls im Foyer des Hotels aufgehalten hatte, von dem Angebot erzählte, meinte der allerdings: „Mensch, Peltzer, seien Sie nicht so dumm. Man wird Ihnen das nie danken, wenn Sie Amateur bleiben."[28]

Peltzer nahm den Ratschlag entgegen, dankte artig und begab sich sofort zum nahegelegenen Postamt, um ein Telegramm an die Freie Schulgemeinde Wickersdorf aufzugeben: „Nehme altes Angebot an und werde am 15. Oktober als Lehrer eintreten."[29]

Im Sommer 1926 lernte Peltzer die Freie Schulgemeinde kennen. Er war durch einen Schüler namens Hanns Friedel aus Saalfeld, der ihm geschrieben und sich mit einem seiner Zeitungsbeiträge auseinandergesetzt hatte, dorthin gekommen. Bekannt war ihm diese neunstufige Internatsschule freilich schon lange vorher durch ihren charismatischen Leiter, den Reformpädagogen Dr. Gustav Wyneken.

Die Freie Schulgemeinde, damals nur eine von rund vierzig Reformschulen, war 1906 von Wyneken und Paul Geheeb in dem 620 m hoch gelegenen Thüringer Bergdorf Wickersdorf gegründet worden. Sie sah sich in der Tradition des Dessauer Philanthropinum von 1774 sowie der pädagogischen Grundsätze von Jean Jacques Rousseau und Cecil Reddie, die eine „natürliche Entwicklung" von Kindern propagiert hatten. Starken Einfluß hatten auch die Landerziehungsheime von Hermann Lietz, die sich um 1900 zum Treffpunkt kritischer Pädagogen entwickelten.

Wyneken arbeitete sechs Jahre unter Lietz als Lehrer – so in Ilsenburg und Haubinda –, dann aber löste er sich von ihm wegen dessen antisemitischer Haltung. Die von Lietz strapazierten Begriffe „Heimat" und „Volk" ersetzte Wyneken durch „Geist", worunter er ein „überindividuelles, kollektives Bewußtsein" verstand.[30]

Die Schulgemeinde begriff sich nach dem Schweizer Vorbild als „brüderlicher Orden", in dem sowohl Schüler, die durch weiße Mützen als „echte Wickersdorfer" zu erkennen waren, als auch Lehrer Stimmrecht hatten. Das Gemeinschaftsgefühl sollte durch die Freundschaft zwischen Schülern und Lehrern genährt werden; Wyneken fühlte sich als „Führer" dieses Bundes. Die formale Verantwortung für die Schule lag beim Aufsichtsrat, der sich aus Lehrern und Eltern zusammensetzte.

Offiziell gab sich Wyneken als Anhänger der Koedukation, der gemeinsamen Erziehung von Mädchen und Jungen. Tatsächlich aber blieb die Position der Mädchen zweitrangig. In Wickersdorf machten sie nie mehr als ein Viertel der Schüler aus. Als „schöpferische Kraft" wurde einzig und allein das Verhältnis Junge–Erzieher angesehen. Seinen Ausdruck fand das in den „Kameradschaften", die von Lehrern geleitet wurden und denen sich jeder Schüler eine Woche nach der Ankunft anschließen mußte.

Der Rohrstock – an anderen Schulen ein unentbehrliches Requisit prügelnder „Pädagogen" – blieb in Wickersdorf strikt verpönt, ebenso wie jede Form von Strafen. Streitigkeiten und Undiszipliniertheiten wurden sofort in der Gruppe besprochen; zur Regelung des Eigenlebens der Einrichtung war ein Schülerausschuß zuständig, der sich ständig durch Nachwahlen ergänzte. Ältere Schüler, die zu Tutoren ernannt wurden, betreuten jüngere, ihre „Schützlinge".

Der Lehrplan folgte dem einer preußischen Oberrealschule. Seit 1923 besaß Wickersdorf eine eigene Prüfungsberechtigung; das dort abgelegte Abitur wurde als gleichwertig mit dem eines Gymnasiums anerkannt. Groß geschrieben wurden die musischen Fächer und Sport. Wyneken, der die „Modernisierung" fürchtete, war stolz darauf, daß die Erziehung seiner Schützlinge vor allem in den Händen von „Künstlern" lag. Religion wurde nicht gelehrt.

Anfang der 20er Jahre besaß die FSGW, wie die Freie Schulgemeinde abgekürzt hieß, bereits zehn Gebäude und damit eine Kapazität von mehr als hundert Schülern. Sie wurden für den Erhalt und Ausbau mit herangezogen. Diese produktive Arbeit zählte zu den wichtigsten Erziehungselementen; die Schüler reinigten die Räume, pflegten die Anlagen; es gab eine eigene Viehzucht und Landwirtschaft.

Die Kosten für Pension und Unterricht wurden von den Eltern der Schüler getragen. Durch die isolierte Lage – die nächste Stadt ist das zwölf Kilometer entfernte Saalfeld – waren sie verhältnismäßig hoch. Je nach

Klassenstufe beliefen sie sich auf 2300 bis 2700 Mark jährlich (1930), doch es gab immer auch einige Freistellen sowie die Möglichkeit von Rabatten für weniger betuchte Eltern. Das von der Schule ausgezahlte Taschengeld war für alle Zöglinge gleich.

Besonderer Beliebtheit erfreute sich die Einrichtung vor allem bei liberalen Intellektuellen, die ihre Kinder dorthin schickten. Etwa ein Viertel waren Ausländer, darunter auch Sprößlinge sowjetischer Diplomaten, weshalb Wickersdorf bei den Konservativen, die der Reformpädagogik ablehnend bis feindlich gegenüberstanden, als „kommunistisches Nest" verschrien war.

Der „Pädagogische Eros"

Als Peltzer im Herbst 1926 in die Dienste der Freien Schulgemeinde trat, erlebte sie ihre Blütezeit. Allerdings hatte sie auch bewegte Jahre hinter sich. Streitigkeiten in der Frage der Koedukation hatten 1910 erstmals zur Entlassung von Wyneken als Leiter geführt, woraufhin dieser den „Bund der Freien Schulgemeinden" ins Leben gerufen hatte. Angeregt durch Hans Blüher, wandte er sich der Jugendbewegung zu. Mit einer Rede auf dem Hohen Meißner, wo ein Antifest zur 100-Jahr-Feier der Leipziger Völkerschlacht stattfand, versuchte er 1913 jedoch vergeblich, sich an die Spitze zu stellen und der Jugendbewegung eine geistige Richtung zu geben.

Nach dem 1. Weltkrieg folgte eine kurze politische Karriere, doch nach dem gewaltsamen Ende der Bayerischen Räterepublik kehrte Wyneken 1919 nach Wickersdorf zurück. Als er Ende 1920 „unzüchtiger Handlungen" an minderjährigen Schülern verdächtigt worden war, legte er überstürzt die Leitung der FSGW nieder, auch um der Schließung von Wickersdorf durch das Sachsen-Meiningensche Erziehungsministerium zuvorzukommen. Der ältere Bruder eines betroffenen Schülers, den Wyneken nackt umarmt haben soll, hatte ihm ein Ultimatum gestellt. Zu seiner Verteidigung schrieb er einen Essay mit dem Titel „Eros", der eine kontroverse öffentliche Debatte über die Reformpädagogik auslöste.

Mit der Veröffentlichung von Hans Blühers Buch über den Wandervogel, in dem er den „Eros paidikos" als treibende Kraft der Jugendbewegung charakterisiert hatte, waren homoerotische Freundschaften zum Mythos stilisiert worden. Freilich war dieser „Pädagogische Eros" weder eine Erfindung von Wyneken oder Blüher, sondern er beruhte auf der Knabenliebe der griechischen Antike, die im Wilhelminismus durch hochrangige Adlige, die teilweise dem Kaiser nahestanden, wiederentdeckt worden war. In der klassischen Tradition sah sich auch ein Kreis um den Dichter Stefan George, der der „Schönheit der Jugend" eine geradezu sakrale Bedeutung beimaß und mit dem Wyneken korrespondierte. „Das Sexuelle spielt bei diesem Eros, wie oft genug ausgesprochen, entweder gar keine oder nur eine ganz sekundäre Rolle", behauptete die Sonderausgabe der Zeitschrift „Junge Menschen", die 1926 aus Anlaß des 20jährigen Bestehens der Freien Schulgemeinde erschien. Im Übrigen fand der Autor, daß es Zeit sei, sich „von dem dandyhaften Invertiertyp loszusagen".[31]

Die Gerüchte über Homosexualität in der Jugendbewegung hatten auch die staatlichen Autoritäten auf den Plan gerufen. Begriffe wie „Kameradschaft" oder „Freundschaft" galten vielen Konservativen als anrüchig. Während sich einerseits das Verhältnis zur Sexualität liberalisierte, eine homosexuelle Subkultur sich geradezu explosionsartig entwickelte, verstärkte sich andererseits der Ruf nach Strafverschärfung.

Trotz seines Verzichts wurde Wyneken, dem die Eltern in einer Resolution ihr Vertrauen ausgesprochen hatten, Anfang 1921 angeklagt, unzüchtige Handlungen an zwei Schülern vorgenommen zu haben. Die Beweise beschaffte ein in Wickersdorf beschäftigter Hilfslehrer, der die beiden Schüler befragt hatte. Sie unterschrieben nach flüchtigem Lesen ein von ihm aufgesetztes Protokoll.

Der Prozeß gegen Wyneken fand am 30. August 1921 in Rudolstadt hinter verschlossenen Türen statt. Das Gericht hatte sichtliche Mühe, den Darlegungen Wynekens zu folgen, wonach Nacktheit in Wickersdorf lediglich eine „seelische Neigung" ausdrückte und nicht mit homosexuellem Verkehr zu verwechseln sei. Sein platonisches Liebesverhältnis zur „Gefolgschaft" nahm es Wyneken nicht ab und verurteilte ihn zu einem Jahr Gefängnis. Die Strafe wurde in der Berufung bestätigt.

Der „Fall Wyneken" spaltete die Öffentlichkeit in zwei Lager. Das eine schmähte den Pädagogen als „Jugendverderber", das andere veranstaltete Protestaktionen und Solidaritätskundgebungen. Die Gegensätze zwischen „Linken" und „Völkischen" verschärften sich erneut. Prominente Intellektuelle sprachen von „Justizmord" und werteten das Urteil als Angriff auf die gesamte Reformpädagogik. Wyneken selbst feierte einen halben Sieg, als das Thüringer Justizministerium ihn am 20. April 1923 amnestierte. Damit war seine Rückkehr nach Wickersdorf möglich geworden, allerdings unter der Voraussetzung, daß er dort nur die wirtschaftliche Leitung übernehmen dürfe. Nachfolger von Martin Luserke als Pädagogischer Leiter wurde 1926 der Schriftsteller Peter Suhrkamp.

Im Kabrio nach Wickersdorf

Da die Freie Schulgemeinde keine öffentlichen Mittel erhielt, konnte sie ihren Lehrern nur Gehälter zahlen, die kaum ausreichten, eine Familie zu ernähren. Deshalb suchte man vor allem Junggesellen, die unabhängig waren und keine überhöhten Ansprüche stellten. Als Suhrkamp 1926 Peltzer den Vorschlag machte, nach Wickersdorf zu kommen, obwohl er keinen pädagogischen Abschluß besaß, spielte dieser Aspekt eine Rolle, außerdem versprach man sich von seiner Popularität eine magnetische Anziehungskraft. Die Zeitschrift „Junge Menschen" hoffte: „Möchte Wickersdorf zur Mode werden! Auch durch Dr. Peltzers weithin sichtbare Anstellung nie in den Verdacht geraten, eine ‚zeitgemäße' Schule zu sein."[32]

Peltzer lockte das Angebot, zumal er in den Fächern Geographie, Geschichte und Biologie, wofür ihm das Thüringische Staatsministerium die Lehrerlaubnis erteilt hatte, nur eine geringe Stundenzahl zu leisten brauchte. Außerdem sollte er Sportunterricht geben, ohne als Sportlehrer angestellt zu werden, weil ihn das ansonsten die Amateureigenschaft gekostet hätte. Offizieller Sportlehrer war der Absolvent der DHfL, Alois Münstermann, der in Wickersdorf gleichzeitig das Abitur nachholte, um Psychologie und Medizin studieren zu können. Später wurde er durch seine morgendliche „Funkgymnastik" bekannt.

Die Leitung erwartete von Peltzer, daß er auf seinen Reisen neue Schüler werben würde, wofür ihm Provisionen in Aussicht gestellt wurden. Bald zählte eine ganze Reihe Stettiner „Preußen" zu seinen Wickersdorfer Zöglingen. Waldemar Hellpap verschaffte er eine Freistelle. Anfang 1927 wechselte auch Gerhard Obermüller nach Thüringen; am selben Tag traf Willi Meier aus Bielefeld ein. Auf ihren Trikots trugen sie nun stolz ein schwarzes „W" und verstärkten die Wickersdorfer Mannschaften, die in ganz Thüringen niemand mehr zu fürchten hatten.

In seinem Rekordjahr 1926 hatte Peltzer zwischen dem 24. Januar und dem 12. Dezember an 48 Tagen insgesamt 76 Rennen bestritten und dabei dreimal Weltrekord und vier Deutsche Rekorde aufgestellt. Peltzers Mobilität verbesserte sich schlagartig, als ihm einer seiner Onkel, der Bankdirektor war, ein dreirädriges Kabriolett vom Typ Simson-Supra, eine ausgesprochene Nobelmarke, schenkte. Freilich hatten seine vielen Reisen nicht nur sportliche Gründe, vielmehr war er bestrebt, neue Schüler für Wickersdorf zu akquirieren. Seine Starts machte er meist auch davon abhängig, ob ihn der Verein, der ihn haben wollte, am Vorabend zu einem Vortrag engagierte. Die Sportbehörde legte dies als unzulässige Einnahmequelle aus.

Was Peltzer auszeichnete, war die Verbindung von sportlicher Klasse und theoretischer Durchdringung. Seinem ersten Buch mit dem Titel „Vergangenheit und Zukunft der deutschen Leichtathletik", einem Nachschlagewerk, folgte ein Jahr später – 1926 – „Das Trainingsbuch des Leichtathleten", „das gewiß nicht nur eine offene Lücke ausfüllt, das aber in seiner Eigenartigkeit neu ist und darum begrüßt werden muß", wie „Der Leichtathlet" lobte.[33] Die Käufer schlossen sich dem an; 1928 konnte bereits die sechste Auflage gedruckt werden.

Als Autoren für dieses Buch hatte Peltzer, der als Herausgeber fungierte, eine Reihe bekannter Trainer, Sportlehrer, Sportmediziner und Athleten wie Josef Waitzer, Hans Hoske und Ralph Hoke, den früheren Sprinter Richard Rau, den Hochspringer Fritz Huhn sowie den Langstreckenläufer Emil Bedarff verpflichtet. Natürlich schrieb er selbst über die Mittelstrecken, den Straßen- und Geländelauf sowie über „Training und Wettkampf". Es entsprach seinen Grundsätzen, vor allem den „aktiven Sportsmann" zu Wort kommen zu lassen, von dem er erwartete, daß er „sich auch selbst, etwa in der Jugendabteilung als Trainingsleiter, oder in der allgemeinen Organisationsarbeit des Vereins zur Verfügung stellt".[34] Er ging mit gutem Beispiel voran: Wo auch immer er sich aufhielt, ob in Jena, München, Berlin, Stettin oder Wickersdorf, überall hatte er Übungsgruppen. Und 1927 war bereits das nächste Buch fällig: Zusammen mit dem norwegischen Stabhochsprung-Weltrekordler Charles Hoff, der auch im 800-m-Lauf Weltklasse verkörperte, veröffentlichte er das zweibändige Werk „Der Weg zum Erfolg. Ein sportliches Führerbuch". Die Zahl seiner Aufsätze ließ sich kaum noch überblicken; viele waren mit „drop" unterzeichnet.

So viel Aktivität rief auch Neider auf den Plan. Vor allem in Frankreich, wo mit Séra Martin (ihm hatte Peltzer 1926 den 1000-m-Weltrekord weggenommen) und Jules Ladoumègue zwei seiner härtesten Konkurrenten lebten, wurde seine Amateureigenschaft angezweifelt. So behauptete „L'Auto", daß er für seine Werbevorträge „riesige Honorarsummen" verlangt und seinen Namen in einem Film für einen Kaffee-Ersatz vermarktet hätte. Die Sportbehörde, mit der Peltzer meist auf Kriegsfuß stand und deren Name für ihn bereits ein Hinweis auf deren bürokratischen Charakter darstellte, ordnete eine Untersuchung an.

In einem Artikel mit der Überschrift „Der Sportsmann als Vortragsredner" stellte Peltzer klar, daß er die „kritische Einstellung unserer Intellektuellen zum Sport" als größtes Hemmnis ansah, weshalb es „Aufgabe auch der aktiven Leichtathleten sein (sollte), durch ihre Haltung zu geistigen Dingen zu bezeugen, daß der Sport nicht kulturell verflachend wirkt". Vorträge zu „allgemeinen Kulturfragen" wären auch eine „geistige Leistung des einzelnen", die wie Vorträge anderer Redner entsprechend honoriert werden sollten. „Bei meinen Vorträgen habe ich allerdings bisher trotzdem alle überschüssigen Gelder aus den Vortragsvergütungen lediglich einer Jugendunterstützungskasse für minderbemittelte Sportler, die dadurch eine bessere Schul- und Berufsausbildung erhalten, zugeführt."[35]

In einem Brief an einen französischen Gewährsmann, von dem er hoffte, daß er seine Stellungnahme verbreiten würde, schrieb Peltzer: „Ferner hat man mich angegriffen, weil eine Kaffee-Ersatz-Gesellschaft bei der Werbung für gesunde Lebensweise meinen Lauf gegen Nurmi und Wide sowie das Leben der Schulgemeinde Wickersdorf gefilmt hat und dabei zum Schluß meinen Namen für ihre Reklame auszunutzen sucht. Ich stehe diesen Machenschaften vollkommen fern und habe energische Schritte unternommen, damit eine solche unbefugte Reklame mit meinem Namen unterbleibt."[36] Das glaubte ihm zwar kaum jemand, aber das Gegenteil war auch nicht zu beweisen, so daß die „Affäre" bald im Sande verlief. Peltzer hielt weiter seine Vorträge, die das Ansehen der deutschen Leichtathletik vor allem unter Intellektuellen beträchtlich erhöhten. Nur ließ er sich nun nicht mehr als Sportsmann, sondern als Soziologe anheuern.

Das Weisse Haus lässt bitten

Die Diskussion um Peltzers Amateureigenschaft entzündete sich neu, als er beabsichtigte, im Dezember 1927 in die USA zu reisen, um während der US-Hallensaison seine amerikanischen Gegner für die Olympischen Spiele in Amsterdam kennenzulernen. Die DSB verweigerte ihm eine Startgenehmigung mit der Begründung, diese Wettkämpfe könnten seiner Form schaden. Auch die Presse war dagegen. Da aber sein vermögender Patenonkel Paul Millington Herrmann bereit war, ihm eine Studienfahrt in die

USA zu finanzieren, und die Freie Schulgemeinde ihm einen Urlaub gewährt hatte, damit er die Erziehungssysteme jenseits des Atlantiks kennenlernen konnte, hielt Peltzer die Reise für gerechtfertigt. Im Übrigen hoffte er, daß er, wenn er erst einmal dort wäre, seine Startgenehmigung über die deutsche Botschaft in Washington schon noch bekommen würde.

Nach einer mehrtägigen Überfahrt mit dem Dampfer „Columbus" erwartete Peltzer, der ohne Begleiter gereist war, in New York „ein Empfangsfest mit anschließendem Tanz zu Ehren des deutschen Meisterläufers". „Leichtathlet"-Korrespondent Arthur E. Grix schilderte es folgendermaßen: „Vor der Bühne sitzen die Honoratioren an einem Vorstandstisch, in der Mitte Otto der Seltsame, den Rücken der Bühne zugekehrt, so daß er dauernd den Hals verdrehen muß, um den Darbietungen zu folgen. Der Veranstalter, der Erste Deutsche Sportklub, hat sich alle Mühe gegeben, dem Fest einen würdigen Anstrich zu verleihen. Die Kapelle spielt die deutsche und amerikanische Nationalhymne, die Damenabteilung macht Freiübungen, eine Dame singt das unvermeidliche ‚Still wie die Nacht!' Dann folgen die Reden. Alles das muß Peltzer über sich ergehen lassen; ab und zu gähnt er sehr diskret – er hat in den letzten Tagen zu viel gesehen und erlebt. Sämtliche Redner begrüßen Peltzer als einen Gesandten, der durch seine Anwesenheit die Bande zwischen den deutschen und amerikanischen Sportlern enger schlingen sollte."[37]

In den folgenden Tagen regnete es Einladungen für Peltzer, an erster Stelle stand freilich US-Präsident Calvin Coolidge, der ins Weiße Haus einlud. Auch New Yorks Oberbürgermeister Jimmy Walker gab sich die Ehre, ebenso der vornehme New York Athletic Club. Von der Ostküste aus wandte sich Peltzer nach Süden; Weihnachten verbrachte er dann in Kalifornien, wo er die Verhältnisse an den Universitäten und Schulen studierte. Er war beeindruckt, welche Bedeutung hier die Leichtathletik besaß, welches Ansehen der „Coach" genoß. Wo er hinkam, stieß er in den Eingangshallen auf die Rekordtafeln der Schulen, zu denen man – im Vergleich – die amerikanischen und Weltrekorde gestellt hatte. Da die 880 Yards damals die längste Strecke waren, die von Schülern gelaufen wurde, war Peltzers Name und sein Resultat überall verewigt. Dennoch sah er das amerikanische Schulsystem nicht als Vorbild an. Ihm fehlte die geistige, die kulturelle Erziehung, wie er sie in Wickersdorf erlebte.

Als er mit einer Starterlaubnis im Grunde schon gar nicht mehr gerechnet hatte, traf sie doch noch aus Deutschland ein. Die DSB genehmigte ihm drei Starts in der Halle, doch plötzlich wollten nun die Amerikaner nicht mehr, und es erforderte eine vierstündige Verhandlung, um alle Hindernisse aus dem Weg zu räumen.

Zwischen 2. und 29. Februar 1928 bestritt Peltzer schließlich drei Rennen, von denen er nur das erste – über 1000 Yards bei den „Millrose Games" im New Yorker Madison Square Garden – gewann. Den zweiten Lauf – über 1000 m – verlor er in Chicago gegen den Amerikaner Ray Conger. Im dritten Rennen, das erneut im Madison Square Garden stattfand und als „Meile des Jahrhunderts" angekündigt worden war, belegte er Platz drei hinter den US-Hallen-Spezialisten Lloyd Hahn und Conger. Peltzer hätte mindestens zehn Wettkämpfe benötigt, um sich auf die ungewohnten Verhältnisse einzustimmen.

„Hat Peltzer die deutschen Interessen vertreten oder haben seine Amerikastarts geschadet? Das ist die Frage, für die man sich in Deutschland zu interessieren scheint", schrieb Arthur E. Grix. Seine Antwort: „Wir Deutsche in Amerika sind hocherfreut, daß der deutsche Sport durch einen Mann, der sich durch seine Höchstleistungen in der Welt einen klangvollen, fast sagenhaften Namen verschafft hat, so würdig vertreten worden ist. In jeder Fabrik, in jedem Laden, auf jeder Straße hat man von ihm gesprochen, der Einfluß seines Aufenthaltes hat sich nicht nur in sportlichen Kreisen bemerkbar gemacht, sondern ist auch ins Politische übergegangen."[38]

Anfang März betrat Peltzer in Bremen wieder heimatlichen Boden. Auf Wunsch der Stadtgemeinde hielt er nach der Ankunft einen Vortrag über seine Erlebnisse in Amerika – „honorarfrei", wie betont wurde.[39]

Ein deutscher Held fällt nicht ...

An der Freien Schulgemeinde hatte Peltzer inzwischen fast alle Schüler für die Leichtathletik begeistern können, zu der man damals auch das in Deutschland entwickelte Feldhandballspiel rechnete, das auf einem Fußballplatz ausgetragen wurde. Die Wickersdorfer spielten häufig gegen andere Thüringer Vereine, und da sie meistens gegen Erwachsene anzutreten hatten, wurden sie durch ihren Lehrer im Sturm verstärkt. An einem verregneten Maitag, bei einem Match in Neustadt, passierte es: Peltzer rutschte aus und wurde von einem gegnerischen Spieler mit dem Schuh am Fuß getroffen. Ein sofort herbeigeeilter Arzt schiente zwar den Fuß, doch die anschließende Untersuchung an der Universitätsklinik in Jena ergab einen

Mittelfußbruch, schwere Zerrungen und ein starkes Ödem. „Dr. Peltzer startet nicht in Amsterdam", titelte „Der Leichtathlet".[40]

Seit 1920 hatte sich Peltzer, der inzwischen 28 Jahre alt geworden war, auf die Olympischen Spiele vorbereitet. Und nun dieser Rückschlag! Seine Schüler allerdings vertrauten auf seinen Kampfgeist und seine Zähigkeit; damit werde er es gewiß noch schaffen ... Wieder andere hielten das Ganze für einen Werbegag, mit dem Peltzer seine wirkliche Form, die natürlich nur gut sein konnte, zu vertuschen versuchte. Für viele galt er nach wie vor als sicherer Goldmedaillentipp.

Eines Tages tauchte in Wickersdorf ein kleines Männchen aus Buenos Aires auf. Sein Name: Janne Koivistonen. Jahrelang hatte der finnische Masseur, der jetzt in Argentinien lebte und dort ein Massageinstitut betrieb, seinen berühmten Landsmann und Olympiasieger von 1912 und 1920, Hannes Kolehmainen, durch die Welt begleitet. Nun bot er sich an, Peltzer noch in Form zu bringen. Tatsächlich festigte er mit seinen harten Massagen dessen Muskulatur, doch das wochenlang versäumte Lauftraining konnte auch er nicht ersetzen. Bei den Deutschen Meisterschaften Mitte Juli 1928 in Düsseldorf wurde Peltzer im 800-m-Lauf nur Vierter, was dennoch genügte, um sich für Amsterdam zu qualifizieren. Da er außerdem als Schlußläufer der Stettiner 4x1500-m-Staffel ein gutes Rennen gezeigt hatte, wurde er schließlich auch für die 1500-m-Strecke, auf der er noch immer den Weltrekord hielt, nominiert; ehrenhalber sozusagen.

Unzufrieden mit sich selbst, reiste Peltzer nach Amsterdam. Koivistonen und der junge Dietrich Bartens, einer von Peltzers Schülern, begleiteten ihn. Mit dabei waren auch Brustmann und Dr. Hans Hoske, die offiziellen Ärzte der deutschen Olympiamannschaft. In Holland angekommen, zog sich Peltzer erst einmal den Zorn der Funktionäre zu, als er sich weigerte, in das Mannschaftsquartier in Zandvoort einzuziehen, um den unendlichen Gesprächen über die Aussichten des einzelnen zu entgehen. Das tagelange Zusammenleben bekam vielen der sensiblen Naturen gar nicht gut, zumal die Resultate der deutschen Leichtathleten schlechter als erwartet ausfielen. Außerdem machte sich die jahrelange Isolation und die damit verbundene Fehleinschätzung des Leistungsstandes negativ bemerkbar. Besonders augenscheinlich zeigte sich das bei den Niederlagen von Kugelstoß-Weltrekordler Emil Hirschfeld und der hochgelobten Sprinter Helmut Körnig und Georg Lammers gegen einen unbekannten 20jährigen Kanadier namens Percy Williams.

Daß auch Peltzer erfolglos bleiben würde, war nach seinen Düsseldorfer Meisterschaftsergebnissen vorauszusehen, dennoch bäumte er sich mit letzter Energie dagegen auf. Nachdem er im 800-m-Vorlauf mit einer geschickten Taktik seine Schwäche noch kaschieren konnte, genügte das im Zwischenlauf, in dem er es mit Könnern wie Douglas Lowe zu tun bekam, nicht mehr. Mit letzter Kraft rettete er sich ins Ziel, nur Zentimeter von dem erhofften Platz entfernt, der zur Teilnahme am Finale genügt hätte. Er taumelte und fiel völlig ausgepumpt auf den Rasen, womit er sich in den Augen der deutschen Funktionäre und vielleicht auch mancher seiner Mannschaftskameraden würdelos benahm. Ein deutscher Held fällt eben nicht ...

Diese Episode prägte sich ihm so ein, daß er 1947 in seinem Buch „Sport und Erziehung" daran erinnerte: „Keiner meiner Kameraden kam mir zu Hilfe. Im Gegenteil! Die Sportgewaltigen haben mir später noch vorgeworfen, ich hätte mangelnde straffe Haltung nach dem Rennen gezeigt! Aber dann kam der bekannte Schweizer Paul Martin, der seinerzeit bei den Olympischen Spielen in Paris 1924 Lowe nur knapp unterlegen war, zu mir mit einer Decke und einem Schluck Kaffee. Und gerade er hatte persönlich am wenigsten Anlaß, sich meiner anzunehmen, denn im Jahre seiner Triumphe hatte ich ihm eine Niederlage im 800-Meterlauf beim Länderkampf Dseutschland-Schweiz bereitet. Und dieser Sieg war noch nicht einmal ein einwandfreier gewesen, weil er das Startkommando überhört hatte, daher zu spät losgelaufen war und ich nicht, wie es die Fairneß verlangt hätte, abgestoppt hatte. Er war bekannt dafür, daß er als Französisch-Schweizer die Deutschen nicht schätzte, und dennoch kam er, um mir beizustehen. Und Lowe, der nochmalige Weltmeister, schrieb mir nach seinem neuen Olympiasieg einen Brief, in welchem er im Namen seiner Kameraden zum Ausdruck brachte, daß alle Engländer aufs tiefste bedauert hätten, daß ich nicht, wie zwei Jahre zuvor in London, im Vollbesitz meiner Kräfte gewesen sei, und er versicherte, daß er mich nach wie vor als den wahren Weltmeister betrachtet. Gibt es einen besseren Beweis, wie der Kampfsport vollendetes Menschentum erzieht?"[41]

Zweieinhalb Wochen später bestritt Douglas Lowe, der sich nun seiner beruflichen Laufbahn widmen wollte, beim „Internationalen" des SC Charlottenburg in Berlin sein letztes Rennen. Er gewann diesen 800-m-Lauf in seiner besten Zeit – 1:51,2 min. Eine Sekunde zurück folgte achtungsvoll Dr. Otto Peltzer, der sich im Endspurt nur darauf konzentrierte, vor dem Franzosen Séra Martin zu bleiben, der ihn inzwischen als Weltrekordler auf dieser Strecke abgelöst hatte. Er hätte es nicht übers Herz gebracht, Lowe den Abschied zu verderben. Mit 1:52,2 min erreichte er dennoch die zweitbeste 800-m-Zeit seiner gesamten Laufbahn. „Peltzer wird wieder Peltzer!", lautete die Überschrift im „Leichtathlet".[42]

Japan mit Hindernissen

Schon 1927 erhielt Peltzer eine Einladung nach Australien, doch er mußte darauf verzichten, weil ein Amateursportler nach den damaligen Regeln nur 35 Tage im Jahr Spesen erhalten durfte. Allerdings waren sie auch im darauffolgenden Jahr durch die Olympischen Spiele in Amsterdam und andere Wettkampfverpflichtungen bereits aufgezehrt. Peltzer verschob deshalb seinen Plan auf 1929, und da die DSB ihm erneut die Startgenehmigung verweigern wollte, wurde der Fall ausgiebig in den Medien erörtert.

Schützenhilfe bekam er vom Fachblatt „Der Leichtathlet", in dem es hieß: „Wir Deutsche kranken daran, zu viele Bestimmungen, zu viele Paragraphen, zu viele Richtlinien zu schaffen. Hat uns nicht Amsterdam die Augen geöffnet, daß wir viele Dinge zu ernst genommen haben, daß zu viele Bestimmungen wirkliche Persönlichkeiten mehr hemmen als fördern? Als es zu den entscheidenden Waffengängen kam, als wir in Amsterdam gegen die Elite aus aller Welt standen, da waren unsere Besten mit Verantwortung zentnerschwer überlastet. Da siegten diejenigen, die nichts zu verlieren, aber alles zu gewinnen hatten."[43] Bei so viel Kritik gab die DSB schließlich nach. Sie willigte in die Reise ein, wenn diese n a c h den Deutschen Meisterschaften in Breslau stattfinden würde. Dabei hatte sie weder organisatorisch noch finanziell etwas mir ihr zu tun.

Daß sich seit dem Mißerfolg von Amsterdam der Wind gedreht hatte und aus „Otto dem Seltsamen" bei einigen inzwischen der „bestgehaßte Otto" geworden war, bekam Peltzer in Breslau zu spüren. Im 800-m-Finale stürzten er und Fredy Müller wie Siamesische Zwillinge ins Ziel, worauf das Kampfgericht zusammentrat, um den Einlauf zu beraten. Schließlich rief man Müller als Sieger aus, obwohl das Zielfoto später den Beweis lieferte, daß Peltzer um Brustbreite vor ihm das Zielband zerrissen hatte. Warum das Urteil auch danach nicht revidiert wurde, vertraute Sportwart Ritter von Halt damals Peltzer hinter vorgehaltener Hand an. In der Diskussion hatte sich ein Kampfrichter mit den Worten durchgesetzt: „Peltzer war schon zwölfmal Meister, sagen wir diesmal ‚Fredy Müller'."[44] Dennoch wurde Peltzer für den Länderkampf gegen Japan nominiert, der Anfang Oktober 1929 in Tokio stattfinden sollte.

Berlin, Schlesischer Bahnhof, 11. September 1929: Mit der Eisenbahn trat eine kleine, nur 15köpfige Delegation, die von Waitzer begleitet wurde, die weite Reise in den Fernen Osten an. Für Peltzer stand fest, daß er sich von Japan aus allein nach Australien durchschlagen würde.

Die Mannschaft führte ein Grammophon bei sich; der Reichstrainer verteilte Schachbretter und Romane, damit sich die Athleten die Langeweile vertreiben konnten. Während die meisten erst einmal den Speisewagen aufsuchten, hatte Peltzer eine Sekretärin angeheuert, der er die restlichen Manuskripte diktierte, die er in Wickersdorf nicht mehr vollenden konnte. Nach einigen Stunden stieg die Sekretärin dann aus und kehrte nach Berlin zurück.

Als der Zug am nächsten Morgen in Warschau einlief, beschloß Peltzer, den seiner Ansicht nach zweistündigen Aufenthalt zu einem Stadtbummel zu nutzen. Der Königsberger Speerwerfer Herbert Molles begleitete ihn. Beide schlenderten durch die Altstadt, um Fotos zu schießen, bis sie zu ihrem Entsetzen feststellten, daß die Zeiger der Kirchturmuhren 7.40 zeigten. – Sie hatten vergessen, daß in Warschau die osteuropäische Zeit galt. Im Eilmarsch trafen sie auf dem Bahnhof ein und sprangen mit letzter Kraft auf das Bremserhäuschen des abfahrenden Zuges auf – es war der falsche. Als sie sich von dem Schock erholt hatten und an den Ausgangspunkt zurückgekehrt waren, sahen sie nur noch die Schlußlichter des richtigen.

Nach diesem Fehlstart reisten Peltzer und Molles ihrer Mannschaft hinterher; nur ihr Gepäck und ihre Pässe, die an der polnisch-russischen Grenze deponiert worden waren, holten sie noch ein. Um überhaupt nach Wladiwostok weiterreisen zu können und mit einem Dampfer nach Japan überzusetzen, mußten sie sich bei der deutschen Botschaft in Moskau Geld borgen. Vier Tage nach den anderen, aber noch rechtzeitig zum Länderkampf trafen sie in Tokio ein.

Am nächsten Wochenende wurden die Deutschen, denen die 16tägige strapaziöse Reise anzumerken war, von 60 000 Zuschauern zwar gebührend gefeiert, ihre Leistungen blieben jedoch unter den Erwartungen. Einige hatten auf der langen Fahrt zugenommen, andere vertrugen die Klimaumstellung und die fremden Speisen nicht. Wieder andere zeigten nicht den erhofften Kampfgeist, so daß der Generalsekretär des Deutschen Reichsausschusses, Dr. Carl Diem, der die Mannschaft seit Moskau begleitet hatte, in sein Reisetagebuch eintrug: „Diesen Jungs fehlt der Militärdienst, und die Sportvereine müssen eine andere Zucht einführen, wenn sie wirklich Menschen bilden und nicht nur unterhalten wollen!"[45]

Die deutschen Leichtathleten verloren überraschend über 5000 m, im Hürdenlauf und sogar im Diskuswerfen, in dem Emil Hirschfeld eingesetzt wurde. Daß am Ende der Länderkampf überhaupt noch knapp mit 79,5:71,5 Punkten gewonnen werden konnte, war vor allem dem Frankfurter Sprinter Eugen Eldracher sowie Peltzer zu verdanken, denen jeweils Doppelsiege gelangen. Im „Leichtathlet" hieß es danach: „ ... wenn Peltzer gebraucht wird, ist er immer da!"[46]

Das sah Diem allerdings ganz anders. Für ihn blieb er eine Reizfigur. „Peltzer besorgt sich immer Vorteile, er wohnt woanders, beschafft sich besondere Einladungen, kommt stets zu spät, wenn wir tagsüber reisen, setzt er Schlafwagen-Nachtfahrt durch usw.", klagte Diem.[47] Kein Tag verging, an dem die „Vergehen" des Läufers nicht notiert wurden: „Sonntag, 13. Oktober 1929 ... Peltzer reist und wandert stets mit einer wollenen Decke, weil er stark rheumatisch ist, im Auto braucht er den Platz neben dem Chauffeur, damit seine Beine ausruhen, im jap. Restaurant streckt er sich sofort lang, wickelt sich ein und schläft etwas, im Hotel kann er nicht schlafen, weil es zu laut ist, er opfert sich, indem er abseits in ein Bürgerquartier zieht, wo die Hausfrau, solange er schläft, wie er mir selbst erzählte, den Staubsauger abstellt, er kann auch nicht tagsüber in der Eisenbahn fahren, im Schlafwagen schläft er dagegen relativ besser. – Dies alles zum Wohle und Ansehen unseres Vaterlandes."[48]

Aber auch die anderen Athleten kamen bei Diem nicht gut weg. Er bejammerte ihre „geistige Unzulänglichkeit", der eine war ein „dumpfer Gesell", anderen fehlte es an Zucht, Ordnung und Anstand. Natürlich wurde der von Peltzer und Molles verpaßte Zug auf der ganzen Tournee, die bis nach Korea und in die ebenfalls von den Japanern okkupierte Mandschurei führte, immer wieder von vorn bis hinten diskutiert. Das nervenzermürbende Zusammengepferchtsein eskalierte schließlich in Keijo (dem späteren Seoul), als der Frankfurter Sprinter Dr. Friedrich-Wilhelm Wichmann Herbert Molles als Lügner bezeichnete, worauf dieser ihn zum Duell herausforderte. Peltzer und der 400-m-Läufer Werner Storz wurden als Kartellträger bestellt; beide Seiten einigten sich auf schweren Säbel. Erst nach Diems energischer Intervention herrschte für die Dauer der Reise

"Burgfrieden". Nach der Rückkehr konnte die peinliche Auseinandersetzung schließlich in ein Ehrengerichtsverfahren umgelenkt werden. Peltzer war jedenfalls nicht gerade traurig, als er sich am 26. Oktober 1929 in Kobe von der Mannschaft verabschiedete, um allein nach Australien und Neuseeland weiterzureisen. "Wie er das eigentlich finanziert, bleibt geheim", giftete Diem.[49]

Mit "Emton" in Australien

Peltzer, dessen Weiterfahrt wieder von seinem Patenonkel bezahlt wurde, reiste zuerst nach China, um Eric Liddell zu treffen. Der Schotte war ein Jahr nach seinem 400-m-Olympiasieg von Paris 1924 in seine Geburtsstadt Tientsin zurückgekehrt, wo schon sein Vater Missionar gewesen war. Nun lehrte er am Anglo-Chinese College und bestritt noch immer Wettkämpfe, was in Europa jedoch kaum bekannt war. So erreichte Liddell 1928 mit 21,8 über 200 m und 47,8 s über 400 m genau jene Zeiten, die in Amsterdam zum Olympiasieg genügt hatten. Doch er hielt sich für zu alt, um selbst noch an den Spielen teilzunehmen, was der zwei Jahre ältere Peltzer überhaupt nicht verstehen konnte, zumal er nun in Tientsin über 440 Yards von ihm geschlagen wurde. Er revanchierte sich mit einem Erfolg über 880 Yards und prophezeite Liddell, der in einem tapferen Rennen unterlag, daß er der "größte Mann auf dieser Strecke in der Welt" sein könnte, wenn er nur dafür trainieren würde.[50]

Doch von solchen Plänen hatte sich Liddell, der 1981 durch den mit mehreren "Oscars" preisgekrönten Film "Chariots of Fire" einem größeren Publikum bekannt wurde, längst verabschiedet. Immerhin verlief das Aufeinandertreffen mit Peltzer so eindrucksvoll, daß sich der Deutsche Sport-Verein Tientsin entschloß, eine "PELTZER-LIDDELL Trophy for Highest Individual Aggregate" zu stiften, die jährlich für die beste Leistung der Nordchinesischen Meisterschaften vergeben werden sollte. Liddell bedankte sich in einem Brief: "Ich bin entzückt und betrachte es als eine große Ehre, daß mein Name mit Dr. Peltzer verbunden ist ..."

Da Peltzer seine Tour nach Australien selbst bezahlte, war die Australische Amateur-Athletik-Föderation bereit, die Kosten für einen Reisebegleiter zu übernehmen. Peltzer entschied sich für seinen Wickersdorfer Lieblingsschüler Gerhard Obermüller, einen mehrfachen Thüringer und Mitteldeutschen Jugendmeister. Vom nordchinesischen Mukden aus telegrafierte er an die Freie Schulgemeinde, die den 17jährigen Ende Dezember 1929 bei klirrendem Frost von Berlin aus nach Neapel in Bewegung setzte. Dort bestieg Obermüller die MS „Orsova", die ihn in einer fast dreiwöchigen Überfahrt nach Perth brachte. Von da aus reiste er mit dem Zug nach Sydney.

Um neuen Schwierigkeiten mit der DSB aus dem Weg zu gehen, hatte Peltzer ihn in Australien unter dem Pseudonym Gerhard „Emton" angemeldet. So lautete Obermüllers Spitzname in Wickersdorf, denn wie in seiner Heimatstadt Stettin üblich, hatte er anfangs auch in Wickersdorf alle ihm fremden Schüler als „Emton" bezeichnet.

Während also der junge Mann noch über die Meere schipperte und es sich im Liegestuhl gut gehen ließ, was ein ziemliches Übergewicht zur Folge hatte, kam Peltzer Weihnachten 1929 mit der Ostasienlinie auf der „Shangte" in Australien an, um an drei Wettkämpfen teilzunehmen. Gleich im ersten Rennen über 440 Yards, das in Brisbane stattfand, traf er auf den australischen Meister George Golding, dessen Sommersaison gerade erst begonnen hatte. Der Lauf wurde, wie damals häufig, mit Massenstart ausgetragen. Ehe sich der noch von der Reise gestreßte Peltzer frei gekämpft hatte, war die Entscheidung schon gefallen.

Obwohl geschlagen, blieb der „World's half mile record holder" eine große Zugnummer, und Peltzer machte seinem Ruf auch alle Ehre. Am 25. Januar 1930 wurde er im Melbourne Cricket Ground, wo 1956 die Olympischen Spiele stattfinden sollten, australischer Meister über 880 Yards. Gesprächsthema waren damals allerdings die Frauen. Ihnen war erstmals gestattet worden, an den „National Track and Field Championships" gemeinsam mit den Männern teilzunehmen.

Zur ersehnten Revanche mit Golding kam es erst am Ende der Reise. Im neuseeländischen Wellington trafen beide als Startläufer über 440 Yards in der damals beliebten Olympischen Staffel aufeinander, und tatsächlich schaffte es Peltzer diesmal, als Erster im Ziel zu sein. Das Kampfgericht verkündete für ihn mit 47,4 s sogar einen „neuen Weltrekord", was die Sportbehörde in Deutschland später allerdings ganz anders sah. Da die Zeit in einer Staffel erreicht worden war und dann auch noch weit weg in Neuseeland, wurde eine Anerkennung gar nicht erst diskutiert.

„Zur Zeit von Peltzers Besuch in Neuseeland 1930 war Lovelock Medizinstudent im vierten Semester", schrieb mehr als ein halbes Jahrhundert später der neuseeländische Schriftsteller James McNeish in einer literarischen Studie über seinen Landsmann John Lovelock, der 1936 in Berlin Olympiasieger im 1500-m-Lauf wurde. „Er war damals noch kein außergewöhnlicher Leichtathlet. Mag er nun Peltzer begegnet sein oder nicht, nach dem Besuch, als Lovelock nach Oxford aufbrach, werden bestimmte Dinge klar. Zum Beispiel fängt Lovelock an, Tagebuch zu schreiben. Er entwickelt Theorien über Entspannung und Diät. Um sich auf Berlin vorzubereiten, schläft er eine Zeit nicht mehr, zeitweilig verbunden mit Fasten, und er unterwirft sich einem strengen Reglement der Selbstprüfung und Selbstzucht. Er katalogisiert sich wie ein Wissenschaftler. In jener unwissenschaftlichen Zeit, als Sportler, wenn überhaupt, nicht öfter als zweimal die Woche trainierten, wurde solch ein Reglement für töricht und schädlich, wenn nicht gar zerstörerisch angesehen. Eine Art Ketzerei. In seinen Tagebüchern enthüllt Lovelock den Namen seines Vorbildes nicht. Aber in jener Zeit gab es auf der Welt nur einen Mann, der solche Ketzerei predigte: Otto Peltzer."[51]

Aus der Studie wurde schließlich ein Roman[52], in dem McNeish schildert, wie Lovelock 1936 Peltzer in Berlin wiedertrifft. Dieser war gerade aus dem Gefängnis entlassen worden, wo er eine Strafe wegen Homosexualität verbüßt hatte. Es muß eine besondere Beziehung gewesen sein, die beide verband. Sie endete 1949, als Dr. John Lovelock in New York vor die Untergrundbahn fiel. Die Umstände oder Motive seines Todes sind nach wie vor ungeklärt.

Von der Meisterschaft ausgeschlossen

Noch ehe Peltzer und Gerhard Obermüller Mitte Juni 1930 wieder in Wickersdorf eintrafen, sahen sie sich mit den verschiedensten Vorwürfen konfrontiert. Peltzer versuchte von Bombay aus richtigzustellen, „daß die australische Presse sich irgendwie abfällig über meine Starts geäußert hat (den gegenteiligen Beweis kann ich jederzeit erbringen)".[53] In einer anderen Erklärung dementierte er, „daß ich mir Reisegelder bei den Konsulaten vorschießen ließ oder Gelder auf meinen verschiedenen Auslandsreisen erbettelte. Richtig ist, daß Geldsammlungen zur Beisteuerung von Reiseunkosten anläßlich meiner Vorträge in deutschen Kolonien erfolgten (was ich in meinen Reiseberichten niemals verschwiegen habe, sondern stets dankbar hervorhob). Die Gelder deckten bei weitem aber nicht die wirklichen Sonderkosten."[54] Obermüller wurde durch die Sportbehörde angekreidet, daß er ohne ihre Genehmigung unter falschem Namen Wettkämpfe bestritten hatte; als großer Verführer aber wurde Peltzer angesehen.

Einen Monat später stellte sich der sogenannte „Fall Peltzer" schon wieder ganz anders dar. Heiner Troßbach, der schon aus sportlichen Konkurrenzgründen keine großen Sympathien für Peltzer hegte, hatte nach kaum mehr als einem halben Jahr die „Schriftleitung" des „Leichtathleten" wieder an den Berliner Redakteur Heinz Cavalier abgegeben. Cavalier beeilte sich daraufhin, von einem Beitrag, den ein Journalist namens Moldenhauer geschrieben hatte, abzurücken, weil sich dieser ausschließlich auf Aussagen eines australischen „Revolverblattes" gestützt habe: „Weil ‚Der Leichtathlet' überall im Auslande gelesen wird, ist es erforderlich, daß hier auch einige Ausführungen anderer australischer Zeitungen erwähnt werden, die Peltzer gerecht werden und sehr scharf von jenem Radaublatt abrücken, das im eigenen Lande nicht geachtet und bei uns leider als maßgeblich gewürdigt wurde."[55] Nachdem Cavalier einige andere Blätter zitiert hatte, schrieb er: „Viele derartig gestimmte Zeitungsartikel liegen noch vor, auch solche, die sich begeistert über Peltzers Vorträge und sportliche Demonstrationen aussprechen, und andere, die Peltzer als Sportsmann und Person wertschätzend besprechen."[56]

Dennoch war der Ärger bei der DSB längst nicht verraucht. Bei den Deutschen Meisterschaften, die Anfang August 1930 im Berliner Grunewaldstadion stattfanden, hatte Peltzer seinen 800-m-Vorlauf souverän gewonnen. Kurz vor dem Finale am folgenden Tag – Peltzer bereitete sich gerade auf seinen Lauf vor – kam Halt zu ihm, um ihm mitzuteilen, daß er von der Teilnahme ausgeschlossen und auch ansonsten suspendiert sei, weil er sich auf seiner Weltreise „unkorrekt" benommen hatte. Peltzer war außer sich vor Zorn, den er an Halt ausließ. Halt verwies auf Diem, der angeblich alle Beweise, denen die Sportbehörde nachgehen müsse, in der Hand hätte. In der Zwischenzeit fand der Endlauf statt, in dem sich Fredy Müller nach 1929 seinen zweiten Meistertitel holte ...

Zwei Wochen später schrieb „Der Leichtathlet": „Dr. Peltzer ist am Sonntag in Koburg gestartet, woraus zu schließen ist, daß seine Suspendierung aufgehoben worden ist. Eine amtliche Verlautbarung über die Ereignisse der letzten Tage ist noch nicht erfolgt; es muß jedoch angenommen werden, daß der von der DSB zur Erledigung oder wenigstens zur ersten Prüfung der Angelegenheit eingesetzte Ausschuß keine schwerwiegende Schuld an Peltzer entdeckt haben kann. Es handelt sich für die DSB lediglich um die finanzielle Seite von Peltzers Weltreise, das heißt um die Frage, ob er die Amateurbestimmungen eingehalten hat. Die Aufhebung der Suspendierung gestattet die Annahme, daß Peltzer genügende Unterlagen dafür beigebracht hat, daß er auf seiner Reise durch seine Starts keinerlei finanzielle Vorteile gehabt hat."[57]

So war es auch, denn es stellte sich heraus, daß die „belastenden Unterlagen", über die Diem verfügte, nichts anderes als ein Leserbrief waren, den eine Zeitung veröffentlicht hatte. Darin beschwerte sich ein auf Java lebender Fotograf, daß Peltzer die Filme, die das Fotogeschäft ihm zuvor verdorben hatte, nicht bezahlen wollte. Eine absolut private Angelegenheit, mit der die Sportbehörde nichts zu tun hatte. Peltzer war also völlig rehabilitiert, was ihm die verpaßte Deutsche Meisterschaft allerdings auch nicht ersetzte.

„Es ist etwas Gewinnendes an diesem Mann Peltzer, ob man ihn nun von der Tribüne aus auf der Bahn sieht, oder ob man Gelegenheit hat, in persönlichen Kontakt mit ihm zu kommen. Wir wollen hier nicht in eine Eulogie unseres Freundes Peltzer ausbrechen. Aber wir können uns nicht helfen; selbst seine gelegentliche Grobheit kann man ihm nicht übelnehmen. Er hat etwas von dieser Lindbergh-Eigenschaft. Und es ist wohl diese Eigenschaft, die ihn automatisch zum Freunde einer großen Menge macht." Mit diesen Worten zitierte „Der Leichtathlet" einen Amerikaner, der nach der US-Tournee von 1928 in einer deutschsprachigen Zeitung einen Artikel mit der Überschrift „Dr. Peltzers Persönlichkeit" veröffentlicht hatte.[58]

Vor allem die jungen Athleten waren von Peltzers Zivilcourage beeindruckt, „denn er kritisierte ohne Ansehen der Person und war zu Dingen fähig, die uns Jungen das Blut in den Adern gefrieren ließ", so die Erinnerung von Fritz Schilgen, dem Deutschen Hochschulmeister über 1500 m, der sich ihm damals geistig noch so gar nicht gewachsen fühlte.[59] „Peltzer war belesen, er wußte auf vielen Gebieten Bescheid und konnte wirklich etwas. Er war anders als wir, überhaupt nicht mit einem normalen Zollstock zu messen. Seine positive Ausstrahlung gerade auf junge Athleten war vollkommen unbestritten."

Mehrmals wurde Schilgen von Peltzer eingeladen, ihn auf seinen Reisen zu begleiten. So besichtigten sie die Odenwald-Schule, weil Peltzer plante, selbst eine Freie Schulgemeinde nach dem Vorbild von Wickersdorf zu gründen, wofür ihm allerdings das Geld fehlte. Durch ihn kam Schilgen auch zur „Schule der Weisheit", die der Philosoph Hermann Graf Keyserling in Darmstadt ins Leben gerufen und auf der sogar der indische Philosoph Rabindranath Tagore gesprochen hatte. Bevorzugte Gesprächspartner Peltzers waren auch Literaten wie der junge Rolf Bongs, der sich mit anderen noch unbekannten Verseschmieden in der Berliner Motzstraße um den schwulen Schriftsteller Viktor Otto Stomps und dessen kleinen Verlag Die Rabenpresse geschart hatte. Peltzer inspirierte Bongs zu dem Gedicht „Der Läufer", einem naiv-scheuen Hymnus auf die Körperseele. Er habe diese erstmals begriffen, meinte der Nachfahre von Johann Gottfried Schadow, nachdem er Renée Sintenis' „Nurmi"-Plastik zu Gesicht bekommen habe.

Allerdings wurde Schilgen auch bald gewarnt; er solle sich von Peltzer fernhalten, hatte ihm Fredy Müller gesagt. Daß Peltzer nicht ganz „astrein" sein könne, zu der Auffassung war er dann irgendwann selbst gekommen, nachdem er Peltzer auf einer Mittelmeerkreuzfahrt zusammen mit zwei anderen jungen Burschen („Einer könnte ‚Emton' gewesen sein ...") begleitet hatte: „Ein Herr von Pranconi, der an der Côte d'Azur eine Segeljacht besaß, hatte Peltzer dazu eingeladen und der hatte uns mitgenommen. Als ich am Morgen in der Kabine aufwachte und ins gegenüberliegende Bett sah, wo ich Peltzer wußte, traute ich meinen eigenen Augen nicht: Er lag mit einem der Jungen im Bett, und beide erzählten leise. Das schien mir irgendwie seltsam, allerdings habe ich mir darüber auch nicht viele Gedanken gemacht."[60] Vom „wahren Freundschaftskult" von Wickersdorf, wo die „Liebe" ethisiert wurde, ahnte Schilgen damals schon gleich gar nichts.

In Wickersdorf war die Ära Wyneken indessen zu Ende gegangen. Seit langem galt der Gründer der Schulgemeinde als altmodisch, was zu einem ständigen Kompetenzgerangel mit Peter Suhrkamp geführt hatte. Mal ging es um den von Wyneken verurteilten Jazz, mal um eine von ihm verabscheute Zigarette, die ein Schüler geraucht hatte. Schließlich gab Suhrkamp auf und ging 1929 nach Frankfurt/Main, um letztlich ein bekannter Verleger zu werden. An seine Stelle trat der Schweizer Dr. Ferdinand de Petitpierre, der bereits nach einem Jahr von dem Holländer Jaap Kool, einem ehemaligen Schüler und bekannten Komponisten, abgelöst wurde.

Seit 1928 hatten die Nationalsozialisten in Thüringen stark an Einfluß gewonnen; sie stellten ab 1930 mit Wilhelm Frick den Innenminister und ab Sommer 1932 mit Fritz Sauckel auch den Ministerpräsidenten. Da sich die Angriffe gegen die FSGW zu häufen begannen und Wyneken einer schwulen Beziehung zu dem 16jährigen Schüler Herbert Könitzer verdächtigt wurde, verließ er Wickersdorf und siedelte mit seinem Schützling nach Berlin über. Dort finanzierte er ihm das Abitur. Für alle Fälle verhängte das Thüringische Erziehungsministerium für Wyneken noch eine Bannmeile rund um Wickersdorf.

Zur gleichen Zeit begannen die Nationalsozialisten in Thüringen mit einer „Neuordnung" des Schulsystems. Direktoren wurden ausgewechselt, „nichtarische" Lehrer entlassen, und im Sommer 1932 verloren alle Pädagogen, die kein staatlich anerkanntes Lehrexamen vorweisen konnten, ihre Lehrerlaubnis. Natürlich auch Peltzer.

Der allerdings wußte davon vorerst noch nichts, weil er sich auf dem Weg zu den Olympischen Spielen in Los Angeles befand. Als das deutsche Olympiateam, das wieder von Carl Diem geleitet wurde, in Bremen den Lloyd-Dampfer „Europa" bestiegen hatte, wählte es als Erstes einen Mannschaftskapitän. Die Entscheidung fiel auf „Otto den Seltsamen". Peltzer nahm diese Aufgabe sehr ernst, und bald erhielt die Mannschaftsleitung von ihm die ersten Beschwerden, weil die Athleten Innenkabinen ohne Fenster bewohnen mußten, während sich die Funktionäre die Außenkabinen mit Seeblick gesichert hatten. Trotz Weltwirtschaftskrise, die sich auf ihrem Höhepunkt befand, reisten immerhin 21 Begleitpersonen mit, die sich um die nur 82 Aktiven kümmern wollten.

Eine Umgruppierung wurde von Diem abgewiesen, doch als die Athleten nach ihrer Ankunft in New York zu wenig Gelegenheit zum Training erhielten und sich auf der Eisenbahnfahrt nach Los Angeles die Qualität des Essens verschlechterte, formierte sich die Rebellion, als deren Anführer Peltzer angesehen wurde. Nachdem er in Los Angeles eine Resolution verlesen hatte, in der verlangt wurde, daß bei der Eröffnungsfeier nur aktive Sportler einmarschieren sollten, war Diems Geduld aufgebraucht. Die Leitung schloß Peltzer von den Wettkämpfen aus und nahm diese Entscheidung erst zurück, nachdem die Athleten in einer neuen Resolution ultimativ seine Teilnahme verlangt und einen Streik angedroht hatten.

Trotz der schönen Spiele und des traumhaften Wetters war die Stimmung bei den Deutschen getrübt; ihre Laune verschlechterte sich noch, als einige Medaillenträume wie Seifenblasen platzten. So ging die Fechterin Helene Mayer, die noch 1928 Olympiagold gewonnen hatte, ebenso leer aus wie manch hochgelobter Leichtathlet. Wobei Peltzer, der seit dem Frühjahr durch eine Rippenfellentzündung gehandicapt war, noch zum besseren Teil gehörte. Er qualifizierte sich für das 800-m-Finale, stand aber vom Startschuß an auf verlorenem Posten.

War er mit seinen 32 Jahren wirklich schon zu alt, oder lag es an der Mittagshitze, in der das Rennen gestartet wurde und die ihn fertiggemacht hatte? Die zahlreich vertretenen deutschen Journalisten überboten sich jedenfalls in ihrer vernichtenden Kritik, die die Mannschaftsleitung hart traf. Sie schloß sich in ihrer Einschätzung dem absurden Vergleich einer norddeutschen Sportzeitung an: „Das Treiben erinnert an den traurig-berühmten Dolchstoß im Jahre 1918 und ist wirklich nicht dazu angetan, das deutsche Ansehen in der Welt zu heben."[61]

Diem jedoch gewann den Niederlagen nur Positives ab. „Menschlich kann ja nichts besseres passieren, als daß die Geschwollenen wie Helene, Jonath, Peltzer usw. tüchtig geschlagen werden. Soeben höre ich, Helene siebente! Armer Lewald", schrieb Diem an seine Frau.[62] Und in seinem Reisetagebuch notierte er wütend: „Zu den unangenehmsten Menschen hier gehört Peltzer. Er sieht geradezu verwahrlost aus. Krumm und gebückt schleicht er umher, unsteten Blicks. Sein Olympia-Anzug, bei den anderen noch tadellos, voller Flecken. Ewig ist er im Beschwerde- oder Verteidigungszustand, immer falsch am Platz, immer mit wirren Reden. So lief er heute gegen die Anweisung Waitzers in einem 1500 m Vorlauf mit, blieb weit zurück und gab schließlich auf, was höchst unangenehm auffiel, denn es gehört zum guten Ton des olympischen Kampfes, durchzuhalten! Die letzte Schuld hier trägt Waitzer, der seine Mannschaft gewähren läßt. Dies nützen sie alle gründlich aus. Waitzer selbst fürchtet wohl um seine Stellung. – Auch von Halt tut nicht das Seine, sondern lebt in den Höhen olympischer Götter."[63]

Die „neue" Zeit im Gleichschritt

Nach den Sommerferien fand Peltzer in Wickersdorf seinen Platz besetzt vor. Er war zwar noch Vorsitzender des Aufsichtsrates, und der neue von den Nazis eingesetzte Leiter der Freien Schulgemeinde, Paul Döring, war auch daran interessiert, mit Hilfe seiner Popularität, neue Schüler zu akquirieren. Aber Peltzer konnte nicht mehr unterrichten, die Lehrerkonferenzen blieben ihm verschlossen, und er hatte auch keine eigene Kameradschaft mehr. Schließlich traf die Wirtschaftsleitung mit ihm ein Abkommen, das ihn für ein festes Gehalt zur Schülerwerbung verpflichtete. Neun Wochen nach Hitlers „Machtergreifung" wurde die FSGW jedoch aufgelöst und in eine Oberrealschule unter staatlicher Verwaltung umgewandelt. An Wyneken rächten sich die Nazis zusätzlich, indem sie ihm 1940 auch noch die Rente aberkannten.

Peltzer hingegen glaubte, sich mit einer Flucht nach vorn retten zu können. Er biederte sich bei dem neuen Regime an. Im Frühjahr 1933 erklärte er seinen Eintritt in die NSDAP und die SS; angeblich – so seine Darstellung – um Wickersdorf zu retten.[64]

War es Opportunismus, von dem sich Mannschaftskameraden wie der jüdische Sprinter Alex Nathan, der 1933 emigriert war, abgestoßen fühlten, oder glaubte Peltzer wirklich an eine „aufziehende Morgenröte"? Wahrscheinlich beides. Von der „Rassenhygiene" zum „Blut-und-Boden"-Geschwafel der Nazis war es kein allzu weiter Weg, so daß sich Peltzer vom SS-Siedlungsamt als Vortragsredner einspannen ließ. Nachdem er jahrelang mit der verknöcherten Sportbürokratie im Clinch gelegen hatte, hoffte er jetzt auf eine Chance, seine Ideen für die Gestaltung des Sports und der Jugenderziehung einzubringen, weshalb er seine Konzepte bei der „Reichsjugendführung" unter Baldur von Schirach einreichte. Und wie sein Gegner Carl Diem glaubte er sogar, daß er als „Reichssportkommissar" in Frage kommen könnte.

Peltzer muß mit Blindheit geschlagen gewesen sein, daß ein Freidenker wie er ausgerechnet bei den Nationalsozialisten hätte willkommen sein können. Das Gegenteil war der Fall – trotz Beitrittserklärungen. Auf solche Anti-Helden wie ihn wollte der neue starke Mann, SA-Gruppenführer Hans von Tschammer und Osten, in Zukunft verzichten. Umso mehr feierte dieser es 1933 bei den Deutschen Meisterschaften in Köln, als der von einem Malaria-Anfall geschwächte „Altmeister" – Peltzer hatte sich auf seiner Weltreise in Sumatra infiziert – im 800-m-Endlauf nur Sechster wurde. Jetzt mußte man ihn für die Länderkämpfe gegen England und Frankreich nicht berücksichtigen.

Peltzer verstand die Welt nicht mehr und siedelte im Oktober 1933 nach Berlin über. Brustmann, der sich schon ein Jahr vorher den Nationalsozialisten angeschlossen hatte, bat ihn, bei seinem Verein eine Jugendabteilung aufzubauen. Der SC Teutonia 1899 verfügte am Fehrbelliner Platz in Wilmersdorf über ausgedehnte Tennis- und Hockeyplätze und besaß auch den Bolle-Sportplatz in Pankow – die heutige Nordend-Arena. Mitte Juni 1934 begann Peltzer hier mit seiner Arbeit.

Die Überzeugung, selbst noch nicht zum „alten Eisen" zu gehören, gewann Peltzer, als er bei vereinsinternen Wettkämpfen die 5000 m in 14:43 min lief, was 6,6 s unter dem Deutschen Rekord von Max Syring lag. Obwohl schon 34 Jahre alt, wollte er sich auf die Deutschen Kampfspiele von 1934 in Nürnberg vorbereiten, die diesmal – ansonsten nur alle vier Jahre ausgetragen – mit den Meisterschaften gekoppelt worden waren.

Die „neue" Zeit kam im Gleichschritt. Militärmusik dröhnte, als die braunen und schwarzen Kolonnen ins Nürnberger Stadion einmarschierten. Paradegriffe klirrten, Flaggen senkten sich. „Stahlhart fiel Wort für Wort, das Nürnbergs Oberbürgermeister zu Ehren der Gefallenen sprach", beschrieb das „Reichssportblatt"[65] die Eröffnung. Währenddessen bekämpfte Peltzer mit heißen Bädern einen Hexenschuß, doch weder „Rheumasan" noch Aspirintablette konnten seine Rückenschmerzen lindern. Als sich das Neunerfeld zum 800-m-Lauf aufstellte, gab kaum einer einen Pfifferling darauf, daß er sich in diesem Finale plazieren könnte. Nur Tschammer, von Ritter von Halt vorgewarnt, barmte, daß Peltzer vielleicht vor seinen „jungen Mittelstreckenläufern" ankommen könnte. Für den „Ernstfall" bat sich deshalb der Reichssportführer – so der neue Titel – bei Halt aus, daß kein Fotograf anwesend sein sollte, falls er Peltzer am Ende gar die Meisterschaftsplakette überreichen müßte.

Wie üblich begann das Rennen mit einem Fehlstart Peltzers. Angeführt von dem Heilbronner Emil Lang, wurde die erste Runde in 55 s zurückgelegt; am Schluß des Rudels, wie vermutet, lief Peltzer. Aber 250 m vor dem Ziel trat er an. Mit seinem langen, raumgreifenden Schritt erreichte er innerhalb weniger Sekunden die Spitze. In der letzten Kurve lag er bereits neben Wolfgang Dessecker, der als Studentenweltmeister von den 40 000 Zuschauern als Sieger erwartet wurde. Doch 20 m weiter steigerte Peltzer nochmals sein Tempo, um schließlich mit einem überlegenen Sieg alle seine Kritiker zum Verstummen zu bringen. Trotz der weichen Aschenbahn hatte er mit 1:54,0 min eine Meisterschaftsbestleistung aufgestellt.

Als aber am Schluß das Aufgebot für den Länderkampf gegen Schweden und die erstmals stattfindenden Europameisterschaften in Turin bekannt gegeben wurde, fehlte sein Name. „Wo bleibt Peltzer?" riefen erboste Zuschauer. Daraufhin ließ Tschammer verkünden, daß man nur solche Athleten berücksichtigt hätte, die die Gewähr dafür böten, daß sie 1936 bei den Olympischen Spielen in Berlin erfolgreich abschneiden würden. Peltzer galt als ausgemustert, womit sich die Menge aber nicht zufrieden gab. Einige Hundert zogen am Abend in die Nürnberger Innenstadt, wo sie Peltzer auf Schultern zu jenem Hotel trugen, in dem der Reichssportführer nächtigte. Im Chor skandierten sie: „Wir verlangen unsere beste Vertretung in Turin und Stockholm, Dr. Peltzer muß mit!"

Tschammer blieb bei seiner Entscheidung. Was Rebellen wie Peltzer künftig erwartete, konnte man im „Reichssportblatt" nachlesen: „ ... die Turn- und Sportbewegung der vergangenen Jahre hatte Fehler, die vom Nationalsozialismus beseitigt werden müssen, gleichgültig, ob dies Härten mit sich bringt oder nicht ... Wer da glaubt, daß er sich auflehnen könne, weil er persönlich einmal davon betroffen wird, ist als Reaktionär der Turn- und Sportbewegung anzusehen und als solcher zu bekämpfen ..."[66]

VI. „Auf der Flucht"

„*1935: Ende der Laufbahn, verfolgt von den Nazis, emigriert nach Schweden, Konzentrationslagerzeit – Alles nahezu verloren.*"

Die Plötze, Rutilus rutilus, ist ein etwa 25 Zentimeter langer Karpfenfisch mit roten Augen, rötlichen Flossen und grätenreichem Fleisch. Der Plötzensee ist ein kleines Gewässer im nördlichen Berlin, beliebt durch seine 1877 errichtete Badeanstalt. „Plötze" nannte man das größte preußische Staatsgefängnis, das 1878 am Königsdamm nach zehnjähriger Bauzeit eröffnet wurde, rechtzeitig, um die sozialdemokratischen Redakteure wegen Unbotmäßigkeit wegzuschließen. Nachdem die Gefangenen jahrelang in Schlafsälen untergebracht worden waren, kehrte die Wilhelminische Justiz zum Isoliersystem zurück, weshalb man diesen Kerker auch als „Gefängnis-Etablissement" bezeichnete. 900 männliche, 300 weibliche und 100 jugendliche Gefangene hatten darin Platz. Bevor sich die Tore hinter ihnen schlossen, sangen sie: „Lieb Heimatland, ade – Plöt – zen – see!"

Schuster Wilhelm Voigt, der „Hauptmann von Köpenick", saß hier ebenso ein wie „Sozi" August Bebel, und mit ihnen Mörder, Räuber, Betrüger, Tagediebe. Im Hinrichtungsschuppen des Strafgefängnisses Berlin-Tegel verloren die Männer und Frauen der „Roten Kapelle" ihr Leben, ihnen folgten die „Verschwörer des 20. Juli" in den Tod. Die heutige Justizvollzugsanstalt Charlottenburg am Friedrich-Olbricht-Damm beherbergte den Kaufhauserpresser Andreas Funke alias „Dagobert". Der gegenwärtig prominenteste Insasse heißt Egon Krenz, Staatsratsvorsitzender der DDR; verurteilt zu sechseinhalb Jahren Gefängnis wegen der Mauertoten.

*

Peltzer hätte gewarnt sein müssen, als Wickersdorf die Zusammenarbeit mit ihm einstellte. Im Spätsommer 1934 wurde er erstmals verhaftet und in der Berliner Gestapo-Zentrale in der Prinz-Albrecht-Straße verhört, wobei einmal auch Reichsführer-SS Heinrich Himmler anwesend war. Der Vorwurf lautete auf „Verbrechen gegen § 175 StGB.", insbesondere aber – was den Fall schwerwiegend machte – auf „Unzucht mit Minderjährigen" (§ 176). Es war am 9. September 1934, als Peltzers „Teutonia"-Schützlinge in Luckenwalde an einem Sportfest teilnahmen, wobei sie auf der Eisenbahnfahrt skandierten: „Wo ist Peltzer, wo ist Peltzer!"[67] Durch die Fürsprache Brustmanns kam er nach drei Wochen wieder frei. Den Winter nutzte Peltzer, um an seinem Reisebuch zu arbeiten. Der Titel sollte lauten: „Als Sportler und Soziologe rund um die Welt".

Seit dem sogenannten „Röhm-Putsch" hatten die Nazis die Strafverfolgung von Schwulen, die von ihnen als „Volksschädlinge" eingestuft worden waren, drastisch verschärft. Hitler diente die Homosexualität seines SA-Stabschefs als willkommener Anlaß, um sich am 30. Juni 1934 der opponierenden SA-Führung zu entledigen. In der „Nacht der langen Messer" entschied sich auch die Rivalität zwischen SA und SS zugunsten Himmlers, der mit der „Ausmerze der Entarteten" drohte.[68]

Diese Homophobie teilte er mit Hitler, für den die „gleichgeschlechtliche Liebe" eine „hochgradige Dekadenz" darstellte, gegen die er eine geradezu physische Aversion empfand. „Sie zuzulassen, bedeutete für ihn den Anfang des Verfalls des Volkes. Vor allem in Gnadensachen bei gleichgeschlechtlichem Verkehr zwischen Männern und Jungen kannte er kein Pardon. Bei den Nationalsozialistischen Erziehungsanstalten (NAPOLA) und anderen Internatsschulen ordnete er deshalb grundsätzlich ‚Koedukation' an, damit die Geschlechter von frühester Jugend an zueinanderfänden."[69]

In seinem Geheimerlaß zur „Bekämpfung der Homosexualität und der Abtreibung" vom 10. Oktober 1936 begründete Himmler, der auch „Chef der Deutschen Polizei" war, die Schwulenverfolgung mit der „erhebliche(n)

Gefährdung der Bevölkerungspolitik". Er richtete eine „Reichszentrale zur Bekämpfung der Homosexualität und Abtreibung" beim Preußischen Landeskriminalamt ein.[70]

Am 16. März 1935 wurde Peltzer erneut verhaftet, nachdem das Amtsgericht Pankow fünf Wochen vorher – am 8. Februar – ein Ermittlungsverfahren gegen ihn eingeleitet hatte; angeblich, wie er durch seinen Rechtsanwalt Dr. Horst Pelckmann erfahren hatte, weil der Reichssportführer wünschte, ihn durch einen „verleumderischen Prozeß" ein für allemal auszuschalten. Diesmal konnte ihm Brustmann nicht helfen, da er sich selbst in Acht nehmen mußte, weil sein Förderer, der Berliner SA-Gruppenführer Karl Ernst, den er medizinisch beraten hatte, schon zu Beginn des „Röhm-Putsches" exekutiert worden war.

Die Verhandlung gegen Peltzer fand am 22. Juni 1935 statt – zwei Tage, nachdem das „Pariser Tageblatt" die Nachricht „vom Selbstmord des Meisterläufers Dr. Otto Peltzer, der unlängst wegen homosexueller Veranlagung verhaftet wurde", verbreitet hatte.[71] Glücklicherweise stimmte diese Meldung nicht. Am 25. Juni 1935 gab die Justizpressestelle Peltzers Verurteilung bekannt, und der „Völkische Beobachter" ergänzte seinen Bericht mit dem Dementi: „Die in einem Teil der Auslandspresse verbreiteten Meldungen über einen Selbstmord bzw. über eine Erschießung Dr. Peltzers sind frei erfunden und entbehren jeder Grundlage."[72]

Wegen „Sittlichkeitsverbrechen" in der „Plötze"

Die 2. Große Strafkammer des Landgerichts Berlin unter Landgerichtsdirektor Rücker verurteilte Otto Peltzer „wegen Sittlichkeitsverbrechen" zu einer Gesamtstrafe von einem Jahr und sechs Monaten Gefängnis. Da die Untersuchungsergebnisse der Staatsanwaltschaft nicht mehr auffindbar sind, ist man heute bei der Bewertung der acht Fälle, die Peltzer zur Last gelegt wurden, allein auf die Urteilsschrift angewiesen. Danach wurde Peltzer aufgrund von Zeugenaussagen für schuldig befunden, „mit Personen unter 14 Jahren unzüchtige Handlungen vorgenommen zu haben".[73] Erwähnt wurden Massagen, Körpervermessungen im unbekleideten Zustand, Berühren des Geschlechtsteils während der Massage, gemeinsames Baden in einer Wanne und gegenseitige Onanie. Von den Massagen und Vermessungen abgesehen, die er rein sportlich erklärte, gab Peltzer keine dieser Handlungen zu.

Die belastenden Aussagen stammten von zwei Wickersdorfer Schülern und vier Jungen aus Peltzers Berliner Trainingsgruppe; sämtlich Jahrgang 1919 oder 1920. Da die Zeugen nicht mehr auffindbar beziehungsweise im 2. Weltkrieg gefallen sind, ist eine Quellenkritik nahezu ausgeschlossen. Dennoch vermittelt die Urteilsschrift einen Eindruck, wie manche Aussage zustande gekommen ist. So heißt es: „Der Zeuge Sawickis bestreitet in der Hauptverhandlung entschieden, daß irgendwelche unzüchtigen Handlungen mit dem Angeklagten vorgekommen seien. Es sei lediglich gegenseitige Massage, wie stets nach dem Sport, vorgenommen worden. Das in Wikkersdorf aufgenommene ‚Protokoll' vom 26. Oktober 1933 sei unrichtig. Er habe nichts derartiges angegeben. Im Schlafzustand habe er vielleicht zu allem, was man ihm vorhielt, Ja gesagt, um wieder in sein Bett zu kommen. Das Gericht hat große Bedenken wegen der Richtigkeit der Angaben des Zeugen und neigt zu der Annahme, daß der Zeuge aus falsch verstandenem Ehrgefühl seine früher belastenden Bekundungen bedauert und jetzt den Angeklagten schützen will. Denn der Zeuge Döring, der als pädagogischer Leiter der Schulgemeinde Wickersdorf den Zeugen Sawickis seinerzeit vernommen hat, hat bekundet, daß nach seiner Überzeugung Sawickis damals die Wahrheit gesagt hat."[74]

In der Urteilsschrift wird Peltzer aber auch als „ein idealdenkender, uneigennütziger Mensch, der sich um das Ansehen des deutschen Sports hervorragend verdient gemacht hat", bezeichnet. Da er auch „im Dienst rechter Jugenderziehung und Volksertüchtigung seine unbestreitbaren Verdienste" hatte, billigte ihm das Gericht mildernde Umstände zu. Tatsächlich fiel das Strafmaß von 18 Monaten ungewöhnlich gering aus und war ansonsten eher bei nichtvorbestraften Homosexuellen üblich, nicht jedoch bei pädophilen Tätern, die – wenn die Jugendlichen unter 14 Jahre alt waren – durchschnittlich mit 38 Monaten Gefängnis und anschließender Einweisung in ein Konzentrationslager rechnen mußten.

Diese Milde verdankte Peltzer nicht etwa einem reuigen Geständnis, sondern allein der Fürsprache von Brustmann, der in diesem Prozeß gemeinsam mit dem Berliner Gerichtsmediziner Victor Müller-Hess als Gutachter bestellt worden war. Wenn Peltzer damals allerdings geahnt hätte, daß ihn dieses widerspruchslos entgegengenommene Urteil ein Leben lang verfolgen würde, hätte er sich vermutlich dagegen aufgelehnt. Das läßt sich jedenfalls einem Brief vom 8. Juni 1950 entnehmen, den Peltzer an seinen Rechtsanwalt schrieb, nachdem er erfahren hatte, daß die Aberkennung seines Doktortitels – eine Folge seiner Verurteilung – auch in der Bundesrepublik unverändert galt. „Sie werden sich erinnern", schrieb Peltzer, „daß zur Schilderung der Tatbestände nicht die Ergebnisse der Urteilsverhandlung, sondern die der vorherigen unkorrekten Untersuchungen in der Urteilsschrift herangezogen wurden ... die vermuteten Tatbestände wurden den Verhörten suggestiv als vorhanden eingeredet und noch entsprechend ausgeschmückt zu Protokoll genommen. Mehrere der Zeugen haben bei der Urteilsverhandlung empört dagegen Stellung genommen, daß sie angeblich solche belastenden Schilderungen bei ihrer ersten Vernehmung gemacht hätten, und sie bestritten, daß ihnen das Untersuchungsprotokoll vor der Unterschriftsleistung vorgelesen sein sollte. (Dies war ja nicht nur bei den beiden Wickersdorfer Zeugen der Fall, die nachts aus ihren Betten zur Befragung herausgeholt worden waren, wie festgestellt wurde, und die sich überhaupt auf nichts mehr besannen)."[75]

Offenbar aus Furcht vor einer höheren Strafe war Peltzer damals der Taktik des Verteidigers und Brustmanns gefolgt, „das Urteil so hinzunehmen, wie es ausgefallen war. Sie erinnern sich auch noch, daß ich Sie mehrmals nach Erhalt der Urteilsschrift nach Plötzensee bat, um sie zu veranlassen, entweder eine Revision des Urteils selbst einzuleiten oder aber doch auf eine Änderung der Tatbestandsschilderung in der Urteilsschrift hinzuwirken ... Wer von den heutigen Zeugen noch lebt und wer von diesen zugeben wird, daß er durch politische und persönliche Vorteile veranlaßt wurde, gegen mich auszusagen und somit zu meiner Verurteilung beigetragen hat, ist schwer im voraus festzustellen, leichter wäre es schon nachzuweisen, daß ich, um dem KZ zu entgehen, gegen falsche Aussagen in der Gerichtsverhandlung nicht Stellung nahm (wozu Sie mich ja mehrfach eindringlich veranlaßten) ..."[76]

Peltzers Bestrafung sorgte im In- und Ausland für Aufsehen. Douglas Lowe, der nach seiner sportlichen Laufbahn königlicher Richter und Sekretär der Amateur Athletic Association, des Englischen Leichtathletikverbandes, geworden war, reichte für Peltzer bei Hitler ein Gnadengesuch ein und schrieb außerdem an den Präsidenten des Organisationskomitees der Olympischen Spiele 1936 in Berlin, Theodor Lewald, sowie den späteren Präsidenten des schwedischen Roten Kreuzes Graf Folke Bernadotte.[77] Doch jeglicher Protest blieb ergebnislos. Frühere Bewunderer rückten nun von ihm ab. Fritz Schilgen hingegen, der ihn in Plötzensee besuchte, fand seinen ehemaligen Lehrmeister verzweifelt vor. Hinter Gefängnismauern mußte

Peltzer tatenlos zur Kenntnis nehmen, wie ihm die Münchner Universität den Doktortitel entzog, was von seinem Doktorvater, dem Geheimen Hofrat Otto von Zwiedineck-Südenhorst, gebilligt wurde: „Jedwede menschliche Regung von Sympathie oder Hilfsbereitschaft hat hier zu schweigen, denn es geht um die Universität."[78]

Vor den nahenden Olympischen Spielen legte die Reichshauptstadt Festschmuck an. Zwischen Alexanderplatz und dem neuen Reichssportfeld, das seiner Vollendung entgegenging, entstand eine einzige Via Triumphalis. Die Zahl der ausländischen Besucher stieg um ein Vielfaches. Fröhlichkeit und Leichtigkeit des Berliner Lebens vor der „Machtergreifung" schienen zurückgekehrt. Für schwule Ausländer hatte der Reichsführer-SS am 20. Juli 1936 sogar einen geheimen Sondererlaß verkündigt. Danach verbot Himmler der Gestapo, „in den nächsten Wochen gegen irgendeinen Ausländer wegen des § 175 ohne meine persönliche Genehmigung auch nur mit einer Vernehmung oder Vorladung vorzugehen."[79]

Wer sich damals in Deutschland auch nur einigermaßen für Sport interessierte, versuchte in diesen Tagen nach Berlin zu reisen – so auch die Stettiner „Preußen". Es war am vierten Tag der Spiele, als der Weitspringer Willi Meier den anderen berichten konnte, daß „Otto frei ist!". Als sie sich am Abend in einer Gaststätte trafen, um die Tagesereignisse auszuwerten, stieß Peltzer zu ihnen, wobei er sich häufig umsah. „Er kam uns gejagt vor", erinnert sich Lilli Amlong. Tatsächlich liefen auf der Straße immer zwei, drei geheimnisvolle Männer auf und ab.

Die damaligen Vorgänge lassen sich nicht mehr hundertprozentig rekonstruieren. Fest steht jedoch, daß Peltzer, kaum daß das Fest vorbei war, erneut verhaftet wurde. Am 18. August 1936 – zwei Tage nach den Olympischen Spielen, als die Ausländer wieder abgereist waren – wurde er von der 2. Großen Strafkammer des Landgerichts Berlin ein zweites Mal verurteilt, diesmal zu einer Gesamtstrafe von einem Jahr und zehn Monaten Gefängnis, die auf Bewährung – bis zum 30. September 1940 – ausgesetzt wurde.[80]

Mit diesem Willkürakt wurde Peltzer dafür abgestraft, daß er es gewagt hatte, während der Olympischen Spiele unter seinen in- und ausländischen Sportfreunden ein faksimiliertes Schreiben zu verteilen, in dem er auf seine unrechtmäßige Verurteilung aufmerksam machen wollte. Er wurde erst entlassen, nachdem er sich schriftlich verpflichtet hatte, keine neuen Schritte zu seiner Rehabilitierung zu unternehmen. Ein Gnadengesuch seines Verteidigers lehnte Hitler ab. Der Chef der Präsidialkanzlei teilte am 27. April 1937 mit, „daß der Gnadenerweis im August 1936 lediglich erfolgt sei, um Peltzer Gelegenheit zu geben, als fachmännischer Zuschauer an den Olympischen Spielen teilzunehmen."[81]

Zu den Auflagen seiner Bewährungsstrafe gehörte auch ein Widerruf, den Peltzer mit der Zeitangabe „September 1936" verschickte und in dem es hieß: „Meinen Freunden und Bekannten zur Kenntnis. Am 4. August hat der Führer und Reichskanzler unmittelbar auf Grund eines von mir eingereichten und von der Aufsichtsbehörde befürworteten Gesuches meine sofortige Freilassung angeordnet und verfügt, dass alles Vergangene erledigt sein soll und mir die Möglichkeit gegeben werde, als freier Mann wieder an der Zukunft des Volkes mitzuarbeiten. Durch eine Ehrenkarte ausgezeichnet, nahm ich so an allen Wettkämpfen im Olympiastadion teil. Für diese Rehabilitierung und das Miterleben der grossen deutschen Erfolge habe ich tiefste Dankbarkeit empfunden. Über meine Angelegenheit sind leider die unmöglichsten Nachrichten in Umlauf gewesen, zu denen ich bisher nicht Stellung nehmen konnte. Ein angeblich von mir verfasster, an sich sehr wohlmeinend gedachter Brief mit unverständlichen Äusserungen zu den Dingen ist ohne meine Kenntnis versandt worden. Ich bitte noch nachträglich, Form und Inhalt zu entschuldigen. Ich bedaure diese Briefverschickung um so mehr, als die Darlegungen dort gerade einen völlig falschen Eindruck von meiner wirklichen Auffassung der Sachlage geben mussten. Ich hatte im vorigen Sommer lediglich eine befreundete Dame gebeten, eine kurze sachliche Information über meinen Prozess zu geben und darauf hinzuweisen, dass die seinerzeitige Pressenotiz auf einem Irrtum beruhe."[82]

STOCKHOLM – HELSINKI UND ZURÜCK

Die zweite Phase der nationalsozialistischen Homosexuellen-Verfolgung begann mit einer drastischen Verschärfung des § 175 und seiner Durchsetzung mit der „Reichszentrale zur Bekämpfung der Homosexualität und Abtreibung" unter der Leitung von SS-Obersturmbannführer Josef Meisinger. Während nach der Fassung des alten Paragraphen von 1871 unter „widernatürlicher Unzucht" allein beischlafähnliche Handlungen verstanden wurden, deren Nachweis – das Einvernehmen der beteiligten Männer vorausgesetzt – selten zu erbringen war, entfiel mit der Neufassung vom

28. Juni 1935 diese Voraussetzung. Als strafbar galt nun schon das Aneinanderschmiegen zweier Männer, was von den Strafrichtern in der Praxis weit interpretiert werden konnte. „Homosexuelle Männer sind Staatsfeinde und als solche zu behandeln", hieß es in den vertraulichen Richtlinien der Kriminalpolizei. Angeordnet wurde die Erfassung verdächtiger Männer, die ständige Kontrolle von Hotel- und Pensionsgästen sowie die Suche geeigneter „Auskunftspersonen zur Erfassung der Homosexuellen" wie etwa Pförtner, Gepäckträger, Bademeister, Friseure, Kraftdroschkenkutscher und Aufwartemänner in den Bedürfnisanstalten.[83]

Wer den oftmals völlig willkürlich ausgelegten Kriterien entsprach, mußte mit hohen Gefängnis- und Zuchthausstrafen rechnen; im Wiederholungsfall galt er als „Berufs- oder Gewohnheitsverbrecher". Selbst wer seine Haft verbüßt hatte, kam selten auf freien Fuß, wurde danach vielmehr zur „Umerziehung" in ein Konzentrationslager geschickt. Allein Schauspieler und Künstler unterlagen noch eine Zeitlang gewissen Sonderregelungen.[84]

Brustmann, der 1938 als Sturmbannführer von der SA zur SS übergewechselt war und der „Mitglieder(n) der Parteiführung in Bezug auf Lebensführung" beriet, unterstand seit 1939 als SS-Arzt im Reichssicherheitshauptamt (RSHA) direkt Obergruppenführer Reinhard Heydrich. Er konnte also voraussehen, was seinem Schützling drohte. Aus alter Verbundenheit riet er Peltzer deshalb, ins Ausland zu gehen, und verschaffte ihm einen für fünf Jahre gültigen Reisepaß.

Peltzer, der sich damals die meiste Zeit in Stettin oder Köselitz aufhielt, zögerte anfangs. Seit seiner Freilassung befand er sich im gesellschaftlichen und beruflichen Abseits. Er durfte weder als Trainer, Jugenderzieher noch als Sportjournalist arbeiten; selbst sein Name mußte in den Zeitungen verschwiegen werden. Gezwungen, sich als Vertreter für Teppiche und Fußmatten durchzuschlagen, fuhr er mit seinem Motorrad durch das Reich. Der Kampf ums Dasein fraß seine Ersparnisse auf. Um im Falle einer erneuten Verhaftung vor weiteren finanziellen Verlusten gewappnet zu sein, vermachte er sein Vermögen seiner Schwester Inge. Die „Pension Steinig", die er in Berlin erworben hatte und die dann im 2. Weltkrieg zerstört wurde, überschrieb er Lilli Amlong.

Eltern und Geschwister kamen am 23. August 1938 nach Swinemünde, um Otto Peltzer zu verabschieden. Sein Reiseziel war Schweden, denn er hoffte, durch die Vermittlung von Edvin Wide eine Anstellung als Trainer zu erhalten. Außerdem wußte er nun in Stockholm einen alten Vertrauten:

Harald Rhodin. Der hatte früh begriffen, daß Hitlers Politik einem Abgrund zusteuerte. Da er mit seiner Familie die schwedische Staatsbürgerschaft besaß, konnte er Anfang 1938 problemlos in sein Geburtsland übersiedeln.

Doch Peltzer war in Schweden, das politische und kulturelle Sympathien für Nazi-Deutschland hegte und diese erst 1943, nach der Schlacht von Stalingrad, über Bord warf, keineswegs willkommen. Offiziell neutral, wurde diese Grenze damals bei weitem überschritten; es gab Formen der Kollaboration bis hin zu Materiallieferungen für die deutsche Rüstungsproduktion sowie – während des 2. Weltkriegs – die Bereitstellung von schwedischen Eisenbahnkapazitäten für Waren- und Truppentransporte.

Die schwedischen Behörden bemühten sich, Peltzer so schnell wie möglich wieder loszuwerden. Sie erteilten ihm lediglich eine auf wenige Tage befristete Durchfahrtsgenehmigung, so daß er gezwungen war, schon nach zwei Tagen wieder auszureisen. Er entschied sich für Finnland, weil er auf die Hilfe seines alten Konkurrenten Paavo Nurmi rechnete, mit dem er 1936 in Berlin den Kontakt wieder aufgenommen hatte. Außerdem hatte Helsinki am 16. Juli 1938 die Ausrichtung der Olympischen Spiele von 1940 übernommen, die Tokio wegen des Japanisch-Chinesischen Krieges kurzfristig zurückgegeben hatte. Finnland, so glaubte Peltzer, würde erfahrene Trainer benötigen, um seine Athleten optimal vorzubereiten.

In Helsinki angekommen, suchte Peltzer zuerst Gunnar Höckert auf, der 1936 überraschend Olympiasieger im 5000-m-Lauf geworden war und den Nurmi trainiert hatte. Seit Berlin standen beide im Briefwechsel. Höckert erhielt von Peltzer schriftliche Trainingshinweise, weshalb er den Finnen auch als seinen „Sportschüler" bezeichnete. Typisch für Peltzer war, daß er, kaum daß er von irgend jemand in ein Gespräch verwickelt worden war, seine dicke Brieftasche herausholte und die darin befindlichen Korrespondenzen stolz herumzeigte. Darunter befanden sich auch Briefe von Höckert, der im Übrigen das Lauftraining gedrosselt hatte, weil er – wie Peltzer – unter Rheumatismus litt.

Der jetzige Ökonom empfing ihn freundlich; zusammen besuchten sie Paavo Nurmi, aus dem ein vielbeschäftigter Mann geworden war. Sein Textilgeschäft in der Mikonkatu – einer kleinen Nebenstraße in der Innenstadt von Helsinki – war nur noch die Fassade für seinen Reichtum, der sich zusehends vergrößerte, seit Nurmi Mitte der 30er Jahre ins Baugeschäft eingestiegen war und auch eine Seereederei sein eigen nannte. Mit der Olympiavorbereitung hatte Nurmi nichts mehr zu tun, doch er versprach, sich bei Freunden für Peltzer zu verwenden. Tatsächlich wurde dieser danach eingeladen, am Finnischen Sportinstitut in Virumäki Vorträge zu halten und Übungsstunden für die finnischen Sprinter und Hürdenläufer zu geben.

Von dem Honorar, das er für seine Arbeit in Virumäki bekam, und dem kleinen Geldbetrag, den ihm Nurmi geschenkt hatte, konnte Peltzer einigermaßen leben. Außerdem wohnte er kostenlos auf dem deutschen Dampfer „Rügen", der längere Zeit im Hafen von Helsinki vor Anker lag. Das jedoch wurde Peltzer zum Verhängnis, denn der Kapitän war durch die Gestapo instruiert, ihn zu observieren. Zwei Tage vor Ausbruch des 2. Weltkrieges wurde er dabei beobachtet, wie er sich mit dem Schiffsjungen Heinz Schulz freundlich unterhielt, was als beginnende „Verführung" gewertet wurde. Weil Peltzer schon vorher durch Defätismus im Gespräch mit heimkehrenden Deutschen negativ aufgefallen war, ordnete der Kapitän seine Festnahme an, der Peltzer mit der Flucht zuvorkam. Die Nacht verbrachte er auf einer Parkbank. Da die Schiffskarte nach Stockholm bereits bezahlt war, entschloß er sich, sein Schicksal noch einmal in Schweden herauszufordern.

Citissime! Dr. Peltzer wird abgeschoben

Die Nacht im Freien hatte eine schwere Erkältung zur Folge. Am 11. September 1939, nach seiner Ankunft in Schweden, wurde Peltzer mit mehr als 40 Grad Fieber ins Stockholmer Sérafima-Hospital eingeliefert. Obwohl die Chefärztin, Frau Professor Schwarz, wußte, daß er nur ein auf drei Tage datiertes Durchreisevisum besaß, schrieb sie ihm eine Bescheinigung aus, die ihn als transportunfähig auswies. Daraufhin erwirkte Harald Rhodin beim Paßbüro eine dreimonatige Aufenthaltsgenehmigung.

Im Krankenhaus wurde Peltzer auch von Torsten Tegnér besucht, einem der angesehensten schwedischen Journalisten. Er war Herausgeber und Chefredakteur der dreimal wöchentlich erscheinenden Sportzeitung „Idrottsbladet". Tegnér machte ihm das Angebot, für sein Blatt und für die Zeitung „Dagens Nyheter" zu schreiben, was Peltzer freudig annahm. Ab 22. September 1939 wurden seine Artikel sporadisch veröffentlicht.

Die „Organisation intellektueller Emigranten" erkannte Peltzer als politischen Flüchtling an und unterstützte ihn mit 600 schwedischen Kronen.

In seinen Zeitungsbeiträgen enthielt er sich jeder politischen Äußerung, wohl um seine Aufenthaltsgenehmigung, die nach Ablauf der drei Monate erst einmal verlängert worden war, nicht zu gefährden. Seiner Mutter in Köselitz teilte er mit: „Was ich hier für Deutschland mache, kann keiner dort beurteilen, das schrieb ich ja schon neulich. Ich mache mich dadurch nützlich, indem ich die Sympathien für Deutschland und die Deutschen zu erhalten verstehe ..."[85]

Falls Peltzer damit gerechnet hatte, daß dieser Brief von der Gestapo kontrolliert werden würde, kalkulierte er richtig, und nicht nur das: Auch von der schwedischen Sicherheitspolizei (SÄPO) wurde er überwacht. Sie kopierte seine gesamte Post und legte über ihn ein Dossier an.

Wolf Lyberg, später langjähriger Generalsekretär des Schwedischen Olympischen Komitees, sah das SÄPO-Archiv im Stockholmer Polizeihaus ein, und zu seiner Überraschung fand er auch Artikel aus „Idrottsbladet", die von ihm selbst – da Peltzer ja nur ein holpriges Schwedisch beherrschte – redigiert worden waren. Der damals 22jährige Lyberg kann sich noch gut erinnern, wie der berühmte Deutsche, der einen abgerissenen Eindruck machte, in der Redaktion auftauchte. Wenn sich Peltzer unbeobachtet fühlte, steckte er sich heimlich Würfelzuckerstücke ein, die sich in einer Dose auf dem Tisch befanden.

Nach seiner Entlassung aus dem Krankenhaus wohnte Peltzer zuerst bei Rhodins in der Rådmansgatan 71, obwohl es dort wie in einem Taubenschlag zuging. Die SÄPO stellte nächtlichen Lärm in der Drei-Zimmer-Wohnung fest, was auch nicht verwundern konnte. Denn außer den Rhodins mit ihren beiden kleinen Kindern und Peltzer lebte dort auch die Schwester von Käthe Rhodin. Zudem gingen hier mehrere junge deutsche Frauen ein und aus, die von der Familie unterstützt wurden, bis sie eine Arbeit gefunden hatten. Später kamen noch ein aus dem KZ Grini entwischter norwegischer Schriftsteller und ein italienischer Deserteur hinzu, so daß die Wohnung einem Durchgangslager mit ständig wechselnden Gästen glich.[86]

Durch die Vermittlung von Edvin Wide hatte Peltzer inzwischen eine Trainerstelle bei dessen Verein „Linnéa" erhalten, wo er die jugendlichen Sprinter betreute, zu denen auch der heutige Ehrenpräsident des Vereins, Lennart Holmström, gehörte. Der damals 17jährige verstand zwar nicht alle Zusammenhänge, die mit dem Namen Peltzer verbunden waren, doch er wußte, daß dieser in Gefahr war, nach Deutschland abgeschoben zu werden. Deshalb begleitete er Peltzer zu einem Pfarrer, der allerdings nicht zu bewegen war, bei den Behörden ein gutes Wort für ihn einzulegen. Eingeprägt hat sich bei Holmström, wie Peltzer einmal seine Familie besuchte und er ihn bei der Gelegenheit mit dem Bleistift Punkte auf ein Blatt Papier tippen ließ – Brustmanns Methoden ließen grüßen ...

Im Stockholmer Vorort Sture betreute Peltzer noch einen anderen kleinen Verein, dem der zweifache Boxeuropameister im Schwergewicht, Olle Tandberg, angehörte. Inzwischen ein Profi, war sein Handicap jedoch eine schwache Schlaghand. Um dessen Schnellkraft zu schulen, verordnete er ihm Kugelstoßen. Peltzer bestritt auch selbst eine Reihe Trainingswettkämpfe, wobei er – 40jährig – die 800 m mehrfach zwischen 1:56 und 1:57 min und die 2000 m in 5:19,2 min lief. Offizielle Starts waren ihm als Ausländer verboten, da er seine Amateureigenschaft nicht nachweisen konnte. Eine Bitte an den NS-Reichsausschuß für Leibesübungen, ihm eine Bescheinigung zu schicken, blieb unbeantwortet.

Dank der regelmäßigen Veröffentlichungen in „Idrottsbladet" war man in Berlin immer gut über Peltzers Aufenthalt informiert. Mit zunehmender Verstimmung registrierte der Reichssportführer, wie sich Peltzer in Schweden etablierte. Besonders verärgert war Tschammer über einen Beitrag vom 2. März 1940, der unter der Überschrift „Deutschlands Sportler sind mit ihrem Herzen für Finnland" erschien und in dem Peltzer das Bedauern der Athleten zum Ausdruck brachte, daß die Olympischen Spiele durch Hitlers Krieg verhindert worden waren.

„In diesem Artikel", schrieb Tschammers Stabschef Guido von Mengden im Auftrage seines Chefs an das Auswärtige Amt, „wird m.E. eine der grundsätzlichen deutschen Politik zuwiderlaufende Haltung eingenommen. Da die schwedische Öffentlichkeit, die über die Vorgänge von Peltzer sicherlich nicht unterrichtet ist, in Peltzer einen massgeblichen Vertreter des deutschen Sports sehen muss, wird dieser Artikel nicht als das unmassgebliche Geschreibsel eines Privatmannes aufgefasst werden, sondern als eine offiziöse Stellungnahme des deutschen Sports. Ich halte es für unerträglich, dass ein solcher Mann Politik und Sportpolitik auf eigene Faust machen kann und bitte Sie zu erwägen, ob Sie von Ihrem Amt aus nicht zum Einschreiten genötigt sind."[87]

Nachdem die Deutsche Gesandtschaft durch eine offizielle Anfrage beim Justizministerium in Stockholm in Erfahrung gebracht hatte, daß die Schweden Peltzer bisher noch nicht eingebürgert hatten, wurde er am 26. März

1940 auf Weisung Heydrichs aufgefordert, unverzüglich nach Deutschland zurückzukehren. Peltzer hatte jedoch keine Eile, was nach einem Blick in seine SÄPO-Akte begreiflich ist. Dort ist ein in Berlin abgesandter und von einem/r gewissen „Zaubi" unterschriebener Brief mit folgendem Wortlaut abgeheftet: „Tante Amalia geht es nicht gut. Es ist viel besser, wenn Onkel O. in Schweden bleibt, da es sonst keine Möglichkeiten gibt, seine Geschäfte dort fortzusetzen."[88]

Peltzer ließ sich zwei Monate Zeit mit einer Absage, die er mit seinen Verpflichtungen in Schweden begründete. „Ich glaube auch", schrieb er süffisant an die Deutsche Gesandtschaft, „daß durch die letzten politischen Ereignisse die Lage so verändert ist, daß meine Heimkehr nicht mehr dringend ist. Da auch andere Deutsche hier ungestört weiterarbeiten können, glaube ich, auch dasselbe tun zu können, zumal mir eine gleichartige Beschäftigung in Deutschland ja nicht garantiert werden kann. Ich bin aufgrund meiner Erkrankung im letzten Herbst (ich lag hier ja 2 Monate im Sérafimalazarett) ohne Kraft für Dauerleistungen, wie sie der Kriegsdienst erfordert, und durch meinen langjährigen Rheumatismus überhaupt ungeeignet für den Frontdienst, was mich selbst tiefstens schmerzt. Meine gelegentlichen kurzen sportlichen Leistungen täuschen eine körperliche Tüchtigkeit vor, die ich leider, besonders was Dauerleistungen betrifft, nicht besitze. Meine Militärbehörde hat entsprechende Atteste bekommen. Da ich außerdem einem Jahrgang angehöre, der nicht modern ausgebildet ist und auch nicht bisher zum Dienst herangezogen wird, entfällt also meine Verpflichtung heimzukehren."[89]

Obwohl die homoerotischen Neigungen von König Gustaf V. in Schweden ein offenes Geheimnis waren, wirkte sich das auf die schwedische Homosexuellen-Politik keineswegs vorteilhaft aus. Das Gegenteil war eher der Fall: Seit der Monarch erpreßt worden war (die sogenannte „Haijby-Affäre" erregte allerdings erst nach dem Tod von Gustaf V. Anfang der 50er Jahre die Öffentlichkeit), kontrollierte die Polizei vermehrt Homosexuelle. Bei „Unzucht mit Minderjährigen" wurde vom Gesundheitsamt sogar die sofortige Einweisung in eine Nervenheilanstalt ohne vorherige Verhandlung empfohlen.

Insofern stieß das anonyme Schreiben, das am 21. Juni 1940 beim Stockholmer Paßbüro einging und dessen Autorenschaft nur zu erahnen ist, auf fruchtbaren Boden. Peltzer wurde darin als Mann geschildert, „der seine sexuelle Begierde nicht verstecken kann" und der deswegen bereits in vielen Badeanstalten Hausverbot hätte. Außerdem, so hieß es, würde in der Wohnung von Rhodins ein Kerl in einer Uniform der Reservepolizei umherlaufen, der sich „Frau Peltzer" nennt. Diese Denunziation traf ins Schwarze, denn danach vermerkte die Sozialabteilung der schwedischen Regierung in Peltzers Dossier: „Er ist in unserem Lande unerwünscht."[90]

Mindestens seit dem 22. April 1940 wurde Peltzer unter dem Code „P 1185" überwacht. Im SÄPO-Archiv befindet sich eine Notiz über die Telefongespräche, die er seit diesem Tag bis zum 6. September 1940 und dann noch einmal am 12. Dezember 1940 mit dem schwedischen IOC-Mitglied Clarence von Rosen führte.

Obwohl der Graf als prodeutsch galt und mit der verstorbenen Karin Göring, der ersten Frau des Reichsmarschalls, verwandt war, gab Rosen – die genauen Wortprotokolle wurden offenbar aus der Akte entfernt – Peltzer den Rat, in Schweden zu bleiben und sich um eine Trainerstelle zu bewerben. Zumindest argumentierte Peltzer mit dieser Empfehlung, als er sich am 12. Oktober 1940 zum zweiten Mal in einem Brief an das Deutsche Konsulat weigerte, nach Deutschland zurückzukehren. Immerhin verdiene er durch seine Berufstätigkeit in Schweden ja soviel, „daß ich dadurch auch Devisen später nach Deutschland mitnehmen kann, wodurch ich auch meinem Lande glaube wie andere hier nützlich sein zu können."[91]

Nachdem die SÄPO zu der Überzeugung gelangt war, daß Peltzer kein deutscher Agent sein könne, konzentrierte sie sich auf die homosexuellen Vorwürfe. Sven Lindhagen, Tegnérs Stellvertreter bei „Idrottsbladet", wurde danach befragt, und er gab – Peltzer sehr zum Nachteil – zu Protokoll, daß dieser seines Wissens nach in Deutschland einer der ersten Nazis gewesen sei. Außerdem hätte einmal ein Beamter des „Central-Bades" bei ihm in der Redaktion angerufen und sich darüber beklagt, daß Peltzer jungen Männern nachstellte. Auch im „Forsgrenska", einem anderen Schwimmbad, sei er dabei beobachtet worden.

Tatsächlich hatte Peltzer den Kontakt zu diesen jungen Männern gesucht; allerdings nur deshalb, wie die Nachforschungen der Polizei zweifelsfrei ergaben, um sie als Leichtathletiktalente für „Linnéa" zu gewinnen, wie das von Karl Forslund, dem Vereinspräsidenten, bestätigt wurde. Dieser erklärte sich die Gerüchte mit der Eifersucht anderer Trainer, wozu auch die Aussage des schwedischen Reichstrainers Gösse Holmér paßte, der gegenüber der Polizei Peltzers Trainingsmethoden als „altertümlich" abqualifiziert hatte.

Obwohl es trotz aller Spitzelei nicht gelungen war, Belastungsmaterial gegen Peltzer zusammenzutragen, das eine Ausweisung gerechtfertigt hätte, wurde er am 27. Mai 1940 um 13.55 Uhr von den Polizisten Evert Stjernfeldt und Lars Lauritzen Roupé auf der Stockholmer Nybrogatan verhaftet, zur Wache gebracht und einer Leibesvisitation unterzogen. Laut Protokoll hatte er lediglich 19,96 Kronen bei sich – ein Beleg dafür, daß Peltzer, der bei „Idrottsbladet" pro Artikel nur etwa 25 bis 30 Kronen verdiente, an der Grenze zum Verhungern lebte. Mangels handfester Vorwürfe befragten ihn die Beamten nach seinem Lebenslauf, worauf er seine sportliche Karriere und seine Tätigkeit in Wickersdorf schilderte. Er gab auch an, in Deutschland wegen Homosexualität verurteilt worden zu sein und unrechtmäßig im Gefängnis gesessen zu haben. Zu seiner „Entlastung" benannte Peltzer eine schwedische Freundin, der er angeblich alle 14 Tage beischlafen würde, was von den Beamten ebenso exakt notiert wurde wie seine Aussage, er hätte erst kürzlich in der Sauna beim Anblick einer Dame „eine prächtige Erektion" gehabt, weshalb er sofort unter die kalte Dusche geeilt sei.[92]

Nach Peltzers erneuter Weigerung, nach Deutschland zurückzukehren, beantragte die Gestapo-Leitstelle Stettin beim RSHA, ihm die Staatsbürgerschaft abzuerkennen, was von Heydrich bestätigt wurde. „Der Reichssportführer", so hieß es außerdem in einem Schreiben an den Chef der Deutschland-Abteilung des Auswärtigen Amtes, SA-Standartenführer Martin Luther, „hält die beabsichtigte Ausbürgerung ebenfalls für angebracht, bringt jedoch in Vorschlag, den Schweden einen Hinweis zu geben, was über Dr. Peltzer vorliegt sowie, daß seine Ausbürgerung erfolgen soll." In der Begründung wurde Peltzer als „gefährlicher Jugendverführer" dargestellt.[93]

Letzter Anlaß für die Nationalsozialisten, Peltzers habhaft werden zu wollen, war sein Artikel im „Idrottsbladet" vom 16. Oktober 1940 mit der Überschrift „Lanzi besser als Harbig!", der wieder von Lyberg übersetzt worden war.[94] Peltzer begründete darin, wieso er den italienischen Mittelstreckler Mario Lanzi höher schätzte als den Weltrekordläufer Rudolf Harbig aus Dresden, der am 15. Juli 1939 in Mailand über 800 m mit 1:46,6 min einen sensationellen Weltrekord aufgestellt und Lanzi bezwungen hatte. Für Peltzer war Lanzi der größere Kämpfer, weil Harbig seine Bestzeiten immer nur mit Schrittmacher erreichte hatte. An die Übersetzung des Beitrages schrieb Tschammer mit großen Buchstaben „eine Gemeinheit". Auf

Bitten von Guido von Mengdens verlangte das Auswärtige Amt daraufhin von Heydrich, „dafür zu sorgen, daß Peltzer entweder die Aufenthaltsgenehmigung in Schweden entzogen oder zum mindesten das Recht zur Veröffentlichung von Artikeln in ausländischen Zeitungen genommen wird."[95]

Am 7. Februar 1941, um 22.05 Uhr, telegrafierte die Deutsche Gesandtschaft in Stockholm nach Berlin: „Citissime! Dr. Peltzer wird von schwedischer Polizei nach Deutschland abgeschoben und voraussichtlich am 9. Februar Mittag in Saßnitz eintreffen. Nach vertraulichen Angaben scheint Verdacht sittlicher Verfehlung vorzuliegen."[96]

An der Begründung für seine Ausweisung war kein Wort wahr. Vielmehr hatte man Peltzer am 9. Januar 1941 bei seinem Besuch im Social-Departement über die Entscheidung informiert, seine Aufenthaltsgenehmigung nicht zu verlängern. Innerhalb von 20 Tagen hatte er Schweden zu verlassen. Alle seine Versuche, eine Ausweisung zu verhindern, scheiterten. Vier Tage später bemühte er sich nochmals erfolglos, die Behörde umzustimmen. Auch sein erneuter Antrag vom 29. Januar 1941, die Aufenthaltsgenehmigung verlängern zu lassen, um als politischer Flüchtling in die USA, nach Japan oder Australien emigrieren zu können, wurde abgelehnt, womit ihn die schwedischen Behörden direkt der Gestapo auslieferten.

Als Peltzer am 6. Februar wieder im Social-Departement auftauchte, um eine Petition abzugeben, wurde er dort um 10.50 Uhr auf der Stelle verhaftet. In seinen Taschen fanden sich laut Polizeiprotokoll 119,37 Kronen sowie sieben Briefmarken à fünf Öre. Die letzte Nacht durfte er nochmals privat, bei der Familie Fast in Mälarhöjden, verbringen, deren Sohn Axel zu seinen Schülern zählte. Lisa Fast, Axels Mutter, erhielt beim Abschied Peltzers Fahrrad, was sie der Polizei schriftlich bestätigen mußte.

Die Akte schließt mit den Aufzeichnungen des Polizisten Stjernfeldt, der den Deutschen gemeinsam mit seinem Kollegen Staffan Pelling im Zug nach Trelleborg begleitet hatte, um sicher zu gehen, daß dieser auch wirklich nach Deutschland zurückkehren würde. Da Peltzer nichts mehr verlieren konnte, hatten sie ein zwangloses Gespräch geführt, in dem er dem Polizisten, der darüber später ein Protokoll aufsetzte, verriet, daß Rhodin ihm drei Möglichkeiten empfohlen hatte, um nicht ausgeliefert zu werden: 1. einen Polizisten überfallen, um auf diese Weise ins Gefängnis zu kommen; 2. aus dem Zug zu springen und sich dabei so zu verletzen, daß er in einem Krankenhaus behandelt werden mußte; 3. eine schwere

Krankheit zu simulieren. – Peltzer jedoch verwarf jede dieser Möglichkeiten. Nach einigem Zögern begab er sich am 10. Februar 1941, um 7.00 Uhr, auf die Fähre.

„Umschulung" in Mauthausen

Der Winter 1940/41 zählte zu den härtesten seit langem. Das Fährschiff quälte sich durch schweres Packeis nach Saßnitz, wo Peltzer an der Sperre bereits von einigen Beamten in Zivil erwartet wurde. Sie pferchten ihn zuerst in einen schmutzigen Keller des Polizeireviers, brachten ihn dann nach Stralsund und von dort aus ins Gefängnis von Stettin. Mit Handschellen wurde er an andere Gefangene gefesselt. Seine Festnahme war immerhin so wichtig, daß man diese am 15. Februar 1941 dem Reichsführer-SS meldete. Etwa zur gleichen Zeit traf Peltzer in Berlin ein, wo er – wie 1935 – in der Prinz-Albrecht-Straße verhört wurde.

Die Staatsmacht gab sich konziliant. Der Kriminalrat, der ihn befragte, entschuldigte sich sogar für die bisherige Behandlung. Sie sei nicht beabsichtigt gewesen. Anschließend wurde Peltzer im Polizeipräsidium am Alexanderplatz inhaftiert, von wo aus er seine Angehörigen verständigen durfte. Daraufhin reiste sein Bruder aus Köselitz an; auch seine „Verlobte" Gerda May durfte ihn besuchen. Beiden wurde versichert, daß er nicht lange im Gefängnis bleiben müßte, sondern lediglich für drei Monate zur politischen Umschulung in ein Lager in der Ostmark, dem ehemaligen Österreich, eingewiesen werden würde.

Die Abreise verzögerte sich um einige Tage, was Peltzer, der inzwischen auch Verbindungen zu Brustmann aufnehmen konnte, als gutes Zeichen wertete. Er glaubte, der nunmehrige SS-Standartenführer, der zu Himmlers Gutachter für homosexuelle Fälle aufgestiegen war, würde ihn schon noch herausholen. Doch die Hoffnung trog. Zwei Tage später kam Peltzer zusammen mit 31 anderen Delinquenten auf Transport. Die Fahrt ging nach Wien, das die Häftlinge nachts erreichten und das sie wegen der Luftangriffe verdunkelt vorfanden. Beim Umsteigen hätte Peltzer als trainierter Läufer sicher fliehen können, doch warum sollte er? Hieß es nicht, daß er in drei Monaten wieder zu Hause wäre?

„Am Ende Mauthausens ging es einen Hohlweg hinauf zu einer Anhöhe. Ständig wurden wir durch Fußtritte zu einer schnelleren Gangart veranlaßt. Häftlinge, die unter der Last ihres Gepäcks und aufgrund ihres schlechten Körperzustandes nicht folgen konnten, wurden mit Gewehrkolben grausam geschlagen. Wie eine Festung in einer afrikanischen Wüstenzone lag plötzlich das gefürchtete Häftlingslager vor unseren Augen." So schilderte Peltzer seine Ankunft.[97]

Während sich hinter ihm das Lagertor schloß, schickte das „Reichssportblatt" einen haßerfüllten Artikel hinterher: „Deutschlands Sportler sollen zu seinen besten Soldaten gehören!' Der Reichssportführer war es, der bei Kriegsbeginn diese stolze Verheißung proklamierte. Wir alle wissen, daß sich die deutschen Sportler dieser großen Berufung in hohem Grade würdig erwiesen und immer wieder würdig erweisen ... Diese leuchtenden Vorbilder sind wahrlich aus anderem Holz geschnitzt, wie sie in den finsteren Jahren tiefer deutscher Erniedrigung auf der Bühne unseres Sports herumgeisterten. Stabsleiter Guido von Mengden widmet diesen traurigen Gestalten einer verklungenen Epoche im ‚NS-Sport' trefflich kennzeichnende Worte: In ebendiesen Jahren wurde mit allen Mitteln öffentlicher Beeinflussung jener Ungeist auch im deutschen Sport großzuziehen versucht, der wirklich nur ein Zerrbild des deutschen Wesens war. Dieser Ungeist hat tatsächlich Gestalten seiner Art zur Erscheinung gebracht, die dem deutschen Volk dann von den einschlägigen Gazetten als die ‚wahren Repräsentanten des Sports' vorgestellt worden sind. Sie wirklich zu charakterisieren, war die deutsche Sprache gottlob zu arm. Sie mußte sich für den ihr wesensfremden Begriff aus dem Wortschatz der anderen Welt aushelfen lassen. So haben denn die ‚Stars' und ‚Cracks' auf der Bühne der Zeit eine Weile ihr Spiel getrieben. Sie waren in Wirklichkeit nur Karikaturen des deutschen Sports. Von den Posaunen eines Teils der damaligen öffentlichen Meinung aber wurden sie als ‚Helden' aufgeblasen. Es waren sehr unheroische ‚Helden', meist nervöse Poseure vor der Öffentlichkeit, immer eitel und selbstgefällig, bestenfalls öde Fanatiker des Meßbands und der Stoppuhr. Als Menschen, für die der Sport jedes höheren Sinnes entbehrt, so stehen sie noch heute wie Warnungstafeln vor unserer Erinnerung. Selbst die sportliche Leistung blieb für sie ein Ding an sich. Sie war nicht Spiegel des Lebens und Schule des Charakters, sondern Selbstzweck. Mit diabolischer Folgerichtigkeit haben einige dieser ‚Helden' zu Drogen gegriffen, um ihrem Körper in entscheidenden Minuten eine Leistung abzupeitschen, zu der ihre ‚Natur' schon lange nicht mehr fähig war. Für die Haltung dieser dem Zeitgeist erlegenen charakterlichen Jammerlappen waren ein Mann typisch und ein Vorgang symbolhaft, die unser Gedächtnis bei den Olympischen Spielen 1928 zu Amsterdam festgehalten hat. Hoffnungslos geschlagen endete Otto Peltzer weit hinter dem 800-m-Feld. Zu unterliegen ist nicht ruhmlos, aber dieser Mensch brach gleichsam wie eine tönerne Figur in sich zusammen, wickelte sich in eine Wolldecke und rollte seiner Sinne und Glieder nicht mächtig, buchstäblich in den Sand. Wahrlich, jeder Zoll Urbild eines ‚Kämpfers'! In dieser Hülle welche Armut! Irgendein Fremder hat die Decke dann aufgewickelt und dem menschlichen Wrack auf die Beine geholfen. Ein Fremder, auch das ist charakteristisch, denn dieser Prototyp des Zeitgeistes verdiente in diesem Augenblick die Hand eines Kameraden nicht. Er war viel zu ‚schade', sich in eine Gemeinschaft einzureihen. Er wollte selbst als Repräsentant Deutschlands bei den Olympischen Spielen 1928 noch als ‚berühmtestes Individuum' leben. So wohnte er nicht im Verband der deutschen Mannschaft, sondern hauste irgendwo in einem Hotel für sich allein mit seinem Spezialtrainer, seiner Diät, seinen Marotten und mit seinem Kometenschweif von ‚Interviewern'. Wie anders, wie echt und schlicht gegenüber diesem Gespenst von ‚Helden' beispielsweise unser Gustl Berauer: ‚Weltmeister und politischer Kämpfer für sein Volkstum, weltbester Skiläufer und einer der besten Soldaten Deutschlands, so zeichnet der Charakter des deutschen Sports das Antlitz eines wahren Repräsentanten für immer als Vorbild in die Geschichte.'"[98] Bliebe hinzuzufügen: Der Autor, Guido von Mengden, war von 1954 bis 1963 Hauptgeschäftsführer des Deutschen Sportbundes.

VII. „Verlust von allem"

„1942: Überwindung des Schlimmsten, literarische Pläne für die Nachkriegszeit, Verständigungsarbeit auch in der Schweiz (Montana), 2 Bücher erschienen."

An einem Augustabend im Jahre 1998 haben sich 8000 Menschen im Steinbruch von Mauthausen versammelt, um an diesem Schreckensort die Welturaufführung eines Musikwerks von Joe Zawinul, einem hochgelobten Jazzmusiker und Komponisten, zu erleben. Sein Werk kündigt sich mit einem Grollen an, das sich über die Anwesenden hinweg wälzt. Wortfetzen, die als Hitlerrede zu erkennen sind, brechen sich an den Felswänden, über die gespenstisch Lichter huschen. Dantes Hölle öffnet sich. Kommandos werden gebrüllt, Hunde bellen. Melodien schleichen sich ein, bekannte, einprägsame und nicht zu definierende. Ein Burgschauspieler liest aus Briefen von Häftlingen. Am Ende nur Betroffenheit; Beifall flackert auf, der schnell abebbt. Kerzen werden angezündet. Betretene Stille.

*

Fünf Monate nach dem „Anschluß" Österreichs – im August 1938 – eröffnete die SS das KZ Mauthausen; anfangs vorwiegend für Kriminelle, Bibelforscher und „Asoziale", soziale Randgruppen also, die sich der von Jörg Haider später gepriesenen nationalsozialistischen Beschäftigungspolitik entzogen. Zu denen, die als „asozial" kategorisiert wurden, zählten auch die Homosexuellen, deren Orientierung als „Entartung" angesehen wurde. Die ersten politischen Gefangenen – sudetendeutsche Kommunisten und Sozialisten – wurden am 8. Mai 1939 registriert.

Mit ausgedehnten Verhaftungswellen zu Kriegsbeginn, vor allem gegen Juden und Regimegegner, änderte sich auch die nationale Zusammensetzung der Häftlinge. Den Transporten mit politischen Gefangenen aus Polen ab Frühjahr 1940 folgten im Sommer republikanische Spanier und Interbrigadisten. Je länger der Krieg dauerte, desto größer wurde der Anteil der Ausländer; rasant stieg er mit dem Eintreffen sowjetischer Kriegsgefangener. Gleichzeitig wurde das KZ-System ausgedehnt; die Zahl der Insassen wuchs von 25 000 auf 100 000. Die Behandlung und Ausbeutung der einzelnen Gruppen erfolgte abgestuft und differenziert. Die Häftlinge arbeiteten für die SS-eigenen Betriebe, wobei nicht das Produkt im Vordergrund stand, sondern die „Ausmerzung" des Produzenten.

Als Peltzer am 11. April 1941 im Lager eintraf, gehörte er als „175er" zu einer Häftlingskategorie, die nach Himmlers Vorstellungen in Kriegszeiten ebenfalls zur „Vernichtung durch Arbeit" vorgesehen war. Was ihn erwartete, bekam er bereits bei seiner Ankunft zu spüren. Jeder der Neuankömmlinge wurde von einem SS-Offizier nach dem Grund seiner Einweisung befragt, und egal, wie die Antwort ausfiel, hagelte es Schläge ins Gesicht. Peltzer erhielt einen Boxhieb, worauf ihm ein Zahn herausflog. „Inzwischen war der berüchtigte Lagerkommandant Ziereis herangetreten. ‚So, so, der Schnelläufer ist da, der kann uns ja gleich mal etwas von seiner Kunst vorführen. Los, da hinten an den Zaun! Na, woll'n Sie mal!' Im

Wintermantel und den Hut in der Hand, lief ich in der angegebenen Richtung auf einen Drahtzaun zu. Natürlich mußte ich notgedrungen auch in einem möglichst guten Tempo zurücklaufen. ‚Schade, daß Sie nicht versucht haben, Ihre Wende durch ein Abstoßen vom Drahtzaun zu erleichtern. Oder wußten Sie, daß der Draht elektrisch geladen ist?' Als ich dies verneinte, meinte der Kommandant: ‚Wir wollen sie auch noch einige Zeit hier ausnutzen.' Ich wies darauf hin, daß man mir in Berlin gesagt hätte, ich würde zu einer dreimonatigen Umschulung in dieses Lager geschickt. Daraufhin brachen die SS-Leute in ein schallendes Gelächter aus, und der Kommandant sagte schmunzelnd: 'Na ja, wenn Sie es so lange aushalten. Nach drei Monaten werden Sie entlassen. Sehen Sie dahinten den rauchenden Schornstein? Da hinaus führt der Weg aus dem Lager.'"[99]

Peltzer, der die Häftlingsnummer 2718 erhalten hatte, wurde dem „Baukommando" zugeteilt, bei dem die Gefangenen nicht sofort erschlagen wurden. Doch bei der schweren Arbeit und den niedrigen Essensrationen magerte er schnell ab; inzwischen hatte er sich das Rauchen angewöhnt, um die Hungergefühle zu bekämpfen. Aus Rücksicht auf die SS-Wachmannschaften und die zivilen Vorarbeiter waren die Sonntage arbeitsfrei; vormittags mußte allerdings das Lager gesäubert werden. Nachmittags war es den KZ-Insassen erlaubt, Fußballspiele zu veranstalten oder auch Leichtathletikwettkämpfe zu organisieren. Dafür wurde auf dem Appellplatz mit Sägespänen eine 200-m-Rundbahn markiert, auf der während der Halbzeitpausen der Fußballspiele Rennen über 400, 800 oder 1000 m ausgetragen wurden. Peltzer errang eine Reihe leichter Siege, die – mit Billigung der schaulustigen SS – mit einem zusätzlichen Schlag Essen belohnt wurden.

Als die drei Monate herum waren, ließ ihn Ziereis zu sich rufen, der sich darüber mokierte, daß Peltzer immer noch lebte. Er versetzte ihn, um die Qualen abzukürzen, in den gefürchteten „Wiener Graben", den Steinbruch. Wer zum „Kommando Steinbruch" gehörte, war dem Tod geweiht, weil hier gegen die Häftlinge auf grausamste Weise vorgegangen wurde. Peltzer wurde als Steinträger eingeteilt. Mit einer stumpfen Hacke mußte er Steine herausschlagen, um die Felswände zum Sprengen freizulegen. Nach den Sprengungen war das Geröll in die Loren zu schippen. Abends hatte jeder Häftling einen Stein auf die Schulter zu laden und ihn die 189 Stufen hoch ins Lager zu tragen.

Diese Treppe wurde zum besonderen Martyrium von Mauthausen. Als Himmler bei seinem Besuch am 31. Mai 1943 auch den „Wiener Graben" besichtigte, ordnete er an, daß sämtliche Juden ab sofort schwere Granitsteine hinauf ins Lager zu schleppen hatten. Viele dieser unglücklichen Menschen – zumeist holländische Juden – beendeten schon nach kurzer Zeit die Tortur mit einem Sprung in die Tiefe. Bald wurde die Stelle, wo sie sich zum Freitod entschlossen, im ganzen Lager „der Judensprung" genannt.

Von Woche zu Woche spürte Peltzer, wie seine Kräfte nachließen. Er litt unter Phlegmone. Vor allem die Schienbeine eiterten, seit er von einem Kapo, wie die Häftlingsaufseher genannt wurden, mehrmals mit einem Spaten geschlagen worden war. Als er sich durch den Blockschreiber krank melden ließ, wurde er von dem stellvertretenden Lagerführer Georg Bachmayer aufgespürt. Dieser SS-Hauptsturmführer kontrollierte täglich die Neueingänge im Krankenblock. Wer dort mehrfach auffiel, wurde wegen „Faulheit" mit fünfzig Stockschlägen bestraft. Wer körperlich zu schwach war, galt auf Anordnung von SS-Gruppenführer Richard Glücks, der nach dem Tod von Theodor Eicke Inspekteur der Konzentrationslager geworden war, als „geisteskrank" und wurde in Hartheim bei Linz durch Gas umgebracht.

Peltzer entging diesem Schicksal noch, aber wie! Er wurde Ende 1942 einer Strafkolonne im Steinbruch zugeteilt, wo ihn der Kapo beim Empfang erst einmal mit einem Knüppel verprügelte. Dabei büßte Peltzer sämtliche Vorderzähne ein. Obwohl er am Abend das Lager nur noch mit Unterstützung anderer Häftlinge erreichte, mußte er am nächsten Morgen wieder in den Steinbruch. Noch lange danach kam es ihm rätselhaft vor, woher er dafür eigentlich die Kraft genommen hatte. Er erklärte sich das mit psychischen Momenten, wie sie auch ein Leistungssportler erlebt, „denn das sogenannte ‚Über-sich-Hinauswachsen' ist nichts anderes als die Enthemmung von Reservekräften, die immer im Körper vorhanden sind und meist in Stunden der äußersten Gefahr erst sichtbar und ausgelöst werden. Das hat jeder im Kriege erlebt, und wir vor allem im KZ."[100]

Arbeitssklave bei Siemens

Das Scheitern des „Blitzkriegs" leitete eine dritte und letzte Etappe in der Entwicklung des KZ-Systems ein. Obwohl die SS mit ihren eigenen Betrieben und Lagern eine bedeutende wirtschaftliche Macht verkörperte, gelang es Heinrich Himmler nicht, sich gegen den Minister für Bewaffnung und Munition, Albert Speer, und die durch ihn repräsentierte Großindustrie durchzusetzen. Die SS mußte sich vielmehr darauf beschränken, den Produktionsbetrieben Häftlinge zur Verfügung zu stellen. Für diesen Zweck entstanden ab Sommer 1942 zahlreiche KZ-Außenlager, von denen es allein in Mauthausen 44 gab. Dazu zählte das KZ Ebensee, das ab 18. November 1943 in dem kleinen Ort Ebensee im österreichischen Salzkammergut unter der Tarnbezeichnung „SS-Arbeitslager Zement" beziehungsweise „SS-Arbeitslager Solvay-Kalksteinbergwerke" eingerichtet worden war.

Seine Entstehung verdankte das Lager einem Beschluß Hitlers, die bestehenden Serienwerke für die Produktion der als „Wunderwaffe" gepriesenen „V2" in Peenemünde, Friedrichshafen, Wiener Neustadt und Berlin-Falkensee wegen der alliierten Luftangriffe aufzulösen und in einem einzigen unterirdischen Werk in Oberösterreich zu zentralisieren. Dazu wurden in den Berg zwei riesige Stollenanlagen getrieben, in denen sich – nach der Vorstellung Hitlers – das Schicksal des Nazi-Reiches entscheiden sollte. Doch der Plan, das Raketenforschungszentrum Peenemünde nach Ebensee auszulagern, scheiterte Ende 1944 durch den schnellen Vormarsch der Roten Armee in Ungarn, worauf die bereits in Ebensee ansässigen Produktionsbetriebe hektisch ins „Alt-Reich", nach Nordhausen-Dora, zurückverlegt wurden.

Einen Tag nach seinem 44. Geburtstag, am 9. März 1944, wurde Peltzer nach Ebensee verlegt, das ansonsten nur für arbeitsfähige Männer zwischen 20 und 40 Jahren mit beruflicher Qualifikation vorgesehen war. Von ihnen versprach man sich die höchste Arbeitsleistung. Bis zum Frühjahr 1945 wurde das Lager, das anfangs unter dem Kommando von Bachmayer stand und ab Mai 1944 von SS-Hauptsturmführer Anton Ganz geleitet wurde, ständig von verschiedenen Baufirmen erweitert. Peltzer war als Arbeitssklave der „Siemens-Bauunion" zugeteilt.

Der Kapo war ein Krimineller, der es sich zum Ziel gestellt hatte, Peltzer zu Tode zu hetzen. Während er Ziegelsteine über eine Strecke von anderthalb Kilometern durch den Stollen trug, lief der Kapo neben ihm her, wobei er Peltzer, so oft er konnte, mit einem Knüppel auf den Kopf schlug. Erst als ihm das Blut den Nacken herunterlief, ließen die Kräfte des Kapos nach und Peltzer war gerettet. Bei allem Elend hatte er aber auch Glück: Der Ausbau der Stollen wurde von dem Kölner Ingenieur Jupp Berg geleitet, der 1938 Deutscher Meister im 10 000-m-Lauf gewesen war. Nach Peltzers Darstellung sorgte Berg dafür, daß er in ein anderes Kommando versetzt wurde, wo er als Aufseher und Schreiber zum Einsatz kam. Später allerdings behauptete Berg, Peltzer in Ebensee nie getroffen zu haben, möglicherweise, um Fragen nach seiner eigenen Tätigkeit von vornherein auszuweichen.[101]

Auch unter den 12 000 Häftlingen von Ebensee gab es – wie in anderen Lagern – eine eigene Rangordnung, die wesentlich die Überlebenschancen beeinflußte. Zur „Oberschicht" zählten etwa sieben bis acht Prozent der Gefangenen, meist Deutsche. Insbesondere die mit einem roten Winkel gekennzeichneten und in der Regel gebildeten „Politischen" standen an der Spitze der Hierarchie, ebenso die mit grünen oder schwarzen Winkeln markierten kriminellen Deutschen. Da die SS für die Verwaltungsaufgaben nicht über genügend eigenes Personal verfügte, griff sie auf sogenannte „Funktionshäftlinge" zurück, von denen sie sich – aufgrund ihrer Intelligenz – die größte Effizienz in der Arbeit versprach. Umgekehrt besaßen die „Funktionshäftlinge" auch Einfluß auf die SS, so daß sie in der Lage waren, nicht nur die Chancen für das eigene Überleben zu vergrößern, sondern auch die Bedingungen für andere Insassen zu verbessern oder – bei Gegnern – eventuell auch zu verschlechtern. Da diese führenden Positionen in der von der SS installierten „Häftlingsselbstverwaltung" mit Privilegien verbunden waren, kam es zwischen „Roten" und „Grünen" oftmals zu erbitterten Auseinandersetzungen, die nicht selten auch gewaltsam ausgetragen wurden.

Am unteren Ende der Häftlingshierarchie standen sowjetische Kriegsgefangene, Polen, Juden sowie Sinti und Roma. Einen lebensgefährlichen Sonderstatus besaßen die schätzungsweise 5000 „Rosa-Winkel-Häftlinge". Die sogenannten „175er" steckte man anfangs in geschlossene Strafkolonnen, die in den Steinbrüchen eingesetzt wurden. Ab Sommer 1942 arbeiteten sie auch mit anderen Häftlingen zusammen.[102]

Die „Homos" litten unter einer besonderen Isolation: Sie kannten nicht die Solidarität, wie sie unter „Politischen" und „Bibelforschern" üblich war, und wurden von den anderen Häftlingen gemieden, weil diese entweder die üblichen Vorurteile gegen Schwule teilten oder aber Angst hatten, mit ihnen gesehen und ebenfalls als „175er" verdächtigt zu werden. Nach Paragraph 176 bestrafte Homosexuelle galten als absolut verloren.

Dank der Protektion von Jupp Berg schaffte es Peltzer, in die Kaste der Häftlingsfunktionäre aufzurücken. Durch die leichtere Arbeit und die bessere Verpflegung erholte er sich sogar ein wenig. Wer von den Funktionären allerdings zu erkennen gab, daß er eine humanere Behandlung der Mithäftlinge durchsetzen wollte, verlor seinen Posten schnell wieder. So erreichte Peltzer am 9. Februar 1945 überraschend den Befehl zur „Rücküberstellung" nach Mauthausen, was – nach den Erfahrungen der Häftlinge – in der Regel einem Todesurteil gleichkam. Die meisten wurden dort ermordet oder starben im „Sanitätslager" an Unterversorgung.

Peltzer schrieb in seiner Autobiographie: „In Mauthausen vernahm ich aus der Unterhaltung der Wachhabenden am Tor, daß mein Transport nicht angekündigt war und daß ich am besten zunächst auf einen der Blocks für die deutschen politischen Häftlinge gelegt werden könnte. Von dem Umstand, daß ich wegen Sabotage und Aufhetzung der Häftlinge eigentlich erschossen werden sollte, erfuhr ich erst später."

Peltzers Schilderungen halten nicht in jedem Falle einer kritischen Prüfung stand. So verlegte er seinen Rücktransport auf den 8. März 1945, seinen 45. Geburtstag, obwohl die „Veränderungsanzeige" der SS einen Monat früher datiert ist.[103] Die Absichten der SS scheinen von ihm jedoch nicht übertrieben, denn einer der Häftlingsschreiber von Ebensee, der Tscheche Drahomír Bárta, notierte am 22. Januar 1945 in seinem Tagebuch den Fall „eines Schreibers auf Block 10, der von der SS abgesetzt wurde, weil er den Kapos verboten hatte zu schlagen."[104]

Das Chaos der letzten Wochen bis zur Befreiung erlebte Peltzer im Stammlager, in dem ab Januar 1945 katastrophale Verhältnisse herrschten. Mauthausen füllte sich mit jedem neuen Tage. Tausende Häftlinge kamen an, die – in eilig zusammengestellten Transporten – mitten im Winter auf offenen Lastkraftwagen und meist nur notdürftig bekleidet aus den Lagern im Osten evakuiert worden waren. In seiner Autobiographie schilderte Peltzer auch die Ankunft von 2500 Häftlingen aus dem KZ Auschwitz, die – auf Befehl von Berlin – bei minus 15 Grad auf dem Appellplatz von Mauthausen mit kaltem Wasser abgespritzt und dann in Unterhosen zu Fuß ins fünf Kilometer entfernte Nebenlager Gusen geschickt wurden, das nur die wenigsten erreichten.[105]

Bis zum 28. April 1945 arbeitete die im Herbst 1941 auf Anordnung des damaligen Standortarztes, SS-Hauptsturmführer Dr. Eduard Krebsbach, eingerichtete Gaskammer, die als Brauseanlage getarnt war. Die Vernichtungsmaschinerie lief noch einmal auf vollen Touren, so daß es das Krematorium trotz der neu gebauten Öfen nicht schaffte, alle Leichen zu verbrennen. Außerhalb des Lagers wurden deshalb große Massengräber ausgehoben. Am 29. April beseitigte die SS die technischen Einrichtungen der Gaskammer und versuchte auch sonst die Spuren ihrer Verbrechen zu verwischen. Ihre Absicht, die restlichen KZ-Insassen in die unterirdischen Katakomben zu treiben und diese dann in die Luft zu sprengen, scheiterte an der Weigerung der Häftlinge, die Stollen zu betreten.[106] In einer kühnen, allerdings umstrittenen Aktion eilte der Delegierte des Internationalen Roten Kreuzes (IKRK), der Schweizer Louis Haefliger, der über die Vernichtungspläne der SS informiert war, den sich nähernden US-Truppen entgegen.

Um die rund 60 000 Häftlinge zu retten, bildeten die Amerikaner eine kleine Panzereinheit, die im Eiltempo im Schatten des Rot-Kreuz-Fahrzeugs nach Mauthausen fuhr, wo sie das inzwischen von der SS verlassene KZ in den Nachmittagsstunden des 5. Mai 1945 mit Hilfe der Häftlinge praktisch kampflos einnahm. Mit der Absetzung der Blockältesten brach auch die von der SS errichtete Häftlingshierarchie zusammen. Der Zorn entlud sich gegen viele der „Funktionshäftlinge", die mit der SS kollaboriert hatten. Küche, Bäckerei und Lebensmittellager wurden gestürmt, was für viele der Halbverhungerten katastrophale Folgen hatte: Sie erkrankten an dem ungewohnten Essen, so daß nach der Befreiung mindestens noch 735 Häftlinge starben.

Den Kopf voller Pläne

Körperlich zerrüttet, aber den Kopf voller Pläne wurde Peltzer nach drei Monaten von den Amerikanern, die auf einer Wiese unterhalb des ehemaligen Konzentrationslagers ein großes Feldhospital errichtet hatten, entlassen. Seine doppelseitige Rippenfellentzündung, unter der er in den letzten Kriegswochen gelitten hatte, war ausgeheilt, nachdem ihm der Arzt zweieinhalb Liter Wasser aus den Lungen gepumpt hatte.

Ein Zuhause gab es für ihn nicht mehr. Köselitz stand nun – wie die anderen Gebiete östlich der Oder auch – unter polnischer Verwaltung. Seinen persönlichen Besitz und alle seine Erinnerungsgegenstände, die er von den Reisen mitgebracht hatte, mußte er abschreiben; ebenso seine Wertsachen, Medaillen und Pokale, die in der Kreissparkasse von Pyritz eingelagert gewesen und deren Safes beim Vorrücken der Roten Armee geplündert worden waren. Nichts war ihm geblieben.

Von seinen Angehörigen hatte er nichts mehr gehört. Erst im Herbst 1945 wurde es für ihn zu einer schrecklichen Gewißheit, daß keiner mehr lebte. Sein Vater und sein Bruder waren erschossen. Seine Schwester wurde vergewaltigt, worauf sie sich erhängt hatte. Ihre Mutter, die mit ansehen mußte, wie ihre Tochter mißbraucht wurde, war ihr in den Tod gefolgt.

Peltzer hatte sich entschieden, nach Frankfurt am Main zu gehen, wo er seine Großtante, die ehemalige Leiterin der dortigen Kunstakademie, Henriette von Beckerath, lebend anzutreffen hoffte. Doch sie war in der zerstörten Stadt nirgends aufzufinden. Stattdessen lernte er einen Leidensgefährten kennen, mit dem er anfangs in einer zerbombten Schule untergebracht wurde: Dr. Karl Wittig, ein ehemaliger Ruderer, hatte acht Jahre in Zuchthäusern und Konzentrationslagern zugebracht, davon lange Zeit in Dunkelhaft. Mit Wittig zog er in den Boelckebunker, der sich auf der anderen Main-Seite – in Sachsenhausen – befand und in den keinerlei Tageslicht drang. Den ganzen Tag herrschte dort ein schrecklicher Lärm, der durch die Vielzahl der Bewohner und die eisernen Türen, die aufgeschlossen oder zugeschlagen wurden, entstand.

Obwohl nur noch Haut und Knochen, regte sich Peltzers Lebenswille: Als am 30. September 1945 auf dem Sportplatz der IG Farben in Frankfurt-Höchst das erste Sportfest in der amerikanischen Zone stattfand, an dem 300 Leichtathleten teilnahmen, startete er im 5000-m-Lauf und beendete ihn unter dem Beifall von 3000 Zuschauern in 17:32 min.

Die meiste Zeit arbeitete er an einem Erinnerungsbuch, das er unter dem Titel „Von Stockholm nach Mauthausen" veröffentlichen und in dem er seine Emigrationsgeschichte und die KZ-Erlebnisse schildern wollte.[107] Um Hintergrundmaterial zu erhalten, besuchte er den Prozeß gegen die SS-Wachmannschaften von Mauthausen, der am 29. März 1946 vor einem amerikanischen Militärgericht in Dachau begann. Mit jedem neuen Tag kamen grauenhafte Verbrechen ans Licht. Am 27. April 1946 wurde Peltzer, der auf der Pressetribüne saß, in den Zeugenstand gerufen; jedoch nicht von der Anklage, sondern von der Verteidigung. Peltzer begründete es mit den Worten: „Ich erkenne unter den Anklagten einige SS-Männer ... , die den Gefangenen geholfen haben, weshalb ich es als meine Pflicht ansehe, diese Tatsache zu bezeugen."[108]

Verhandelt wurde unter anderem gegen zwei ehemalige SS-Hauptsturmführer, von denen Peltzer glaubte, ihnen persönlich Dank zu schulden. Dr. Wilhelm Henkel, der von 1941 bis 1943 Zahnarzt in Mauthausen gewesen war, hatte ihn im Februar/März 1942 mit einem künstlichen Gebiß versorgt, nachdem Peltzer im Steinbruch sämtliche Vorderzähne ausgeschlagen worden waren. Der andere, Dr. Erich Wasicky, Leiter der SS-Apotheke, nahm ihn in den Krankenbau auf, wo er fünfmal wegen seiner Phlegmone operiert wurde, und gab ihm Aspirin und andere Tabletten. Was Peltzer nicht wußte: Derselbe Henkel hatte zur gleichen Zeit mit Häftlingen ärztliche Experimente durchgeführt und tödliche Herzinjektionen verabreicht. Und Wasicky, der spätere Lagerarzt von Ravensbrück, hatte die Gaskammer von Mauthausen konstruiert und eigenhändig betrieben.[109]

Peltzers Fürsprache, die seiner Grundhaltung entsprach, an niemand Rache zu üben, nützte also beiden nichts: Die SS-Offiziere wurden zusammen mit 56 weiteren Angeklagten zum Tode verurteilt und am 28. Mai 1947 in Landsberg an der Lech gehenkt.

Auch vor dem Internationalen Militärtribunal in Nürnberg spielte Peltzers Name eine Rolle. Als der ehemalige Reichsjugendführer und spätere Gauleiter von Wien, Baldur von Schirach, am 24. Mai 1946 in den Zeugenstand gerufen wurde und vorgab, von den Greueln in den Konzentrationslagern nichts gewußt zu haben, bewies ihm die Anklage, daß er mit Ziereis das KZ Mauthausen besichtigt hatte. Daraufhin versuchte Schirachs Verteidiger, Dr. Fritz Sauter, seinem Mandanten zu suggerieren, er sei damals getäuscht worden. Aussage Schirach: „Ich hatte den Eindruck, daß alles in Ordnung war. Ich sah unter den Insassen z. B. ... den bekannten Mittelstreckenläufer Peltzer, der als sexuell Pervertierter berüchtigt war. Man hatte ihn bestraft, weil er sich in einer Landschule unzählige Male an Minderjährigen vergangen hatte."[110] Übrigens: 1937 hieß es, daß Baldur von Schirach schwul sei, worauf Himmler angeordnet hatte, das Gerücht sofort zu unterbinden.[111]

Athen statt Sparta

Peltzer veröffentlichte sein Mauthausen-Buch nie. Er verzichtete darauf, um stattdessen „der Jugend neue Wege im Sport zu weisen".[112] Anfang 1947 erschien sein Buch „Sport und Erziehung. Gedanken über eine Neugestaltung", für das der berühmte Heidelberger Rechtswissenschaftler Gustav Radbruch, ein Bruder seiner Mutter, das Geleitwort geschrieben hatte. Mit dieser Schrift bekannte sich Peltzer uneingeschränkt zum englisch-amerikanischen Sport und ging kritisch mit dem „verkalkten System" in

Deutschland ins Gericht, wofür er die „Auslese der Lehrer" zuständig machte.[113] Daß er damit keine Freunde gewann, war verständlich. „Dr. Peltzer hat mit seinem Buch wenig Beifall gewonnen. Ich war Zeuge einer geradezu stürmischen Entrüstung auf der Sportkonferenz in Frankfurt, zu der ich selbst nicht viel sagen konnte, weil ich es – ehrlich gesagt – nur flüchtig gelesen hatte", heuchelte Diem, der gerade mit dem Aufbau der Sporthochschule in Köln beauftragt worden war.[114] Gegenüber Peltzer, der Diem ein Exemplar widmete, hatte er sich zuvor allerdings anerkennend geäußert: „Ihr Buch wird dazu beitragen, den starken Widerstand, der der Körpererziehung und dem Sport heute an Universitäten und Schulen bereitet wird, zu brechen. Sie haben sehr mit Recht auf die geistige Wirkung einer guten Körperbildung verwiesen ..." Obwohl „ich nicht in allen Dingen mit Ihnen übereinstimme", lobte Diem pauschal: „Im Ganzen möchte ich Ihr Buch aber als eine rechte Bereicherung unserer Literatur herzlich willkommen heißen."[115]

Positiv wurde das Buch auch im Ausland aufgenommen. So schrieb das Nachrichtenblatt „Nouvelles de France": „Peltzer ist aufgrund seiner großen sportlichen Erfolge, aber auch aufgrund seiner Weltgereistheit wohl der berufene Mann, um der deutschen Jugend den Weg für eine gesunde Leibesertüchtigung zu weisen. Er verurteilt in seinem Buch scharf die uniforme Leibeserziehung und stellt immer wieder heraus, daß nur unter dem Gedanken der Freiheit eine individuelle sportliche Erziehung möglich ist."[116]

Athen statt Sparta – auf diese Formel läßt sich Peltzers Erziehungsideal bringen. Die beste Erziehungsform war für ihn die, „welche die Jugend dazu führt, an sich selber zu erarbeiten. Ein wirklich freies Sportleben ist daher die beste Lebensform der Jugend, denn sie führt zur ‚self control', wie die Engländer es ausdrücken."[117] Daß ihm dabei Einrichtungen wie in Wickersdorf vorschwebten, die „liberale, individualistische Charaktere" hervorbringen, konnte nicht verwundern.

Vom erzieherischen Standpunkt her gab Peltzer dem „Einzelsport" gegenüber dem Mannschaftssport den Vorzug, „weil dieser „zu einer viel größeren Selbstbeobachtung und Eigenkontrolle des jungen Menschen führt. Ein Fortschritt oder Rückgang der Leistung macht sich deutlich bemerkbar, während im Mannschaftssport ein jeder oft unauffällig mittun kann. Meist fällt er nur bei besonders schlechten oder guten Leistungen auf. Daher findet man häufig bei den Einzelsportlern freiwillige, asketische Lebensweise im Training und vor dem Wettkampf, während der durchschnittliche Mannschaftssportler sich öfter leichtsinnig gehen läßt."[118] Dafür gestand er dem Mannschaftssport jedoch zu, eher „zur Pflege echter Kameradschaft zu führen". Für Peltzer war Sport kein Mittel zum Zweck der Gesunderhaltung, „sondern er ist Selbstzweck. Ausdrucksform höchster menschlicher Leistungen und seelischen Erlebens. Die Hingabe an die Idee der Vollendung, das Besessensein beim Vollbringen der Leistung ist beim Sportler dasselbe wie beim Künstler. Beide fühlen sich daher oft, wie im klassischen Altertum, innerlich zueinander gehörig."[119] Die natürlichste sportliche Betätigung war für ihn die Leichtathletik, was er auch mit dem schwedischen Begriff „free idrott" – „Freisport" – begründete.

Anders als viele seiner Zeitgenossen hatte Peltzer, wofür er viel Widerspruch erntete, keine Bedenken gegen eine „Überanstrengung" der jungen Leute. Er hielt es für ungefährlich, „in jedem Rennen bis zur Erschöpfung Tempo zu laufen".[120] In den Schulen sollte der Wettkampfsport im Vordergrund stehen, dem er – im Unterschied zum Massensport – „allein bedeutenden erzieherischen Wert" beimaß.[121]

Er machte auch keinen Hehl daraus, ein Anhänger der Rekordidee zu sein: „Nur Mittelleistungen im Sport erzielen zu wollen und den persönlichen Höchstleistungsgedanken zu bekämpfen, ist ein Widerspruch in sich."[122] Die häufig geringschätzige Einstellung zur „berühmten Zehntelsekunde" hielt er von vornherein für falsch. „Hinter ihr sitzt eine Kraft, eine ungeheure Energie, der es gelang, eine Grenze des Menschlichen zu sprengen." Stillstand war für ihn beginnender Verfall.[123]

Obwohl in seiner aktiven Zeit mehrfach die Amateureigenschaft Peltzers angezweifelt worden war, bekannte er sich in seinem Buch als Anhänger des Amateursports. Denjenigen, die zum Berufssport übergetreten waren, unterstellte er, daß sie damit „die reine Freude am Kampfspiel" eingebüßt hätten. Allerdings vertrat Peltzer auf diesem Gebiet eine moderne Auffassung: Eine Entschädigung für den Arbeitsausfall hielt er für angemessen; den Sportlehrer, wie damals üblich, gar als Profi zu bezeichnen, war für ihn ein Unrecht.[124]

In seinen ethischen Ansichten orientierte er sich an der britischen Sportauffassung: „Zum Fairplay gehört es, den Gegner zu achten und nicht zu hassen oder herabzusetzen, Eigenliebe, Eitelkeit, Ärger und Zorn zu beherrschen und also auch – wollen wir uns das nicht wieder besonders gesagt sein lassen? – kein ‚bad loser', kein schlechter Verlierer zu sein, eine Niederlage ehrlich zuzugeben, sie nicht mit Ausflüchten zu beschönigen, sie nicht durch Schimpfen gar noch zu einer moralischen Niederlage zu machen."[125]

„Aufpeitschungsmittel", sogenannte „Dopings", lehnte er ab: „Die Sportler, die auf dauernde Erfolge wert legen, werden bald davon abkommen, weil sie merken, daß es ihrem Körper schadet und ihre Leistungen bald zurückgehen",[126] – glaubte er wenigstens.

Neue Ämter, alte Kameraden

Nach der ersten Interzonenkonferenz im November 1946 in Frankfurt/Main, in der vor allem über Legitimationen und Kompetenzen gestritten worden war, untermauerte Peltzer seine Vorwürfe: „Wir sind noch weit davon entfernt, uns von der Vergangenheit freigemacht zu haben. Nur wenige sind sich bewußt, daß die unliebsamen Vorfälle von unsportlicher Haltung sowohl der Zuschauer wie der Aktiven auf den Sportplätzen das größte Hindernis für die Wiederaufnahme der sportlichen Beziehungen mit dem Ausland sind ... Bisher ist nur ein Wechsel in der Führung im Sport festzustellen; die Methoden sind aber die gleichen geblieben."[127]

Gerade das Anknüpfen an die Traditionslinie des alten, bürgerlichen Sports führte zu einer Verdrängung der Vergangenheit, in der neben aktiver Täterschaft vor allem auch naive Teilnahme dominiert hatte. Die Militarisierung des Sports, wie sie im „Dritten Reich" ihren Höhepunkt erreichte, wurde einfach verschwiegen oder gar geleugnet. Eine Debatte über die Verstrickungen der führenden Sportfunktionäre, für die stellvertretend Carl Diem stand, fand erst viele Jahre später statt, meist als diese nicht mehr am Leben waren. Mit dem Abflauen der Entnazifizierungskampagne – die große Mehrzahl der Belasteten wurde als „Mitläufer" eingestuft – setzte auch eine personelle Kontinuität ein. Die „Funktions-Elite" war wieder gefragt.

Peltzers Kritik richtete sich vor allem gegen die Berufung von Carl Diem als Rektor der neugegründeten Sporthochschule in Köln. „Diem hat wohl von meinen Schritten gegen ihn erfahren und wird nun mit besonderem Eifer alles tun, meine Wirkungsmöglichkeiten zu unterbinden. Seine Anhänger haben dies ja schon vordem mit ziemlichem Erfolg getan, aber jetzt haben sie natürlich durch die offizielle Gründungsfeier in Köln und die Professorenernennung Diems neuen Auftrieb bekommen. Auch Gerschler und Adelson sind äußerst tätig und werden sich weiter gegen mich wenden wie gegen alle, die ich bekämpft habe wegen ihrer stillschweigenden Mitarbeit bei den Nazis oder Unterstützung von Nazihörigen ... Auch der Olympiadirektor von Tschammers Gnaden, der ehemalige Turnertrainer aus Köln Christian Busch ist bei den Engländern in großem Ansehen, als ob er nie bei den Nazis mitgemacht hätte"[128], schrieb Peltzer an Dr. Ernst van Aaken.

Diem nahm die Vorwürfe vorerst noch gelassen hin: „Daß sich zu den Leuten, die mich öffentlich angreifen, auch Herr Pelzer (sic!) gesellt, ist mir eine stille und tiefe Genugtuung – ich habe doch nicht umsonst gelebt."[129]

Was Peltzer befürchtet hatte, trat ein: Wo auch immer er sich bewarb, wurde er abgelehnt. Seine Bemühungen, in der Französischen Zone eine Hochschule für Sportlehrerausbildung ins Leben zu rufen, scheiterten; auch seine Vorschläge zur Umgestaltung der Sportabzeichenprüfung und zur Schaffung eines Leistungsabzeichens für Jugendliche blieben unbeachtet. Abgesehen von einer kurzen Tätigkeit für die Koblenzer „Rhein-Zeitung", deren Sportteil er von Frankfurt aus betreute, war er weiterhin allein auf die Honorare angewiesen, die er für seine Artikel und Vorträge erhielt.

Im Ausland indes war Peltzer nicht vergessen, und wie bereits 1928 in Amsterdam, war es der Schweizer Dr. Paul Martin, der dem am Boden Liegenden erneut die Hand entgegenstreckte. Der Lausanner Arzt vermittelte ihm eine Stelle als Erzieher am Voralpinen Knabeninstitut Zugerberg, einer katholischen Internatsschule. Seit dem Frühjahr 1947 hielt sich Peltzer deshalb in Zürich auf, wo er die großherzige Gastfreundschaft von Dr. de Petitpierre genoß, der in Wickersdorf Französischlehrer und zeitweise Pädagogischer Leiter gewesen war. Aufgrund der besseren Ernährung erholte sich Peltzer sichtlich von den Strapazen des Konzentrationslagers. Wie in alten Zeiten erhöhte er sein Trainingspensum, so daß er bald wieder in der Lage war, die 400 m unter 60 Sekunden zu laufen. Bei einem Besuch von Paul Martin in Lausanne traf er auch Harbigs Konkurrenten Mario Lanzi, der seinen Wohnsitz an den Genfer See verlegt hatte. Sie trainierten gemeinsam und bestritten – voller Ehrgeiz – auch einen Wettkampf über 500 m, den der nun schon 37jährige Peltzer in 70,2 s gewann. Seine Bestzeit aus dem Jahre 1926 – damals Weltrekord – lautete 63,6 s.

Petitpierre war in der Schweiz unter dem Pseudonym „Lermite" als Dichter und Schriftsteller bekannt. Durch ihn fand Peltzer Zugang zu anderen Literaten, denn der Zufall wollte es, daß Anfang Juni 1947 in Zürich der 19. Internationale Kongreß des PEN-Clubs stattfand, der auch die Wiederaufnahme der Deutschen beschloß, was vor allem ein Erfolg von Thomas Mann war. Peltzer verehrte Mann, dessen Nietzsche-Vortrag er auf der Züricher Universität gehört hatte. Eigenhändig überreichte er dem Autor der „Buddenbrooks" ein Exemplar seines Buches „Sport und Erziehung". Ihr kurzes Gespräch bestärkte Peltzer in der Überzeugung, daß nach den Schriftstellern auch bald wieder die „Teilnahme deutscher Sportler" auf der Tagesordnung stehen würde. „Wenn auch die Welt im Augenblick, wie er sagt, sich wenig vorteilhaft repräsentiert und kein Staat mit ihr in ihrer jetzigen zerrissenen Verfassung zu machen sei, so gebe es doch keinen anderen Ausweg, als ein tätiges und nützliches Glied von ihr zu werden. Wie im Sportleben jeder Einzelne nur durch geduldiges Beharren an einem vorgesetzten Ziel zu Erfolgen komme, so gilt auch für das ganze deutsche Volk jetzt als oberstes Gesetz, Geduld zu haben. In zwei, drei Jahren, meint Thomas Mann, wird die Welt wieder freundlicher aussehen ..."[130] Allerdings sah sich Peltzer auch in seinem eigenen Verhältnis zu Deutschland bestätigt: „Ich kann jetzt doch Thomas Mann besser verstehen, daß er nicht zurückkehren mag, denn in seinem Alter wird es ihm noch schwerer fallen, die beschränkten Verhältnisse in Deutschland auf die Dauer zu ertragen."

Angeregt durch den Kongreß, schmiedete Peltzer mit Paul Martin den Plan, „ähnlich wie der PEN-Club eine internationale Vereinigung aller Rekord- und Meistersportler herbeizuführen, die geistig bestimmend auf die Entwicklung des Sportes einwirken und diesen gegenüber dem Staat, der Gesellschaft und den Kulturkräften zu verteidigen. Die Idee ist nicht schlecht und läßt sich vielleicht anläßlich der nächsten Olympischen Spiele verwirklichen."[131] In der Tat wurde in den 50er Jahren die Vereinigung „Olympian International" gegründet, aus der 1995 die Weltvereinigung der Olympiateilnehmer (WOA) entstand.

Den Kopf voller pädagogischer und literarischer Pläne, reiste Peltzer am 20. Juni 1947 nach Montana. Doch von den großen Ideen des Schweizer Erziehers Pestalozzi fand er dort wenig verwirklicht; auch von den Wikkersdorfer Idealen war man weit entfernt. „Es sind hier fast nur ausländische Schüler, und das macht den Lehrbetrieb im Gegensatz zu Wickersdorf äußerst schwer. Denn die Schüler sollen deutsch lernen und sprechen untereinander nur in ihren Landessprachen. Dementsprechend sondern sie sich auch voneinander ab, und die Gemeinschaftsbildung ... ist hier viel schwerer zu erreichen und macht sich auch störend im Sportbetrieb bemerkbar, obwohl dort der Unterricht noch am leichtesten ist, weil sich ja alles demonstrieren läßt. Dann ist noch der Reichtum der Eltern ein Verhängnis für die Willigkeit zu lernen und zu folgen, weil diese reichen Jünglinge eben in dem Lehrer nur einen Angestellten ihrer Eltern sehen, der ihnen so leicht wie möglich alles beizubringen hat, was sie zur Erlangung eines guten Abschlußzeugnisses brauchen. Diese Blasiertheit, dieser Snobismus und dieses ‚Sich-selbst-sehr-wichtig-vorkommen', war ja auch bei einigen älteren Schülern mit reichen Eltern in Wickersdorf. Es konnte dort aber nicht viel aufkommen, weil es von den anderen Schülern verachtet wurde, während hier sich alle gegenseitig zu übertrumpfen versuchen an Eingebildetheit und Stumpfsinn, denn für geistig künstlerische Interessen hat diese verzogene Schülerschaft nichts übrig", lautete Peltzers vernichtende Kritik.[132]

Da er nur eine befristete Aufenthaltsgenehmigung, aber keine Arbeitsbewilligung für die Schweiz besaß, konnte Peltzer in Montana nicht als Lehrer, sondern nur als Erzieher angestellt werden. Dennoch bemühte er sich, die Schüler für den freiwilligen Sport zu begeistern. Zu seinen Schützlingen gehörte übrigens ein zehnjähriger Knabe namens Juan Carlos, der am Ende des Schuljahres zur weiteren Ausbildung nach Madrid geschickt wurde, um dort eines Tages zum König von Spanien gekrönt zu werden. In Peltzers Aktivitäten sah die örtliche Schulbehörde jedoch eine verkappte berufliche Tätigkeit, weshalb seine Aufenthaltsgenehmigung im Sommer 1948 trotz aller Bemühungen des Institutsdirektors nicht verlängert wurde. Bei seiner Abreise hatte Peltzer ein Manuskript mit dem Titel „Jeremy und die Anderen" im Gepäck, einen „Erziehungsroman", wie er sein neues Buch nannte.

VIII. „Wiederaufbaujahre"

„1949: Sportcoachjahre, zuerst in Frankfurt, dann Krefeld, Bielefeld und abermals Frankfurt sowie Berlin, Sportlehrbuch und Geschichte. Politische Mittlertätigkeit, Sportkämpfer, Intrigen, Anfeindungen."

Krefeld liegt in der niederrheinischen Tiefebene, hat 250 000 Einwohner, ein Theater, ein Konzerthaus, eine Hochschule, eine Textil-Ingenieurschule und neun Autobahn-Anschlußstellen. Nach zwanzig Kilometern ist der Flughafen Düsseldorf erreicht. Krefeld hat keinen Haltepunkt für IC-Züge, keine Fußball-Bundesligamannschaft und beinahe keine Fabriken mehr, die Samt und Seide weben. Sie hatten die Stadt einst reich gemacht. Dafür existiert ein Textilmuseum, das montags geschlossen ist. Etwas mehr als dreißig Kilometer entfernt – am Rande des Naturparks Schwalm-Nette – befindet sich die Gemeinde Waldniel. Ihre größten Denkwürdigkeiten sind die 84 Meter hohe St. Michael-Kirche und der Name eines Landarztes.

*

„Rein aus Verehrung für Ihre Person schreibe ich Ihnen."[133] Mit diesem Satz begann der Briefwechsel zwischen Dr. Ernst van Aaken und Otto Peltzer. Sie hatten sich gesucht und gefunden.

Als junger Mann war van Aaken Turner. Angeregt von Akrobaten, die er im Zirkus sah, hatte er den Stabhochsprung für sich entdeckt. Große Erfolge blieben ihm versagt: Einmal, 1934, wurde er Westdeutscher Hochschulmeister mit der Höhe von 3,64 m – immerhin, denn der Deutsche Rekord stand damals erst bei bei 4,02 m. 22 Jahre später – als 56jähriger – sprang van Aaken immer noch. Nun war er bei 2,90 m angelangt.

Doch mehr als alles andere interessierte ihn der Langstreckenlauf. Seit er als 14jähriger von den Leistungen Paavo Nurmis gehört hatte, verehrte er den Finnen und nicht viel weniger jenen Mann, der ihn 1926 besiegt hatte: Dr. Otto Peltzer. Als Krone des Sports sah van Aaken den Marathonlauf an. Obwohl aufgrund von Größe und Gewicht dafür kaum geeignet, hatte er sich nach dem 2. Weltkrieg in den Kopf gesetzt, die Distanz durchzustehen. Sechsmal versuchte er es, doch jedesmal scheiterte er nach zwei Dritteln der Strecke, weil er die ersten Kilometer viel zu schnell angegangen war. Er schaffte es – mutterseelenallein – im siebten Anlauf in der Waldnieler Schomm, wo er sich eine 1,5-km-Rundstrecke abgesteckt hatte. Sein ältester Sohn, Willi-Josef, der ihn zur verabredeten Zeit am Ende einer Eichenallee abholen sollte, fand ihn schließlich mehr tot als lebendig auf einem Baumstumpf sitzend. Ernst van Aaken hatte es geschafft und die 42,195 km in 3:17 h zurückgelegt!

Van Aaken schickte Peltzer damals eine Reihe Manuskripte zur Begutachtung, darunter eine Arbeit mit dem Titel „Sport und Christentum". Er hatte sie für den Prälaten Ludwig Wolker verfaßt, den ehemaligen Vorsitzenden des Reichsverbandes „Deutsche Jugendkraft" und späteren Mitbegründer des Deutschen Sportbundes. Van Aaken liebte gebildete Leute. Sein ganzes Leben lang strebte er danach, sein Wissen zu erweitern. Ärzte, die sich nicht fortbildeten, konnte er nicht verstehen. Er selbst forschte meistens nachts, vor allem auf dem Gebiet des Herzens, der Beinleiden (Ulcera cruris) und des Krebses. Für Bagatellkrankheiten, wie Schnupfen, war er nicht zu sprechen.[134]

„Inzwischen wächst in Waldniel eine kleine Leichtathletikgemeinde heran, von der Sie sicher in den nächsten Jahren hören werden", schrieb van Aaken im Frühjahr 1949 an Peltzer, womit er recht behalten sollte. Denn der 1953 gegründete OSC Waldniel entwickelte sich zur Keimzelle des Frauen-Marathonlaufs. Wie Peltzer war auch van Aaken ein Besessener: „Neben Praxis und Training habe ich noch das schwierige Amt des Vorsitzenden des Wohnungsausschusses übernommen, bin Mitglied des Gemeinderates, Lehrwart des Niederrheins, Jugendwart in Nordrhein-Westfalen, und neben meinen umfassenden Studien auf allen Gebieten der Wissenschaft, die mich interessieren, versuche ich hin und wieder mir die Zeit für einen Artikel oder eine größere Arbeit zu stehlen. Dazu habe ich eine Familie von 4 Kindern, die ich zu großen Athleten heranziehen möchte, besuche Tagungen, Kongresse und halte Vorträge, so daß ich nur sagen kann: ‚Das reicht, um auch den zähesten Nurmi zur Strecke zu bringen.' Wenn ich wenigstens eine Nachtruhe von 4-5 Stunden in diesem Frühjahr und Sommer bekommen werde, dann hoffe ich, in Bremen bei den Deutschen Meisterschaften dabei zu sein."[135] Bliebe zu ergänzen, daß van Aaken am Ende nicht nur vierfacher, sondern siebenfacher Vater war.

Eine Krefelder Provinzposse

Der erste Schritt zur Schaffung eines Leichtathletik-Dachverbandes nach dem 2. Weltkrieg war im August 1946 die Gründung eines „Deutschen Leichtathletik-Ausschusses" (DLA) in der amerikanischen und britischen Besatzungszone. Dessen Leitung übernahm der Hamburger Sportjournalist Walther von Adelson, der als Walther Kern einst zu Peltzers sportlichen Gegnern gehörte. Weil er „Halbjude" war, hatten ihn die Nazis 1934 mit einem Berufsverbot belegt. In seinem neuen Amt geriet er bald wegen der Liebesaffäre mit einer Sportlerin unter Druck. Auf der Gesamttagung des DLA am 13. November 1948 in Kassel, an der erstmals auch die Vertreter der französischen Zone teilnahmen, wurde er deshalb scharf kritisiert und trat verärgert zurück. Sein Nachfolger, der Kasseler Arzt Dr. Max Danz, war ebenfalls ein langjähriger Konkurrent Peltzers auf der 800-m-Strecke. Danz blieb auch nach dem 12. November 1949 Vorsitzender, als in München der Deutsche Leichtathletik-Verband neu gegründet wurde. Bei der Auswahl seiner Kader wahrte der DLV Kontinuität: Lehrwart wurde der frühere Reichstrainer Josef Waitzer. Peltzer hoffte vergeblich, daß man auch auf seine Erfahrungen zurückgreifen würde.

Im Sommer 1949 lernte er durch Ernst van Aaken den jungen Krefelder Sprinter Leo Lickes vom KTSV Preußen kennen. Er war im Jahr zuvor Deutscher Meister über 200 m geworden und von Peltzer beeindruckt. Sie vereinbarten, brieflichen Kontakt zu halten. Fortan überschwemmte Peltzer ihn mit Übungshinweisen, von denen einige allerdings das Gegenteil von dem aussagten, was dessen eigener Trainer, Ferdy Kisters, der Anfang der 30er Jahre zur deutschen Spitzenklasse im 400-m-Lauf zählte, ihm empfohlen hatte.

Seit den 20er Jahren war Krefeld durch seine schnellen Läufer, die dem KTSV Preußen 1855 e.V. angehörten, bekannt geworden. Ein Aushängeschild war Hubert Houben, der nach den Olympischen Spielen von 1924 in Paris als erster die prominenten US-Amerikaner über 100 m bezwungen hatte. Aus dem Verein war auch der Kaufmann Dr. Peter Vogel hervorgegangen, der sich im Ärger von den „Preußen" getrennt hatte und zum Crefelder Sportverein Marathon 1910 (CSV 1910) gewechselt war.

Doch nicht nur das: Als Vogel 1949 Obmann der Leichtathletik-Abteilung wurde, ließ sich Dr. Eduard Hartmann zur gleichen Zeit zum 1. Vorsitzenden des CSV wählen, der gerade mit einem anderen Krefelder Verein fusioniert hatte und nun rund tausend Mitglieder besaß. Vogel und Hartmann verband mehr als der Sport. Sie waren Geschäftspartner – geschäftsführende Gesellschafter der Mercantil GmbH, Web- und Wirkwaren, Fabrikation und Großhandel.

Die nach dem 2. Weltkrieg gegründete Firma hatte sich inzwischen erfolgreich im Ost-West-Geschäft, insbesondere mit der Sowjetunion, etabliert. Ihre Besitzer nutzten eine Grauzone aus, die der sogenannte Interzonenhandel bot. Sämtliche Transaktionen liefen nämlich über Ost-Berlin, so daß es sich – nach damaligem Verständnis – offiziell um innerdeutschen Handel drehte. Tatsächlich aber diente Berlin nur als Umschlagplatz. Von dort aus ging die Ware zollfrei in den Ostblock.

Die Geschäfte liefen ausgezeichnet, so daß Hartmann und Vogel sich entschlossen, Geld auch in den CSV zu stecken, wohl um Steuern zu sparen. Zu ihren ehrgeizigen Zielen gehörte es, eine schlagkräftige 4x400-m-Staffel aufzubauen, die nicht erst entwickelt, sondern „zusammengekauft" werden sollte. Als Lockmittel diente das Angebot, bei Mercantil, wo Leo Lickes bereits im Vertrieb arbeitete, angestellt zu werden. Am 1. November 1949 einigten sich Hartmann, Vogel und Lickes darauf, die damals besten 400-m-Läufer Hans Geister (Schwarz-Weiß Hamborn), Georg Wilhelm Sallen (OSV Hörde) und Hubert Huppertz (Rot-Weiß Koblenz) zum Übertritt zu überreden und Otto Peltzer als Trainer anzustellen.

Für die „Preußen" war es offenbar eine unerhörte Provokation, als bekannt wurde, daß „Otto der Seltsame" als Trainer vorgesehen war. Kisters beschuldigte ihn, sich an seine Athleten herangemacht und ungefragt Ratschläge gegeben zu haben. Andere kramten die alten Geschichten von Peltzers Verurteilung hervor, schließlich wurde sogar der Bürgermeister eingeschaltet, um seine Anstellung zu verhindern. Besonders tat sich dabei der Pressewart des KTSV, Laube, hervor, der hauptberuflich lokaler Sportredakteur der „Rheinischen Post" war. Er streute das Gerücht, Peltzer sei als Homosexueller nach dem 2. Weltkrieg mehrfach rückfällig geworden und deshalb zuletzt auch aus der Schweiz ausgewiesen worden.

Es herrschte also geballte Entrüstung über die Absicht des CSV Marathon 1910, ausgerechnet den „175er" zu beschäftigen. Van Aaken wurde bei den Westdeutschen Leichtathletikmeisterschaften in Köln geradezu mit Vorwürfen überhäuft, wie er – zumal als Jugendwart (!) – einen Sprinter wie Lickes mit einem „Perversen" zusammenbringen konnte. Und schließlich riet auch noch Carl Diem, der am 30. Oktober 1949 in Krefeld anläßlich einer „olympischen Morgenfeier" eine Festrede gehalten hatte, dringend ab, mit Peltzer zusammenzuarbeiten. Rachsucht schaute aus allen Knopflöchern.

Von solchen Stimmen verunsichert, entschloß sich Dr. Vogel, in der Schweiz anzufragen. Zu seiner großen Beruhigung erhielt Peltzer von dort nur glänzende Referenzen. Vorstand und Ältestenrat des CSV sahen daraufhin kein Hindernis mehr, ihn als Sportlehrer zu verpflichten. Dem Pressewart der „Preußen" wurde zudem eine Verleumdungsklage angedroht, worauf der Ortsrivale mit folgender Anweisung an seine Athleten reagierte: „Eine Annäherung Dr. Peltzers an die Aktiven ist nicht erwünscht!" – Damit war das Kriegsbeil endgültig ausgegraben.

Noch bevor Peltzer am 1. Dezember 1949 offiziell in die Dienste des CSV trat, war jedoch die Grube bereits ausgehoben, in die er fallen sollte. Als Vorwand diente ein Schreiben, das er zwei Tage zuvor an seinen „Briefschüler" Hans Geister geschickt hatte. Darin riet Peltzer dem damals mit 47,8 s schnellsten deutschen 400-m-Läufer, wie er am besten von Hamborn nach Krefeld wechseln könnte. Der CSV stellte ihm in Aussicht, für die Umzugskosten, einschließlich des Wohnungswechsels seiner Mutter, aufzukommen. Eine keineswegs unübliche Methode. Ungeachtet dessen betrachtete man sie nach den damaligen Bestimmungen als schweren Verstoß gegen die Amateurregeln.

„Sicherlich wird es Dir nicht angenehm sein, Deinen alten Vereinskameraden von den Plänen Deines Fortgangs Mitteilung zu machen", schrieb Peltzer an Hans Geister. „Am besten würdest Du das ja wohl auch bis zum Ende des Monats verschieben, d. h. es genügt für die Erlangung der Startberechtigung in Krefeld, wenn Du am 30.12. mit eingeschriebenem Brief dem Verein offiziell Deinen Austritt mit der Begründung mitteilen würdest, daß Du wegen Wohnsitzwechsel den Verein leider verlassen müßtest."[136]

Gesperrt wegen „Ziehung"

Ausgerechnet diesen Brief verlor Hans Geister beim Training; vielleicht wurde er ihm aber auch, was er annahm, bei dieser Gelegenheit aus der Tasche gestohlen. Wie auch immer: Der Brief gelangte in die Hände des Kreisvorsitzenden von Duisburg-Mülheim, des früheren 800-m-Läufers Friedhelm Althaus, der darauf Anfang Januar 1950 in der „Rheinischen

Post" mit einem geharnischten Artikel unter der Überschrift „Otto der Seltsame geht seltsame Wege" reagierte.

Der Niederrhein schäumte, der Blätterwald rauschte. Jetzt gab es auf einmal den „Fall Dr. Otto Peltzer". „Als Läufer ist Otto Peltzer längst ein Stück Historie; der Mensch Peltzer aber liegt heute gestrandet in einer westdeutschen Stadt. Nicht als Wrack, vielmehr wie ein Koloß aus fernen Tagen, dem einst die Welt zu Füßen lag und der heute nur noch Staunen erregt, wenn er sich rührt", schrieb Horst Peets in der „Welt am Sonntag", wobei er nicht aussparte, daß man 1935 „wegen eines Sittlichkeitsvergehens über ihn den Stab brach."[137]

Dieser Artikel zog neue, meist gehässige Kommentare nach sich. Einer davon, unter der Überschrift „Dr. Peltzer auf Abwegen"[138], hatte einen Leserbrief zur Folge, der von jenem Professor Victor Dieterich stammte, der 1935 als Dekan der Staatswirtschaftlichen Fakultät der Universität München das Verfahren zur Aberkennung von Peltzers Doktortitel eingeleitet hatte. „Ich erlaube mir", so schrieb Dieterich nun, „Sie darauf aufmerksam zu machen, daß Herr Peltzer nicht mehr befugt ist, den akademischen Grad eines Dr. zu führen ... Dieser Beschluß war erfolgt, weil Herr Peltzer wegen eines Sittlichkeitsverbrechens, begangen an Jugendlichen, die seiner Obhut anvertraut waren, verurteilt worden war. Die ausführliche Begründung des Urteils verriet ein so trübes Bild, daß die Fakultät sich zu diesem Schritt entschließen mußte ... Der Beschluß erging zu einer Zeit, wo die Nazis noch nicht dazu übergegangen waren, um von ihren eigenen Schandtaten abzulenken, einige bedauerliche Vorkommnisse (in Internaten usf.) an die große Glocke zu hängen. Der Fakultätsbeschluß war eher beeinflußt durch die weite Verbreitung des von Peltzer begangenen Verbrechens in den Kreisen oberster Naziführer. Auch heute noch vertrete ich den Standpunkt, daß ein Mann, der sich so schamlos gegen die Ehre des jugendlichen Menschen und gegen die primitivsten Sittengesetze der Menschheit vergeht, nicht befugt sein kann, den Ehrentitel eines akademischen Grades zu tragen"[139]

Als Peltzer am 8. März 1950 seinen 50. Geburtstag beging, war die Atmosphäre vergiftet. Der CSV Marathon 1910 hielt jedoch zu ihm, und als auch noch Krefelds Stadtoberhaupt gratulierte, sahen sich die „Preußen" veranlaßt, eine neue Attacke zu reiten. „Wir bestreiten Herrn Bürgermeister Wiemes das Recht, derartige Worte auszusprechen", hieß es in einem Protestschreiben. „Jedenfalls würden wir es unter keinen Umständen dulden, daß ein Mann mit der Vergangenheit des Dr. Peltzer auf die Führung unserer Jugend Einfluß nehmen könnte und Herr Wiemes hat in seiner Eigenschaft als Bürgermeister nicht die geringste Befugnis, derartige Worte im Namen der Stadt Krefeld auszusprechen."[140]

Während Peltzer unter der Wucht der Vorwürfe leiser zu werden begann, erwachte die Angriffslust von Dr. Ernst van Aaken, der als gefürchteter Leserbriefschreiber galt. Unermüdlich verfaßte er Verteidigungsschriften, die er kopierte und an Leichtathletik-Funktionäre, Zeitungsredaktionen und politische Parteien verschickte. Längst ging es dabei nicht mehr um den Vereinswechsel von Hans Geister, sondern nur noch um Peltzers Vergangenheit. Die neu ausgebrochene Homophobie machte allerdings auch vor van Aaken nicht halt, der – wie viele in seiner Zeit – Homosexualität als Krankheit begriff, die man demzufolge schon anhand von Symptomen erkennen könnte. Deshalb verfaßte er eine „Ärztlich-psychologische Beurteilung Dr. Otto Peltzers", mit der er nachzuweisen glaubte, daß Peltzer aus ärztlicher Sicht als Schwuler nicht in Frage kommen konnte. Die Begründung: „Das körperliche Erscheinungsbild Dr. Peltzers bietet in seinem athletisch/leptosomen Körper nicht das geringste Anzeichen einer homosexuellen Anlage, weder Hermaphroditismus noch Dystrophia-Adiposo-Genitalis noch Gynäkomastie oder ein breites weibliches Becken. Lediglich ist eine höhere Stimmlage zu verzeichnen. Das Unterhautfettpolster, wie es sich bei homosexueller-hermaphroditischer Konstitution immer besonders entwickelt findet, ist bei Dr. Peltzer schon konstitutionsmäßig äußerst schwach, dagegen das Muskelrelief äußerst plastisch. Von entscheidender Bedeutung aber ist, daß in der geistigen Einstellung Dr. Peltzers nicht der geringste Zug einer homosexuellen Anlage zu entdecken ist. Wäre sein Grundtrieb perverser Art, würde sich dies in seinen geistigen Zielen, seinen Problemen, in seiner Gedankenwelt und vor allen Dingen in seinen Träumen kundtun. Dr. Peltzers Probleme aber sind geistig-sportlicher Art."[141]

In der Rechtsausschuß-Sitzung des Westdeutschen Leichtathletik-Verbandes (WLV) vom 18. März 1950 herrschte stummes Erstaunen, als van Aaken dort sein Gutachten vorlas. Eine Diskussion darüber wurde unterbunden. Die Verhandlung beschränkte sich auf den damals häufigen Vorwurf der „Ziehung", der jedoch selten zu beweisen war. Nicht so im „Fall Geister", da ja der entwendete Brief vorlag. Peltzer als Verfasser wurde ebenso wie Dr. Vogel als der „Mann mit dem schwarzen Koffer" zu einer Sperre

Verurteilt als „Sittlichkeitsverbrecher".
Titelblatt des Urteils vom 22. Juni 1935

1 Ju b K Ls 97/35 (502 - 111/35)

Beglaubigte Abschrift.

Im Namen des Deutschen Volkes!

Strafsache gegen den Journalisten Dr. Otto Paul Eberhard P e l t z e r, wohnhaft in Berlin-Grunewald, Teplitzer Straße 8, geboren am 8. März 1900 in Ellerbrok, Kreis Steinburg i. Holstein, zur Zeit in Untersuchungshaft im Untersuchungsgefängnis Berlin-Moabit

wegen

Sittlichkeitsverbrechens.

Die 2. große Strafkammer des Landgerichts in Berlin hat in der Sitzung vom 22. Juni 1935, an der teilgenommen haben:

Landgerichtsdirektor Rücker
    als Vorsitzender,
Landgerichtsrat Göltschke,
Gerichtsassessor Fritsche
    als beisitzende Richter,
Kaufmann Robert Pleß
Maschinenformer Kurt Noack
    als Schöffen,
Staatsanwaltschaftsrat von Bradke
    als Beamter der Staatsanwaltschaft,
Justizangestellter Barski
    als Urkundsbeamter der Geschäftsstelle

für Recht erkannt:

Der Angeklagte wird unter Freisprechung im übrigen wegen Verbrechens gegen § 176 Nr.3 StGB. in zwei Fällen, wegen eines weiteren Verbrechens gegen § 174 Nr.1 StGB. und wegen eines weiteren Verbrechens gegen § 174 Nr.1 in Tateinheit mit Vergehen gegen § 175 StGB. zu einer Gesamtstrafe von 1 (einem) Jahre und 6 - sechs - Monaten Gefängnis verurteilt.

Peltzer (links) im schwedischen Exil. In der Mitte: Harald Rhodin

Unterwegs als Vertreter für Teppiche und Fußmatten

Nationalsozialistischer Reichsbund　　　　　　Archiv　　　　　Mappe
für Leibesübungen
Reichsführung
Berlin-Charlottenburg 9, Haus des Deutschen Sports
Reichssportfeld

Ausschnitt aus:

OTTO PELTZER:
Lanzi bättre än Harbig!

Harbigs kunnande är en följd av hård träning (ungefär som Hellström och Syring) och härrör sig inte enbart av för honom exceptionella anlag. Harbig behöver därför mycket träning. När jag här i Stockholm talade med honom om hans chanser på 1,500 meter, så sade han tydligt ifrån, att han inte tränat tillräckligt för att kunna vara i rekordform, och därför ej heller vågade sig på en för honom ovan sträcka.

Harbigs nederlag mot Lanzi ger anledning till några kommentarer. Den utomordentlige italienaren har hittills försummat sin egen chans till världsrekord, ty i sina stora tävlingar har han själv alltid lett loppet — och därmed kastat bort bedja chanserna att slå världsrekorden och Harbig.

I 800-metersloppet i Como nyligen prövade Lanzi för första gången en ny taktik, därför att han insåg, att han på den tunga banan icke hade någon möjlighet till en förstklassig tid och att det följaktligen mer gällde att segra än att uppnå rekordresultat. Man har påstått att de relativt dåliga resultaten (1.54) visar, att Harbig inte var återställd från sin förkylning, men den medelmåttiga tiden härrörde sig — jämte den dåliga banan — av att Lanzi från början lade sig bakom Harbig och lät tysken ensam sköta farten. Och utan fartthjälpare har Harbig ännu aldrig presterat en bättre tid än den han nådde i Como!

Man har också förmodat att Harbig icke gick in för fullt, emedan han ju dels icke är i fjolårets form och dels ej behövde skada sitt renommé om han tog stryk av en löpare av Lanzis höga klass. Att Harbig på grund av bristande träning icke är i samma form som 1938 och 1939 går ej heller att bestrida, men man kan också ställa sig den frågan, om ens en Harbig i högform slagit Lanzi, med den taktik italienaren tillämpade.

Jag tror att Lanzi, när han är perfekt tränad, är precis lika bra som den tyske världsrekordmannen. Lanzi har i motsats till Harbig gjort ett flertal fenomenala tider sedan han själv löpningarna igenom skött om farten, och det anser jag vara ett faktum som mest visar hans enastående förmåga. Och även med tanke på att Harbig på ett par undantag när slagit italienaren i deras inbördes möten, så är det därför inte säkert att han är en bättre fighter än Lanzi. Harbig visade inga märkligare kämpatag då han 1938 fick stryk av amerikanen Mallot i Berlin och i landskampen mot England saknade han även verklig gnista i sitt stafettlopp mot Brown. Även 1936 var han i besvikelse då det verkligen gällde, trots att han både före och efter spelen gjorde enastående tider på vanliga tävlingar.

Jag har alltid ansett Lanzi som den bättre av de två, och att italienaren med dragkjälp av framstående löpare är kapabel att slå Harbigs världsrekord, ja till och med att förbättra världsrekordet på 1.500 meter. Lanzi löpte för en tid sedan med största lätthet ett hårt 1.000-metersloop och slog därvid så goda tyska medeldistansare som Brandscheid och Kaindl, så varför skulle han inte med lämplig specialträning även kunna nå fenomenala tider på 1.500?

För Harbig talar att han fem gånger besegrat Lanzi och dessutom nått bättre tider på 100 och 200, vilket ju skulle kunna tyda på att han är snabbare än sin italienske rival. Men dessa tider säga dock ingenting, ty Lanzi har i motsats till Harbig aldrig specialtränat för sprinterträckorna. Att Lanzi dock är exceptionellt snabb framgår av att han fler gånger än Harbig underskridit 47 sek. på 400.

Harbig har hittills icke triumferat på grund av att han är snabbare än Lanzi, utan tack vare att han liksom "Spånga" behärskar konsten att med minsta möjliga kraftförbrukning ligga bakom sin motståndare till de sista 100 meterna före målet. Lanzi har förbrukat sin kraft genom för snabbt utgångstempo, och liksom alla löpare, vilka hålla farten uppe genom att leda, har han spänt sig för hårt och icke i spurten haft förmåga att slå om tempo och stegra farten.

Mötas Woodruff, Lanzi och Harbig i ett lopp, och sköter Woodruff därvid om fartshållningen, som exempelvis Hägg i matcherna mot Kälarne och Spånga, då vinner Lanzi på rekordtid över Harbig och Woodruff — precis som Kälarne på enahanda sätt triumferar över Spånga och Hägg!

Så länge Lanzi inte har någon pacemaker, kan han ej heller slå några världsrekord men kan vinna varje duell med Harbig, om han spar sina krafter till de avgörande sista 100 meterna. Då Harbig själv aldrig håller skarpt tempo, så komma dock tiderna att bli medelmåttiga. En parallell ha vi här i Sverige i Lennart Nilssons resultatmässigt sett skrala, men dock segergivande lopp på 800 meter.

„Lanzi besser als Harbig". Mit diesem Artikel in „Idrottsbladet" vom 16. Oktober 1940 zog sich Peltzer den besonderen Zorn des Reichssportführers zu. (Archiv AA, Ausbürgerungen 1941, R 100027)

Der Reichssportführer

Berlin-Reichssportfeld, den 18.März 40
Haus des Deutschen Sports

An das
Auswärtige Amt,
z.H. des Herrn Dr. Garben,

Berlin W 8, Wilhelmstrasse 74 - 76.

Sehr geehrter Parteigenosse Garben!

Otto Peltzer war einer der bekanntesten deutschen Mittelstreckenläufer, eine Zeitlang Weltrekordinhaber. Er wurde am 22.6.1935 wegen Verbrechens gegen § 176 Nr.3 und § 174 Nr.1 und § 175 zu einer Gesamtstrafe von einem Jahr und sechs Monaten Gefängnis verurteilt. Otto Peltzer hält sich zurzeit in Schweden auf, angeblich, um sich in Schweden eine Existenz als Sportlehrer zu gründen.

Otto Peltzer hat nun im Idrottsbladet Stockholm mehrfach Artikel veröffentlicht, die wir auf das schärfste missbilligen müssen. In der Ausgabe vom 2.März 1940 ist ein Artikel unter der Überschrift erschienen "Deutschlands Sportler sind mit ihrem Herzen für Finnland". In diesem Artikel wird m.E. eine der grundsätzlichen deutschen Politik zuwiderlaufende Haltung eingenommen. Da die schwedische Öffentlichkeit, die über die Vorgänge von Peltzer sicherlich nicht unterrichtet ist, in Peltzer einen massgeblichen Vertreter des deutschen Sports sehen muss, wird dieser Artikel nicht als das unmassgebliche Geschreibsel eines Privatmannes aufgefasst werden, sondern als eine offiziöse Stellungnahme des deutschen Sports. Ich halte es für unerträglich, dass ein solcher Mann Politik und Sportpolitik auf eigene Faust machen kann und bitte Sie zu erwägen, ob Sie von Ihrem Amt aus nicht zum Einschreiten genötigt sind.

Heil Hitler!

Schreiben von NSRL-Stabschef Guido von Mengden im Auftrage Tschammers an das Auswärtige Amt, um Peltzer über diplomatische Kanäle auszuschalten (Archiv AA, Ausbürgerungen 1941, R 100027

„Pelzer Otto" Häftling Nr. 2718 (Archiv der Gedenkstätte KZ Mauthausen, Häftlingszugangsbuch Y/44)

Zählappell in Mauthausen, bei dem die KZ-Insassen bis zu 18 Stunden nackt im Hof stehen mußten.

Als Zeuge im Dachauer Prozeß gegen die SS-Wachmannschaften von Mauthausen am 27. April 1946

„Umkämpftes Leben": Peltzers 5000-m-Lauf
am 30. September 1945 in Frankfurt-Höchst

Helsinki '52: Dr. Otto Peltzer unter den „Alten Meistern", neben ihm mit Hut
Dr. Adolf Metzner, links vorn: Kugelstoß-Silbermedaillengewinnerin Marianne Werner

Bild oben rechts: Nach einer Ehrenrunde vor 30 000 Zuschauern beim Internationalen
Sportfest 1952 im Leipziger Bruno-Plache-Stadion

Flughafen Frankfurt am Main, 18. November 1956, KLM, Melbourne
Abflug 17.10 Uhr: Abschied für mehr als elf Jahre

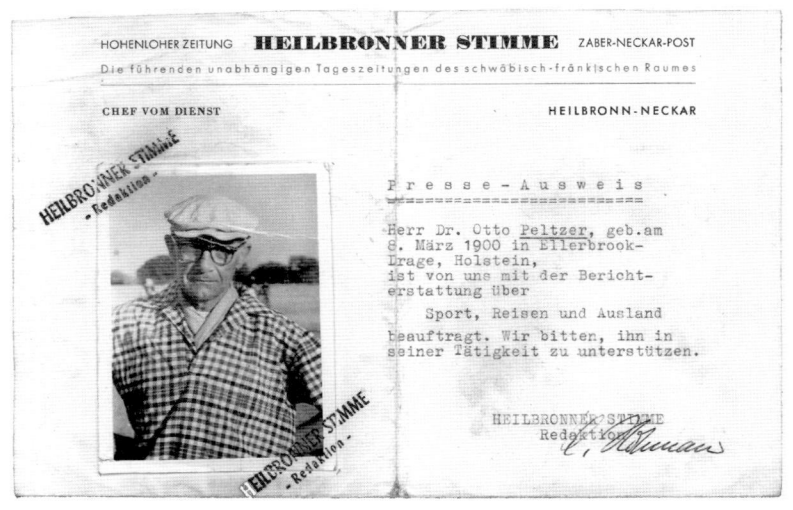

Presseausweis der „Heilbronner Stimme"

Abschrift

BUNDESAMT FÜR VERFASSUNGSSCHUTZ
III/A - PA 110 288 - 653/57 - VS-NfD

Köln 1, den 12. Juni 1957
Postfach 4713

VS-NUR FÜR DEN DIENSTGEBRAUCH

An den
Herrn Bundesminister des ~~Innern~~ Auswärtiges Amt
Bonn
Rheindorfer Str. 198

Eing. - 4. MRZ. 1958
Tgb.Nr.
Anl. Dopp.

Betr.: Dr. Otto PELTZER;
hier: Bericht der Botschaft Canberra vom 29.4.1957
Nr.602-02/427/57
Bezug: Erlaß vom 15.5.1957 - VI A 5 - 6542 -A- 392/57 -
Anlg.: - 1 -

Über Dr. Otto PELTZER, Frankfurt, ist bekannt:

> 1953 nahm er an den IV. Weltjugendfestspielen in Bukarest teil. Er gehörte seit mindestens 1953 zum "Komitee für Einheit und Freiheit im deutschen Sport". Im gleichen Jahre beteiligte er sich an einer Delegation der GDSF in der Sowjetunion.
>
> 1954 und 1955 nahm er an der Ostertagung deutscher Pädagogen in Eisenach teil.
>
> Seit April 1955 ist er Mitglied des Bundesvorstandes des DKBD.
>
> Im Juni 1955 nahm er am kommunistischen Weltfriedenstreffen in Helsinki teil.
>
> Er nahm bis in die letzte Zeit an verschiedenen Tagungen und Konferenzen des DKBD teil.

Die Meinung der Botschaft in Canberra, es handele sich bei P. um einen harmlosen Menschen, wird vom BfV nicht geteilt, da Dr. PELTZER mehrere Jahre, wie oben ausgeführt, in verschiedenen kommunistischen Hilfsorganisationen aktiv tätig war. Ob er diese Tätigkeit nur aus übertriebenem Geltungsbewußtsein ausübte, ist dem BfV nicht bekannt.

Der übersandte Bericht der Botschaft Canberra ist beigefügt.

gez. Unterschrift

- 2 -

Verfassungsschutzbericht vom 12. Juni 1957 über Dr. Otto Peltzer
(AA, Politisches Archiv, Ref. 604/IV5/B 94)

von sechs Monaten verurteilt. Geister suspendierte man für ein Vierteljahr – weil er bei seinen Trainingsbesuchen in Krefeld Reisekosten angenommen und sich das Abendbrot hatte bezahlen lassen. Die Sperre tat ihm jedoch nicht weiter weh, schließlich fiel sie in die Wintermonate. Eine Hallen-Leichtathletiksaison kannte man damals noch nicht.

Durch die Strafe war Peltzer zur Untätigkeit verurteilt. Eine verdeckte Betreuung seiner Athleten scheiterte an der Tatsache, daß die „Preußen" zu jedem Training ihre Spione entsandten, um die Einhaltung der Sperre zu kontrollieren. Nachdem beim WLV mehrfach Hinweise eingegangen waren, daß Peltzer versuchen würde, die Suspendierung zu unterlaufen, wurde der CSV 1910 ermahnt, das Tätigkeitsverbot für Peltzer strikt einzuhalten.

Die Berufung, die der CSV beantragt hatte, wurde einen Monat später durch den Rechtsausschuß des Deutschen Leichtathletik-Verbandes behandelt, in dem der Münchner Dr. Rupert Schröter den Vorsitz führte. Der Ausschuß stufte die „Sportlerziehung" als „krassen Verstoß" gegen das Fairplay ein und kam zu der Erkenntnis, daß sich die Vorwürfe „teilweise als berechtigt, teilweise als unberechtigt erwiesen" hätten. Überraschenderweise wurde Peltzer, der als Beklagter nicht geladen war, nicht etwa entlastet, sondern seine Sperre vervierfachte sich. Ihm wurde „auf die Dauer von 2 Jahren jede Betätigung in Vereinen und Abteilungen, die den LA-Verbänden angeschlossen sind, untersagt". Begründung: „Die eingehend durchgeführten Beweiserhebungen ergaben, daß Dr. Peltzer einwandfrei überführt ist, gegen § 37 in Verbindung mit § 1 der Rechts- und Strafordnung des DLV in einem vollendeten Fall (Geister) und einem Versuch (Schreiber) verstoßen zu haben."[142]

Manchen Mitgliedern des Ausschusses war dieses Urteil noch nicht einmal streng genug. So hatte der 1. Vorsitzende des Hamburger Leichtathletik-Verbandes, Hermann Seiffart, sogar für „lebenslang" plädiert, was darauf abzielte, Peltzer für immer kaltzustellen.

In der Tat: In diesem Verfahren ging es nicht um eine sogenannte „Ziehung", sondern um die Person Peltzers, wie Fredy Müller, der nunmehrige Vorsitzende des Berliner Leichtathletik-Verbandes, in seinem Redebeitrag bewies. Er nämlich argumentierte, daß man es immerhin mit einem „Sittlichkeitsverbrecher" zu tun hätte. Und als das Urteil dann gesprochen war, meinte einer: „Dann bleibt Peltzer ja nichts anderes übrig als der Selbstmord!", worauf ein anderer sagte: „Das wäre auch das Beste für ihn."[143]

Diese kaum nachvollziehbare Härte ist umso unverständlicher angesichts der Milde gegenüber Dr. Peter Vogel. „Mit Rücksicht auf seine jahrelange Tätigkeit im Interesse der Leichtathletik glaubte der Rechtsausschuß, es bei einem Verweis, der Mindeststrafe, die die Rechts- und Strafordnung kennt, belassen zu müssen. Strafmildernd wurde insbesondere der gute Glaube Dr. Vogels an die Noch-Zulässigkeit seines Verhaltens berücksichtigt."[144]

Derart rehabilitiert, hatte Vogel, der sich in der Verhandlung auf Kosten des Trainers entlastet hatte, nichts Eiligeres zu tun, als sich Peltzers zu entledigen. Sein offenbar auf den 17. März 1950 zurückdatierter Kündigungsbrief lautete: „Als wir im Herbst 49 mit Ihnen die Fühlung aufnahmen und Sie veranlaßten, die Trainingsarbeit in unserer Leichtathletikabteilung zu übernehmen, wußten wir, welches Maß an Sorgen und Lasten uns hierbei auferlegt wurde. War uns doch die Fama Ihrer Bestrafung durch den gerüchteweisen Umlauf bekannt, war uns bewußt, welchen Streit der Lehrmeinungen Sie mit der herrschenden Sportlergelehrsamkeit austrugen, kannten wir aber auch den weltweiten sportlichen Ruf Ihrer einstmaligen Siege auf dem grünen Rasen. Und wir glaubten, daß Mißgunst und Neid, politische Differenzen und menschliche Schwächen an Ihnen ein Objekt gefunden hatten, welche Sie bis zur völligen Vernichtung verfolgen wollten. In diesem Kampf um Ihre Rehabilitierung wollten wir Sie mit allen uns zu Gebote stehenden Mitteln schützen, und deshalb sprangen wir überall ein, wo sich ein Gegner zeigte oder ein Gerücht auftauchte. Sie wissen von unseren Recherchen in der Schweiz, die so glänzend zu Ihren Gunsten verliefen, von der Zeit, da wir aus der Verteidigung zum Angriff übergingen. Leider begingen Sie damals die Dummheit, in Briefen zu Papier zu bringen, was besser ungeschrieben geblieben wäre (Geister), in Gesprächen kundzutun, was besser ungesprochen geblieben wäre (Schlockermann, Hoppenrath, Schreiber), in ihrer persönlichen Haltung das zu demonstrieren, was so leicht in das Fahrwasser alter Gerüchte über Ihre Homosexualität münden konnte (Baden, Massagen) ... All diese Widerwärtigkeiten, die Sie in unbegreiflicher Kurzsicht nicht sehen, all die Anfeindungen durch Sportpresse und die Sportfunktionäre hätten uns nicht veranlassen können, uns von Ihnen zu trennen, wenn nicht die Mitteilung des Dekans der Staatswissenschaftlichen (sic) Fakultät der Universität München vom 1. März 1950 sowie das Schreiben von Herrn Prof. Dr. Dieterich, München, uns zu Gesicht gekommen wäre, nach denen Ihnen bereits seit Jahren das Recht, den Doktortitel führen zu dürfen und damit der Gemeinschaft der akademischen Bürger anzugehören, abgesprochen worden ist. Wir wissen genau, daß es in der Vergangenheit Urteile der verschiedensten Art gegeben hat, wir wissen ebenfalls, daß dieser Beschluß nicht nazistisch beeinflußt war. Hier hat eine dem Akademiker eigne Gerichtsbarkeit entschieden, und Sie haben sich damit abgefunden, obgleich sie nach 1945 Zeit genug hatten, wenn Sie wollten, eine Berichtigung und Rehabilitierung herbeizuführen. Das ist nicht geschehen, und damit steht der Satz uns vor Augen ‚Daß ein Mann, der sich so schamlos gegen die Ehre des jugendlichen Menschen und gegen die primitivsten Sittengesetze der Menschheit vergeht, nicht befugt sein kann, den Ehrentitel eines akademischen Grades zu tragen.' Und wir fügen hinzu, daß es unverantwortlich wäre, einem solchem Manne weiterhin die Jugend eines Vereins anzuvertrauen. Sollten Sie der Meinung sein, daß das Urteil der Fakultät ein Fehlurteil ist, steht es Ihnen frei, dieses an gleicher Stelle unter Beweis zu stellen. Wir haben uns bis zum Beweise des Gegenteils an dieses Urteil zu halten. Und das bedeutet, daß wir Sie bitten müssen, jedwede Tätigkeit für unsere Abteilung, ob direkt oder indirekt, einzustellen, den Trainingsbetrieb nicht mehr zu besuchen und der Turnhalle fernzubleiben! Unter diesen Umständen können wir Ihnen auch nicht mehr die monatliche Vergütung für Ihre Arbeit zahlen und müssen erwarten, daß Sie die gewährte Unterkunft bis Ende des Monats geräumt haben. Die Ehre des Vereins, die Sorge um die Jugend unserer Vaterstadt und die Selbstachtung zwingen uns zu diesem Vorgehen, welches uns selbst Ihnen, einem bewährten Sportmanne gegenüber, sehr schwer fällt. Wenn Ihnen die Aufhebung des Urteils gelingt, werden wir die ersten sein, die Ihnen hierzu Glück wünschen."[145]

Peltzer hoffte vergeblich, daß seine Verbannung anläßlich der Deutschen Meisterschaften Anfang August 1950 in Stuttgart aufgehoben werden würde. Van Aaken, der Zeuge der Unterredung zwischen Hartmann, Vogel und Lickes gewesen war, setzte sich vehement für ihn ein. In einem Brief informierte er DLV-Präsident Dr. Max Danz, daß „sämtliche Ziehungen und Ziehversuche, die inzwischen vom CSV Krefeld ausgegangen sind, ausschließlich Herrn Dr. Vogel zur Last zu legen sind"[146]. Doch nichts half. Als Trost heftete Danz Peltzer in Stuttgart die DLV-Ehrennadel an.

Während der vermögende Tennis-Star Gottfried von Cramm, der am 14. Mai 1938 vom Berliner Schöffengericht ebenfalls wegen Homosexualität zu einer Gefängnisstrafe von einem Jahr verurteilt worden war, mit Hilfe seines Rechtsanwaltes 1951 ein Wiedergutmachungsverfahren beim

Landgericht Berlin durchgesetzt hatte (die Strafe wurde am 17. Juli 1953 durch den Niedersächsischen Justizminister getilgt), scheiterte Peltzers Rehabilitierungsversuch schon im Ansatz. Seit seiner Entlassung nahezu ohne Einkommen, druckten Zeitungen, deren langjähriger Autor er war, seine Artikel nicht mehr. Für seinen Roman „Jeremy und die Anderen" mit dem Untertitel „Ein Jugendbuch für Erwachsene und wißbegierige Jungen" fand er trotz anfänglichen Interesses keinen Verleger. Mit Mühe konnte er gerade noch die Miete für seine winzige Frankfurter Wohnung, in der kaum mehr als Bett, Tisch und Stuhl standen, bezahlen. Seine gesamte persönliche Habe hatte in einem alten Wehrmachtsspind Platz. Es vergingen noch Jahre, ehe er von der Bundesrepublik wenigstens eine kleine Entschädigung für mehr als vier Jahre Sklavenarbeit erhielt. „Der Staat war ja zu arm, uns mehr als je 3000 DM auszuzahlen, er mußte ja zu viel für die Offizierspensionen aller Schattierungen auswerfen und tut es noch weiter", schrieb Peltzer sarkastisch.[147]

Eigenartigerweise rückten selbst treue Weggefährten von ihm ab. „Dr. Wyneken rät von der Wiederaufnahme des Verfahrens auch aus eigenem Interesse ab, da dann die Wickersdorfer Atmosphäre wieder zur Sprache käme. Und Dr. Brustmann ist dagegen, weil seine Beziehungen zu Heydrich und der Gestapo dabei auch wieder aufgedeckt würden, die seine eigene Entnazifizierung und Haftfreigabe solange verzögert haben."[148] Nur die Amlongs, Gerhard Obermüller, der 1949 als West-Berliner Chefredakteur des „Deutschen Sport-Echos" in Ost-Berlin geworden war, und der „Club der Alten Meister", dessen geistiges Oberhaupt der Hamburger Arzt Dr. Adolf Metzer war, hielten zu ihm.

Gehetzt und erschöpft? Oder waren es die magischen X-Strahlen am Kilometerstein 512 bei Darmstadt, wie Peltzer glaubte? Wie auch immer: Auf der Fahrt von Stuttgart nach Frankfurt stürzte er am 13. Oktober 1950 mit dem Motorrad, das seinen einzigen Luxus darstellte, an genau dieser Stelle. Mit einem Schädelbasisbruch und Rippenbrüchen wurde er ins Krankenhaus eingeliefert. Als man ihn Anfang 1951 wieder entließ, war er fest entschlossen auszuwandern. „Wenn ich doch nur ins Ausland käme und dort als Trainer noch vor den Olympischen Spielen wirken könnte. Hier in Deutschland habe ich ja nichts mehr zu erwarten, zumal Leute wie Pollmanns und Diem die Geschicke bestimmen."[149]

Bereits 1949 hatte er das Affidavit des „Comité international d'aide aux intellectuels", eines in Genf ansässigen Hilfskomitees für Intellektuelle, erhalten, um seine Auswanderung in die USA vorzubereiten. Letztendlich waren es jedoch seine im „Club der Alten Meister" organisierten Wegbegleiter aus der Leichtathletik-Nationalmannschaft der Weimarer Republik, die ihn bewogen hatten, seine Pläne noch einmal zu verschieben.

Eine Wende zum Besseren schien sich anzudeuten, als Peltzer Ende 1951 durch die Fürsprache seines ehemaligen Wickersdorfer Schülers, des Weitspringers Dr. Willi Meier, von der Chemisch-Pharmazeutischen Fabrik Dr. August Wolff als freier Mitarbeiter angestellt wurde. Diese Bielefelder Firma, die Meier in ihrer Wissenschaftlichen Abteilung beschäftigte, gab den „Alcina-Sport-Dienst" heraus, dessen Werbebeiträge die Einführung von Fabrikaten unterstützen sollten.

Verhängnisvolle Ehrenrunden

Die letzten Wunden waren noch nicht verheilt, als Peltzer in das Spannungsfeld der Politik geriet. Nachdem die Bundesrepublik 1950 in den internationalen Sport zurückgekehrt war, begehrte auch die DDR Einlaß. Das Internationale Olympische Komitee jedoch, das Hitlers letzten Reichssportführer Dr. Karl Ritter von Halt nach seiner Entlassung aus dem sowjetischen Internierungslager Buchenwald in Ehren wieder aufgenommen hatte, verweigerte dem am 22. April 1951 gegründeten Nationalen Olympischen Komitee der DDR die Anerkennung. Jedes Land – und die beiden deutschen Staaten wurden als solches betrachtet – könne nur ein NOK besitzen, lautete das Argument. Keine Einwände gab es hingegen im IOC, das Saarland als weiteres deutsches NOK zu akzeptieren.

Nachdem das Ziel, mit eigenen Olympiateams 1952 an den Start zu gehen, für die DDR unerreichbar blieb, unterschrieben ihre Abgesandten am 22. Mai 1951 in Lausanne eine Vereinbarung mit dem IOC-Exekutive, wonach DDR-Sportler in einer Mannschaft teilnehmen würden, für deren Aufstellung man das NOK für Deutschland als „alleinverantwortlich" bezeichnete. Doch wenige Tage später, am 27. Mai 1951, beschlossen der von Willi Daume geführte Deutsche Sportbund und das NOK-West in Bad Cannstadt ein „Spielvertragssystem". Damit wollte man den Sportverkehr zum Osten wegen der dort beobachteten politischen Agitation einschränken. Es fehlte auch nicht an Stimmen, die Beziehungen ganz abzubrechen.

Dieses „Spielvertragssystem" nahm die DDR zum Anlaß, die „Lausanner Vereinbarung" zuerst anzuzweifeln und dann am 2. September 1951 endgültig zu kündigen. Trotz des Wortbruchs, der Verstimmung hervorgerufen hatte, signalisierte das IOC weiter seine Bereitschaft, DDR-Athleten für die Olympischen Spiele von 1952 zuzulassen. Auf Veranlassung der IOC-Exekutive trafen sich die beiden deutschen NOK erstmals am 15. November 1951 in Kassel. Es wurde vereinbart, einen Arbeitsausschuß mit vier Vertretern des NOK-West und drei des NOK-Ost ins Leben zu rufen, der erstmals am 26. November 1951 in Hamburg zusammentreten sollte.

Wohl um sich in diesen bevorstehenden Verhandlungen auf den Druck der Basis berufen zu können, fand am 22. November 1951 in Mannheim eine von der KPD einberufene Sportkonferenz statt, die am nächsten Tag die Gründung eines „Komitees für Einheit und Freiheit im deutschen Sport" bekannt gab. Dieses vom Verfassungsschutz als „kommunistische Tarnorganisation" eingestufte Gremium verlangte in seinem Programm „Verhandlungen zwischen dem Deutschen Sportbund der Bundesrepublik und dem Deutschen Sportausschuß der Deutschen Demokratischen Republik zur Bildung von gesamtdeutschen Sport- und Arbeitsausschüssen, Festlegung eines planmäßigen Spiel- und Sportverkehrs, Durchführung von Meisterschaften und Aufstellung von Nationalmannschaften auf gesamtdeutscher Grundlage, Bildung eines einheitlichen Nationalen Olympischen Komitees (NOK), Unterstützung aller Bestrebungen, die der Wiedervereinigung Deutschlands förderlich sind."[150]

Galionsfigur des Komitees war die Autorennfahrer-Legende der 30er Jahre, Manfred von Brauchitsch, der zuvor schon dem westdeutschen Vorbereitungskomitee für die III. Weltfestspiele der Jugend und Studenten im Sommer 1951 in Ost-Berlin präsidiert hatte. Unter den Mitgliedern befanden sich eine Reihe liberal eingestellter, oft völlig unpolitischer Persönlichkeiten und solche mit durchaus klangvollen Namen wie der Olympiazweite im Ringen von 1932, Jean Földeak. Die organisatorischen Fäden freilich spannten die Funktionäre der KPD und des Deutschen Sportausschusses, von dem auch das Geld kam.

Während dem NOK-Ost daran lag, sich in Hamburg schnell über ein von ihm in Kassel vorgelegtes 15-Punkte-Programm zu einigen, blieb das NOK-West bei seiner Linie: zuerst Rücknahme der Kündigung der „Lausanner Vereinbarung", dann Verhandlungen – womit diese wieder einmal festgefahren waren. Der nächste Termin, am 9. Dezember 1951 in Ost-Berlin, wurde vom Westen abgesagt; eine letzte Chance vergab der Osten am 8. Februar 1952 in Kopenhagen aufgrund der Unerfahrenheit seiner Vertreter und der mißglückten Reiseorganisation.[151]

Als Bundeskanzler Konrad Adenauer am 27. Mai 1952 den Generalvertrag unterschrieb, womit die Westintegration der Bundesrepublik besiegelt wurde, tagte in Leipzig gerade das IV. Parlament des SED-Nachwuchses, der Freien Deutschen Jugend (FDJ). Dort kündigte SED-Chef Walter Ulbricht als Antwort an, daß die DDR nun „ihren eigenen Weg" gehen werde, was er mit einem Aufmarsch bewaffneter Einheiten untermauern ließ. Seine Forderung, auch die Sportler zu mobilisieren, wurde noch in Leipzig bei einer Leichtathletikveranstaltung zum Ende des FDJ-Parlaments demonstrativ erfüllt: Vor dem Start zum 5000-m-Lauf, an dem auch die „Prager Lokomotive" Emil Zátopek teilnahm, erhielt der Solinger Heiner Braun das DDR-Nationaltrikot überreicht. Für seinen Übertritt in die DDR nannte er einen ungewöhnlichen Grund: „Wegen der schlechten Lebensverhältnisse in Westdeutschland."[152] Zur gleichen Zeit flüchteten gerade Zehntausende aus der DDR in den „goldenen" Westen.

Und noch einer wurde als „Friedenskämpfer" von den 30 000 FDJlern stürmisch begrüßt: Peltzer, offiziell eingeladen von Gerda Harbig, der Witwe des gefallenen Weltrekordläufers, absolvierte im rekonstruierten Bruno-Plache-Stadion eine begeistert beklatschte Ehrenrunde. Ein Erlebnis, das Peltzer lange entbehrt hatte.

Am 31. August 1952 nahm Peltzer in Dortmund an einem „Treffen der jungen Generation" teil, das gemeinsam von der FDJ und dem „Komitee zur Einheit und Freiheit im deutschen Sport" veranstaltet wurde. Peltzer hätte seinen Vortrag über die Olympischen Spiele in Helsinki, bei denen er Gast von Paavo Nurmi gewesen war, auch bei jeder Veranstaltung der Deutschen Olympischen Gesellschaft halten können – hochpolitisch war er sicher nicht. Aber Peltzer galt nun schon allein durch seine Zugehörigkeit zum Brauchitsch-Komitee bei vielen als „Verräter"; die Angriffe verschärften sich gegen ihn.

Auch Dr. August Wolff, sein Arbeitgeber, war mißtrauisch geworden, nachdem ein Beamter aus dem Ruhrgebiet bei einer Werksbesichtigung sein Befremden darüber ausgedrückt hatte, daß die Firma einen Mann beschäftige, „der doch eigentlich ins Zuchthaus gehört" und zu Unrecht weiter seinen Doktortitel führe, der ihm doch aberkannt worden war.[153] Daraufhin entschloß sich Ernst van Aaken zu einem ungewöhnlichen Schritt: Er gab ein notariell beglaubigtes Zeugnis in Auftrag, in dem er Peltzers

Leidensgeschichte im „Dritten Reich" dokumentieren ließ und mit dem er ihm einen juristisch unanfechtbaren Leumund verschaffen wollte. Für den Moment half das sogar.

Am 21. September 1952 beschloß der DSB in Oberwesel, ab sofort den innerdeutschen Sportverkehr abzubrechen. Begründet wurde dieser Schritt damit, daß westdeutschen und West-Berliner Sportlern bei Reisen in die DDR Formulare mit Fragen politischen Inhalts vorgelegt worden wären. Um den Boykott zu durchbrechen und westdeutsche Athleten für das bevorstehende Rudolf-Harbig-Gedenksportfest am 28. September im Ost-Berliner Neuen Stadion (später „Friedrich-Ludwig-Jahn-Sportpark") anzuwerben, reiste NOK-Präsident Kurt Edel nach Krefeld. Dort wurde er im Hotel verhaftet und – da er nur über eine Aufenthaltserlaubnis für Leverkusen verfügte – aufgefordert, das Krefelder Stadtgebiet sofort zu verlassen.

Lediglich ein Athlet, der Hochsprungmeister von 1950, Dieter Hoppenrath, folgte dem Lockruf, wobei er von Peltzer, der ihn 1949 nach Krefeld geholt hatte, begleitet wurde. Gerda Harbig, die auch Mitglied des NOK der DDR war, hatte Peltzer kurzfristig telegrafisch eingeladen. Trotz des sportpolitisch mageren Ergebnisses schlug die Unbotmäßigkeit der beiden im Westen wie eine Bombe ein. Gegen Hoppenrath, der ohne Genehmigung seines Vereins gestartet war, wurde auf der Stelle ein Verfahren eingeleitet. Der DLV-Rechtsausschuß sperrte ihn am 12. November 1952 für ein Jahr.

Schwieriger war die Rechtslage bei Peltzer, der in Ost-Berlin ja keinen Wettkampf bestritten, sondern nur für seinen „Schaulauf" gefeiert worden war und dessen Suspendierung von 1950 im Übrigen noch immer andauerte. Ungeachtet dessen leitete der DLV gegen ihn ein neues Verfahren ein, das von Danz in einem Brief an Peltzer begründet wurde: „In dem Augenblick, wo du auf der Aschenbahn eine Ehrenrunde gelaufen hast, warst Du nicht mehr Privatmann und ‚Nur-Zuschauer' in Berlin."[154]

Während Klaus Ullrich im SED-Zentralorgan „Neues Deutschland" hoffte, daß „der faschistische Terror, mit dem die reaktionären westdeutschen Sportführer gegen alle Sportler, die für gesamtdeutschen Sportverkehr eintreten, vorgehen", demnächst „unweigerlich die Sportler aller Welt auf den Plan rufen"[155] würde, keilte die westdeutsche Presse zurück. Seinen schärfsten Gegner besaß Peltzer im DLV-Pressewart Valentin Reisdorf, der der Redaktion der in Frankfurt/Main erscheinenden „Neuen Zeitung" angehörte. Er unterstellte Peltzer in einem Zeitungsbeitrag „krankhafte Geltungssucht". Es hätte ihm keine Ruhe gelassen, so Reisdorf, daß Paavo Nurmi in diesem Jahr im Olympiastadion von Helsinki als letzter Träger der olympischen Flamme gefeiert worden sei und daß sich Peltzer aus diesem Grunde als „Fackelträger der gesamtdeutschen Verständigung östlicher Prägung" sehen würde. Selbst das Schicksal von Peltzers Familie mußte herhalten, um ihm mangelndes Ehrgefühl zu unterstellen. „Es wird schwerfallen etwas wiederherzustellen, was nie vorhanden war", schrieb das Blatt.[156]

Unveröffentlicht jedoch blieb Peltzers Entgegnung, in der es hieß: „Man meint, ich müßte Rachegefühle dafür hegen. Genauso könnte man annehmen, daß alle diejenigen, die ein Opfer des westlichen Bombenterrors wurden, nun Rachegefühle gegen die Angehörigen der westlichen Staaten hegen dürften. Mit solchen Rachegefühlen würden wir keine friedliche Welt aufbauen, sondern nur noch größeres Elend über unser Volk bringen. Je schwerer jemand durch den Krieg gelitten hat, umso mehr gilt sein Wort für die Verständigung. Gerade darum habe ich mich berufen gefühlt, meine Stimme zur Verständigung zu erheben. Und ich verlange trotz schwerster eigener Schädigung, daß man das Unglück der Vergangenheit nicht nachtragend unseren Nachbarn in Ost und West vorwirft, sondern ein Ende macht mit jedem Rachegefühl und jeder Wiedervergeltung."[157]

Der DLV-Rechtsausschuß stellte das Verfahren gegen Peltzer schließlich ein, ohne ihn aber zu rehabilitieren. Folgenschwerer war die Reaktion seines Bielefelder Arbeitgebers, der ihn nach seiner Rückkehr aus der DDR, wo er am 14. Oktober 1952 auch an der zentralen Jahn-Ehrung teilgenommen und in Freyburg/Unstrut am Grab des „Turnvaters" einen Kranz niedergelegt hatte, fristlos entließ. „Wegen falscher Angaben", wie die Begründung der Firma August Wolff hieß. Zwei Monate später trafen sich Vertreter des Deutschen Sportbundes (West) und des Deutschen Sportausschusses (Ost). In dem anschließend veröffentlichten Kommuniqué hieß es: „Sie bedauern, daß es zum Abbruch der sportlichen Beziehungen gekommen ist. Eine eingehende Aussprache über die Gründe, die dem Deutschen Sportbund Veranlassung gegeben haben, den Sportverkehr mit den Sektionen der DDR zu unterbrechen, hat ergeben, daß Mißverständnisse bestanden haben und daß in Zukunft Meinungsverschiedenheiten durch Verhandlungen geklärt werden sollen. Damit ist die Möglichkeit gegeben, die sportliche Zusammenarbeit wiederaufzunehmen. Die Beschlüsse von Oberwesel werden außer Kraft gesetzt."[158]

„Umkämpftes Leben"

Während im Westen der Schleier des Vergessens über ihn ausgebreitet wurde, sank Peltzer in die Arme des Ostens, der sich darum bemühte, „eine gemeinsame Plattform aller patriotischen Kräfte in der DDR und in Westdeutschland für den Kampf gegen die Remilitarisierung Westdeutschlands, für einen Friedensvertrag und für gesamtdeutsche Wahlen" zu schaffen.[159] Freilich lief das auf eine Instrumentalisierung zugunsten der DDR hinaus.

Allerdings wuchs damals weltweit die Sorge über die aggressive Politik der Supermächte, über ihr Wettrüsten und die drohende Gefahr eines Atombombenkrieges. Nicht von ungefähr hatten selbst sehr honorige und prominente Persönlichkeiten des Westens, die Moskau kritisch bis ablehnend gegenüberstanden, den „Stockholmer Appell", der das Verbot aller Kernwaffen forderte, unterzeichnet. Dieser war im März 1950 vom kommunistisch gelenkten Weltfriedensrat verabschiedet worden, der für Ende 1952 einen „Völkerkongreß für den Frieden" in das Konzerthaus von Wien einberufen hatte. Unter dem Vorsitz des französischen Kernphysikers Frédéric Joliot-Curie, der 1951 Präsident des Weltfriedensrates geworden war, diskutierten hier eine Woche lang 1627 Delegierte aus 85 Ländern die Frage, wie ein dritter Weltkrieg abgewendet werden könnte. Im Präsidium sah man Schriftsteller wie Jean-Paul Sartre, Ilja Ehrenburg, Howard Fast und Anna Seghers, Wissenschaftler wie den Physiker John Bernal oder Politiker wie den deutschen Altreichskanzler Joseph Wirth. Und im Auditorium saßen Sportler wie der dreifache tschechoslowakische Olympiasieger von Helsinki, Emil Zátopek, und Ungarns berühmter Fußball-Mittelstürmer Ferenc Puskás. Als Vorsitzender des Groß-Berliner Friedenskomitees war der spätere DDR-Regimekritiker Robert Havemann nach Wien gereist. Zu den Vertretern der westdeutschen Friedensbewegung zählte auch Peltzer, der sich in Wien als „ehemaliger Kriegsdienstverweigerer" legitimierte.

Was Peltzer in der Bundesrepublik nicht gelungen war, glückte in Ost-Berlin. So wie der Rostocker Hinstorff-Verlag als Auffangbecken für Intellektuelle diente, war das der „Verlag der Nation" für die „bürgerlichen Patrioten", zu denen – getreu der Tradition des „Nationalkomitees ‚Freies Deutschland'" – sich auch ehemalige Offiziere und Nazis rechnen durften, wenn sie ihrer Vergangenheit abschworen. Verlagsdirektor war der Schriftsteller Günter Hofé, ein ehemaliger Wehrmachtsmajor, der sich bereit erklärte, Peltzers Autobiographie zu veröffentlichen. Eingefädelt hatte das

Ganze Kurt Edel, der ostdeutsche NOK-Präsident, ein zwar nicht für die harte Politik geschaffener, aber grundanständiger, feiner Mensch. Als ehemaliger 400- und 800-m-Läufer von Klasse sah er „Otto den Seltsamen" zudem noch mit besonderen Augen.

Peltzer gab seinem Buch den Titel „Umkämpftes Leben. Sportjahre zwischen Nurmi und Zatopek". Wie ein Wilder hatte er seit 1953 daran gearbeitet und am Ende doch noch 200 Manuskriptseiten streichen müssen. Es erschien endlich Mitte 1955; das Vorwort stammte von Ernst van Aaken. „Mit seinem Kampf gegen die Trägheit des Leibes und Geistes schuf er eine vorbildliche Synthese von Körper und Geist", bescheinigte er dem Autor.

Das Buch war in der DDR schon deswegen eine Besonderheit, weil es nicht den Arbeiter-, sondern den bürgerlichen Sport schilderte, der mit Hitlers Reich untergegangen sein sollte. Zum ersten und einzigen Mal erfuhr der Leser etwas über Vereine wie „Preußen" Stettin, deren ehemalige Mitglieder sich im Westen zu ihrem jährlichen Traditionssportfest trafen und die dafür durch die DDR-Propaganda als „Revanchisten" geschmäht wurden.

Sein Autorenhonorar sicherte Peltzer das Überleben. Trotz einer Auflage von 50 000 Exemplaren klagte er aber: „Das Buch geht wegen fehlender Werbung nicht so gut, wie ich gehofft hatte, so daß die Neuauflage ... leider erst im Frühjahr oder Sommer 56 herauskommen kann."[160] Heimisch wurde er in der DDR nicht; eine Distanz blieb. „Wenn der Otto dann den Blumenstrauß kriegt, muß ihn unbedingt ein Junge und kein Mädchen überreichen ...", witzelte man in Leichtathletikkreisen. Nein, der „Homo", wie er hinter vorgehaltener Hand bezeichnet wurde, war vielen nicht geheuer. Auch mit der von Peltzer vertretenen Ausdauermethode, an der er seit Ende der 40er Jahre mit van Aaken getüftelt hatte, konnten viele Trainer damals nichts anfangen. Sie waren noch völlig auf die Freiburger Schule von Gerschler/Reindell eingeschworen. Es mußte erst ein Arthur Lydiard mit den Erfolgen seiner Neuseeländer kommen, um sie vom Gegenteil zu überzeugen.

IX. „Neue Sichten"

„1956: *Chinareise, Australien, Indonesien – Indien – Baghdad – Tokio – Korea, Malaysia, Indien. Erlebnisniederschriften.*"

Kaum ist „Väterchen" Stalin in die Hölle abgefahren, erlebt Moskau Ende Januar '56 ein kurzes Tauwetter, das Denkmäler schmelzen läßt. Doch der Frost kehrt bald zurück. Erst mit Eis und Schnee – dieser Februar ist der kälteste seit 200 Jahren –, dann nochmals mit einer politischen Kältewelle im November. Sowjetische Panzerketten zermalmen den ungarischen Volksaufstand, während Briten und Franzosen am Suezkanal „Kanonenboot-Politik" betreiben.

In Australien beginnt indessen der Sommer. Das festlich geschmückte Melbourne erwartet die „Jugend der Welt" zu den Olympischen Spielen, über die 800 Journalisten berichten wollen. Unter all den Mitteilungen im Pressezentrum hängt ein maschinegeschriebener Zettel: „Wer sucht Trainer! Dr. Otto Peltzer, Schriftsteller und Soziologe, Experte in Sportmedizin, -Technik, -Erziehung, Olympionike, ehemaliger Weltrekordläufer".

*

Am 18. November 1956, 17.10 Uhr, flog Peltzer mit einer KLM-Maschine ab Frankfurt/Main nach Australien; offiziell – mit einem Presseausweis der „Heilbronner Stimme" und des Nürnberger „Sport-Magazin" in der Tasche –, um von den Olympischen Spielen in Melbourne zu berichten. Niemand außer seinen engsten Freunden wußte, daß es ein Abschied für lange sein würde.

Denn wieder war Peltzer auf der Flucht. Das Verhängnis hatte auch einen Namen – und hieß Norbert. Der junge Mann aus Ost-Berlin war von der Polizei auf dem Frankfurter Hauptbahnhof aufgegriffen und eingehend nach seinem Woher und Wohin befragt worden. Daraufhin hatte er angegeben, auf Dr. Peltzer zu warten. Daß Ermittlungen gegen ihn im Gange waren, erfuhr Peltzer von Jörg Amlong, dem Sohn seiner alten Freunde Lilli und Gerhard. Der wiederum hatte diesen Tip von einem Freund, der bei der Justiz beschäftigt war.

Während die DDR in ihrer Gesetzgebung des § 175 auf den Stand von vor 1935 zurückkehrte, aber den Betroffenen die Anerkennung als „Opfer des Faschismus" verweigerte und das ganze Problem als Laster der Bourgeoisie und damit als erledigt abtat, behielt die Bundesrepublik die NS-Gesetzgebung bei. Das Bundesverfassungsgericht entschied 1957, daß diese „ordnungsgemäß zustande gekommen" und nicht „in dem Maße nationalsozialistisch geprägtes Recht" gewesen sei, „daß (ihnen) in einem freiheitlich-demokratischen Staate die Geltung versagt werden müsse".[161]

Nachdem es in der Adenauer-Ära bereits zu einer der intensivsten Phasen der Schwulenverfolgung gekommen war, schuf man zusätzlich noch den § 182, der die „Beleidigung mittels einer Tätigkeit" – die Hand auf dem falschen Knie oder Po genügte – bestrafte.

Ein besonderer Eifer wurde in Frankfurt am Main entwickelt, wobei man dort auch die personelle Kontinuität wahrte. In den Augen des Staatsanwaltes, der seine Berufserfahrungen im „Dritten Reich" gesammelt hatte, war Peltzer ein einschlägig vorbestrafter Kinderschänder.[162]

Doch Peltzer hatte sich schon viel zu sehr von seinem Heimatland entfernt, um jetzt noch den Gang der Dinge abzuwarten. Er löste seine kleine Wohnung auf und verstaute seine ganze Habe in zwei Koffern, die er nach West-Berlin schaffte. Obermüllers sollten sie bis zu seiner Rückkehr für ihn aufbewahren. Den Geschmack am Reisen hatte er schon im Sommer wiedergefunden, als er – durch Vermittlung der DDR-Leichtathletiksektion – zu einem Trainingslehrgang in die Volksrepublik China eingeladen worden war. Peltzer wäre gern länger geblieben, doch auch Maos Riesenreich hatte auf Dauer keine Verwendung für ihn.

„Kein harmloser Mensch"

„Menschsein ist alles!" – unter diese Losung stellte Peltzer sein „Reisetagebuch 1957/58". Auf dem Innendeckel notierte er sich Literatur, die er lesen wollte: „Wasserräder am Euphrat", „Vom Pfauenthron zum Dach der Welt", „Wenn es 12 schlägt in Kabul", „Die Kalten und die Sanften". Seine Aufzeichnungen begann er in Brisbane, wo er an seine australischen Erfahrungen von 1929/30 anknüpfte. Er nahm Kontakte zu den verschiedenen deutschen Clubs und Vereinen auf, die ihn als Vortragsredner einluden, so daß er seine Reisekasse aufbessern konnte. Von seinem Auftreten und seiner Aktivität durchaus angetan, schrieb daraufhin die deutsche Botschaft in

Canberra einen wohlwollenden Bericht an das Auswärtige Amt, in dem Diems ehemaliger Adlatus, Werner Klingeberg, gerade Referent für Körpererziehung geworden war. Wegen Peltzer richtete Klingeberg, der sich zuvor vier Jahre an der Gesandtschaft in Stockholm aufgehalten hatte, eine Anfrage an das Bundesinnenministerium. Dort saß mit dem für Sport zuständigen Staatssekretär Dr. Hans Ritter von Lex ebenfalls ein alter Widersacher Peltzers.

Während Klingeberg 1932 Diems Sekretär im Deutschen Olympischen Ausschuß gewesen war und dann im Organisationskomitee für die Olympischen Spiele von Berlin 1936 die Sportabteilung geleitet hatte, wirkte Oberregierungsrat Ritter von Lex im „Dritten Reich" als verantwortlicher Sportreferent im Reichsinnenministerium.

Lex beauftragte nunmehr das Bundesamt für Verfassungsschutz, den Bericht aus Canberra zu überprüfen, worauf dieses detailliert Peltzers Kontakte in den Ostblock und die Reisen der letzten Jahre auflistete. Das Fazit lautete: „Die Meinung der Botschaft in Canberra, es handele sich bei P. um einen harmlosen Menschen, wird vom BfV nicht geteilt, da Dr. PELTZER mehrere Jahre, wie oben ausgeführt, in verschiedenen kommunistischen Hilfsorganisationen aktiv tätig war. Ob er diese Tätigkeit nur aus übertriebenem Geltungsbewußtsein ausübte, ist dem BfV nicht bekannt."[163]

Peltzer indes hatte Australien längst verlassen, nachdem er sich vergeblich darum bemüht hatte, als Trainer angestellt zu werden. Seine nächsten Stationen waren Indonesien, Indien und Pakistan, wo er für kurze Übungslehrgänge engagiert wurde, die ihm immerhin Empfehlungen der jeweiligen Sportbehörden einbrachten. Mit diesen Referenzen machte er Eindruck, als er sich im November 1957 in Teheran vorstellte. Tatsächlich benötigte der Iranische Leichtathletikverband einen Trainer und schloß mit ihm einen Vertrag über ein Jahr.

Ganz ohne Argwohn suchte Peltzer die (west-)deutsche Botschaft in Teheran auf, wo man pikiert darauf reagierte, daß die Iraner vor Vertragsabschluß keine Auskünfte über Peltzer eingeholt hatten. Daraufhin entschied sich der Kulturreferent, bei Carl Diem, der ihm bekannt war, eine Beurteilung anzufordern. Sie ließ nicht lange auf sich warten: „P. gehört zu den ausgezeichneten Läufern, die leider menschlich sehr schwierig sind, und so war er eigentlich für mich immer eine Persönlichkeit, der gegenüber ich meine Bedenken gehabt habe. Ich meine damit nicht nur die sehr peinlichen Vorkommnisse, die ihn ja auch vor Gericht gebracht haben – in den

Lebensläufen, die er seinerzeit den Alliierten Beratungsstellen einreichte, hat er diese Angelegenheit nicht mit erörtert –, sondern ich meine, daß er doch ein Monomane des Sports ist und auf die Dauer auch als Lehrer keinen Erfolg haben wird. Zudem besteht der Verdacht, daß er sich stark mit den sowjetzonalen Sportstellen eingelassen hat, sonst wäre er nicht von diesen oder durch ihre Vermittlung nach China geschickt worden. Ich selbst bin mit seinen Angelegenheiten öfters befaßt worden, als mir lieb war, denn in früherer Zeit ist er zusammen mit einem Freund auf Sportreisen gegangen und hat dann jeweils erwartet, daß die Gesandtschaften und Konsulate für seine Finanzierung sorgen. Ich fürchte, wir tun dem General Izad Panah keinen guten Dienst, wenn wir P. empfehlen, – er mag sich ja selbst entscheiden."[164]

Nachdem Diem eine Kopie seines Schreibens an Klingeberg weitergereicht hatte, veranlaßte dieser einen weiteren Brief an die Teheraner Botschaft, in dem das Auswärtige Amt die Anstellung Peltzers durch die Iraner mißbilligte: „Auf Grund bisheriger Erfahrungen ist nicht ausgeschlossen, daß auch im dortigen Tätigkeitsbereich von Herrn Dr. Peltzer nach einiger Zeit Schwierigkeiten auftreten werden. Die Beurteilung, die der Rektor der Sporthochschule Köln, Herr Professor Dr. Diem dem Kulturreferenten der Botschaft mitteilte, entspricht den hiesigen Erfahrungen. Zur vertraulichen Kenntnis wird der Botschaft folgende Äußerung des Bundesamtes für Verfassungsschutz mitgeteilt: ...". Es folgte das Dossier – im Wortlaut.[165]

Der Kulturreferent fand Diems Beurteilung zwar hart, pflichtete ihr aber eifrig bei und meldete nach Bonn: „Im ganzen gesehen macht Herr Dr. Peltzer den Eindruck eines Menschen, der aus einer früheren glänzenden Zeit nicht verstanden hat, sich in ein ruhiges Alter herüberzuretten."[166]

Diem und Klingeberg hatten richtig kalkuliert. Wenige Tage, nachdem die deutsche Botschaft die iranischen Sportbehörden konsultiert hatte, kündigten diese Peltzers Vertrag vorfristig. Am 1. April 1958 reiste Peltzer nach Bagdad ab und von dort nach Tokio zu den Asienspielen, um neue Kontakte zu knüpfen.

„ACH, ICH SOLLTE ZUFRIEDEN SEIN"

Seinem Kalender von 1959 hatte Otto Peltzer ein Motto des spanischen Philosophen Ortega y Gasset vorangestellt: „Sport ist kein Spaß, sondern Anstrengung und deshalb ein Bruder der Arbeit." Den 1. Januar begann er mit dem Stoßseufzer „Wie Weihnachten ohne jede Feier" und einer bangen Frage: „Was wird das Jahr an Freuden und an Enttäuschungen bringen? Ich fürchte mehr die Enttäuschungen, denn Indien mit seinen rivalisierenden, eifersüchtigen ... Menschen ist kein Platz für Anerkennung und Erfolge. Was ich in Mahableshwan täglich leiste mit Vorlesungen und praktischem Training, würde ein anderer nicht tun. Bezahlung nicht $^1/_{10}$ dessen, was andere fordern würden. Die Landschaft, die Lernfreudigkeit, die gute Kost und Organisationshilfe Mr. Wades sind die guten Seiten dieses Platzes ... Interessante Personen als Gäste, abends manchmal europäische Musik, ach, ich sollte zufrieden sein."[167]

Aus Delhi meldete die bundesdeutsche Botschaft nach Bonn: „Seit Juli ds. Jhs. hält sich der wohlbekannte deutsche Sportler und Sportlehrer Dr. Otto Peltzer in Indien auf." Er sei für acht Monate verpflichtet, hieß es, an der Universität Delhi, in Jullundur, Aligarh, Patiala und anderen Orten Vorlesungen zu halten und Trainingskurse abzuhalten. „Dr. Peltzers Anwesenheit und Lehrtätigkeit hat eine auffallend günstige und rege Anteilnahme in der indischen Presse gefunden (Anlagen). Man rühmt seine sportliche Karriere in den zwanziger Jahren, seine sechs Weltrekorde, seinen Sieg über Nurmi und vor allem natürlich seine großen pädagogischen Fähigkeiten. Er arbeitet im Rahmen des ‚Rajkumari Amrit Kaur Scheme', einem von der früheren Gesundheitsministerin entworfenen und organisierten Sporterziehungsprogramm für die indischen Universitäten. Mit den finanziellen Bedingungen, auf die er sich eingelassen hat, ist Dr. Peltzer sehr unzufrieden. Offenbar haben die Inder, die hierfür einen untrüglichen Instinkt besitzen, bei den einleitenden Verhandlungen sofort bemerkt, daß sich Dr. P. in einer schwachen sozialen Position befindet und haben dies für sich ausgenutzt, wie es landesüblich ist", schrieb der Kulturreferent der Botschaft. Deshalb schlug er vor, Peltzer „in Anbetracht seiner pädagogischen Leistungen, die zur Hebung des deutschen Ansehens in Indien beitragen", eine einmalige Beihilfe von 1000 DM zu gewähren.[168]

Klingeberg benötigte einige Wochen, um die Niederlage zu verdauen. Anfang 1959 meldete er sich beim Bundesminister des Innern und informierte über die Absicht des Auswärtigen Amtes, „die Vertretungen im Mittleren und Fernen Osten auf die Persönlichkeit des Herrn Dr. Peltzer aufmerksam zu machen".[169] Zum Monatsende erhielten zwölf Botschaften der Bundesrepublik Deutschland, sechs Gesandtschaften sowie ein Generalkonsulat in insgesamt 19 Ländern Asiens und Afrikas einen dreiseitigen

Erlaß des Auswärtigen Amtes, daß der durch den Mittleren und Fernen Osten reisende Dr. Otto Peltzer nicht unterstützt werden soll. „Die Auslandsvertretungen werden gebeten, bei Befürwortungen und Vermittlungen in den Gastländern zurückhaltend zu verfahren."[170] Es folgte Diems „zuverlässige Beurteilung, die dem Auswärtigen Amt vorliegt" sowie der Verfassungsschutzbericht von 1957, woraus sich für das AA ergab: „Auf Grund dieser Tatsachen wird gebeten, die Beratungen und Unterstützung von Herrn Dr. O. Peltzer auf das gebotene Mass zu beschränken. Von einer förmlichen Befürwortung bei Anfragen aus dem Gastland bitte ich abzusehen. Um Bericht über Auftauchen und Tätigkeit von Dr. O. Peltzer wird gebeten."[171]

Einen Rücklauf gab es jedoch nur aus Delhi, nämlich daß seit Mitte Januar 1959 der Aufenthaltsort von Dr. Peltzer unbekannt sei. Im Übrigen hieß es: „Er ist während seines gesamten indischen Aufenthalts politisch keineswegs hervorgetreten, sondern hat sich lediglich seinen pädagogischen Aufgaben gewidmet."[172] Von seinem Antrag, Peltzer eine Beihilfe zu gewähren, trat der Kulturattaché der Botschaft aufgrund des Runderlasses zwar zurück, er schlug aber vor, die „bestehenden Forderungen von DM 799,86 niederzuschlagen, da es meines Erachtens kaum möglich sein wird, von ihm diese Summe einzuziehen"[173], ein Ansinnen, das von Klingeberg ebenfalls abgelehnt wurde.[174]

Peltzers Kalender von 1959 ist eng beschrieben. 6. März: „Barbar hilft, Korrekturen für das Buch schreiben.", 7. März: „nebenan wird gebaut, ab und an gebe ich Kindern etwas Brot. Stubenservant bittet um Geld für kranke Tochter. Jeden Tag wird meine dünne weiße Hündin zutraulicher, schläft unterm Bett." 8. März (Peltzers 59. Geburtstag): „Frühfahrt nach Bombay, Shitty am Bahnhof, Nightschoolsportfest. Sportground, wo ich 1930 mit Emton war, alter Funktionär erinnert. – Nachts kein Fahrzeug für mich." – 26. Mai: „Hitze", 27. Mai: „Sandsturm", 28. Mai: „Endlich etwas bessere Aussicht für Bleiben in Indien. Kurzer Brief, daß man Vertragsverlängerung wünscht."[175]

Seltsame werden weise

Die große Überraschung im Frühjahr 1960 war „der erstaunliche Milkha Singh", der in Köln trainierte. „Das morgendliche Lockerungstraining zeigt", so zitierte die Zeitschrift „Leichtathletik" einen Beobachter, „daß die Athleten in Indien unter guter Anleitung gearbeitet haben ... Er startete bereits bei den Olympischen Spielen in Melbourne, doch noch ohne Erfolg. In den Läufen gegen Carl Kaufmann und Manfred Kinder hat er seine indischen Zeiten bestätigt. Was wird Rom ihm einbringen?"[176]

Über ein Jahr davor berichtete Peltzer an van Aaken: „Indien steht am Anfang einer breiteren Sportbewegung und hat etwa den Stand erreicht, wie wir ihn in Deutschland nach dem ersten Weltkrieg hatten. Nur einige Dreispringer und der 400-m-Empire (und Tokyo Asien Games)-Sieger Milkha Singh ist (sic!) international von Bedeutung, leider aber charakterlich nicht fest genug und durch seinen Ruhm und seine Überlegenheit leichtsinnig geworden, so daß ich nicht weiß, ob ich ihn für Rom auf der Höhe halten kann (zumal ich ja meist im Lande vierwöchige Kurse gebe und ihn nicht ständig unter Aufsicht habe). Er lief unter meiner Betreuung vor einigen Wochen in Poona 46,3, konnte aber in der 4x400-m-Staffel nicht mehr als 15 m gegen einen 48-s-Läufer ... bei demselben Sportfest ... aufholen und erlitt dann einen Kollaps ... Er ist also leider (bisher) kein zweiter McKenley. Er trainiert zu wenig längere Strecken wie fast alle Inder ..."[177]

Dennoch machte Milkha Singh 1960 seinem „German Olympic Coach" bei den Olympischen Spielen alle Ehre. Singh belegte im 400-m-Finale den vierten Platz, wobei er die Bronzemedaille nur um eine Zehntelsekunde verpaßte. Von Olympiasieger Otis Davis (USA) und Silbermedaillengewinner und Mit-Weltrekordler Carl Kaufmann trennten ihn nur 0,7 Sekunden. Für Otto Peltzer war es trotzdem eine „Enttäuschung, aber vorhergesehene Niederlage in Rom".[178] Und Carl Diem fand: „An den Inder Singh denke ich nicht gerne. Hoffentlich habe ich nie wieder mit ihm zu tun. Außerdem ist er nicht der einzige, der den aktiven Sport zu Geldzwecken ausnutzt ..." Ansonsten schrieb er an Peltzer: „Ich wünsche Ihnen schöne Tage in Srinagar, das muß eine bezaubernde Gegend sein. Mit freundlichen Grüßen und allen guten Wünschen".[179]

Schöne Tage!? Seit Sommer 1959 arbeitete Peltzer mehr als neun Monate lang nahezu völlig auf sich gestellt und für ein Monatsgehalt von 533 Rupien, umgerechnet etwa dreißig englische Pfund, die ihm oft noch verspätet ausgezahlt wurden. Der Präsident des Indischen Leichtathletikverbandes, der Maharadscha von Patiala, lebte in einem Märchenpalast; der ständige „Wohnsitz" des Cheftrainers jedoch war das Nationalstadion in Delhi. Dort hauste Peltzer in einem primitiven Bretterverschlag. „Hitze", „Mücken", „45 Grad, nachts 35 Grad", „Angst vor Hunden", „Regen, Regen", "Regentage", so lauteten Eintragungen dieser Tage in seinem Kalender. Hier schrieb er sein siebtes Buch: DR. PELTZER'S EXTRACT of MODERN ATHLETIC SYSTEMS". Es erschien im Januar 1960 mit folgender Widmung: "Dedicated to the most sacred memory of BARON PIERRE DE COUBERTIN, The Father of Modern Olympic Games". Das Jahr 1960 endete mit einem Erfolgserlebnis. In seinem Tagebuch steht: "Nehru – Buch überreicht und Ideen geäußert, Hand geschüttelt."[180] Dreißig Jahre waren vergangen, seit Jawaharlal Nehru erstmals Peltzer eingeladen hatte, Indiens Leichtathleten zu trainieren.

Was Otto Peltzer in Indien eigentlich leistete, wurde den Deutschen erst klar, als die von Präsident Dr. Max Danz geleitete DLV-Mannschaft Ende Oktober 1962 in Indien zu einem Länderkampf antrat, den sie zu ihrer Überraschung verlor. Die Deutschen glaubten, so 400-m-Läufer Karl-Friedrich Haas, daß nach dem üblichen Punktsystem 5-3-2-1 gewertet werden würde. „Aber Dr. Otto Peltzer hatte sich da noch etwas einfallen lassen. Er ließ außer seiner A- auch noch eine B-Mannschaft gegen uns antreten. Damit lautete die Wertung 7-5-4-3-2-1. Vor allem wußten wir nie, wer aus welcher Mannschaft gegen uns lief. Kein Wunder, daß es plötzlich hieß, wir hätten den Länderkampf verloren; mit 10 Punkten. Bei Rechnung mit der üblichen Methode hätten wir mit 1 Punkt gewonnen (84:83). Dr. Peltzer hatte für Indien gewonnen, unter Ausnutzung aller Möglichkeiten."[181]

Drei Wochen später veröffentlichte Dr. Adolf Metzner in der „Zeit" einen Beitrag unter der Schlagzeile „Yogi mit Preußenadler", in dem er einleitend schrieb: „Die deutschen Leichtathleten sind von ihrer Indienfahrt zurückgekehrt. Eine ‚Traumreise' war es allerdings nicht. Über dem Himalaya peitschten die Schüsse der angreifenden Chinesen, das Land war in tiefer Unruhe, und die ausdörrende Glut der Sonne ließ die sportlichen Kämpfe für die Deutschen zur Qual werden. Hinzu kam der religiös gestimmte Kampfgeist der Sikhs, die von Otto Peltzer mit den modernsten Trainingsmethoden zu unvermuteten Leistungen geführt wurden. ‚Wer ist eigentlich dieser Dr. Peltzer, der wie ein Yogalehrer aussieht und jetzt in den Berichten öfter genannt wurde?' fragte mich ein jüngerer Redakteur, der sich im zeitgenössischen Sport gut auskennt. Ja, wer ist eigentlich dieser Dr. Peltzer?"[182]

Metzner schilderte daraufhin, wie er „Otto den Seltsamen" erlebt hatte. Er berichtete zuerst, wie Peltzer 1926 Nurmi den 1500-m-Weltrekord entrissen hatte, von seiner Promotion, und wie der 53jährige 1953 in einem

Lauf bei einem Sportfest des „Clubs der Alten Meister" im strömenden Regen seinen um vieles jüngeren Gegnern davongelaufen war. „Wir haben ihn damals sofort untersucht und das Auswurfvolumen seines Herzens bestimmt", schrieb der Arzt. „Es betrug 26 Liter Blut, die in der Minute in den großen Kreislauf gepumpt wurden. Eine Leistung, die bis dahin in der Sportmedizin in einem solchen Alter für unmöglich gehalten wurde."[183] Metzner zitierte einen französischen Literaten, der über Peltzer geschrieben hatte: „Er läuft wie ein Künstler, die anderen wie Maschinen", und er bescheinigte seiner Laufbesessenheit dämonische Züge. „Heute haust der einstige deutsche Meisterläufer im Stadion von New Delhi und lebt von den Gaben seiner Schüler. Sein ganzer Besitz, so erzählte mir vor einiger Zeit ein indischer Journalist, hat in einem kleinen Koffer Platz. Er leidet im Sommer unter der furchtbaren Hitze, besessen wie eh und je gibt er jedem Ratschläge, der sie haben will. Als ihm die indische Regierung nach den Olympischen Spielen in Rom als Anerkennungshonorar 1000 Rupien schenkte, stiftete er das Geld für die Opfer einer großen Flutkatastrophe. Die Inder verehren ihn wie einen ihrer großen Weisen."[184]

Die Zeiten ändern sich; Seltsame werden weise, Weise werden seltsam: „Dienstag bin ich zum Empfang Lübkes in die Botschaft geladen, mußte mir extra einen Smoking dafür bauen lassen, da es in diesem Fall ohne nicht geht."[185]

X. „Farewell, India!"

„*1963: Wende zur Sicherheit, kann in Indien bleiben, Idee eines Nationalen Youth Club, Gründung OYD, Play and Study, Meinungsverschiedenheiten, Happy Sikand – what a boy! – Herzattacken, Rücken-Tbc, Farewell India! Heimkehr nach über 11 Jahren.*"

Das Licht ist trübe, der heiße Sandsturm reizt die Bronchien. Ein Mann sitzt und tippt einen Brief: nicht einzeilig wie sonst, anderthalbzeilig – ein Privileg, das Lilli Amlong sich erstritten hat. „Aus der Schrift", hämmert Peltzer, „ersiehst Du, wie wenig auf dem Posten ich bin. Herzbeschwerden habe ich meist nachts, wohl vom Rauchen kommend, denn wenn ich niedersitze und englisch schreibe, geht eine Zigarette nach der andern in Betrieb (anders geht es eben nicht bei mir, schlechte Gewohnheit ist schwer in meinem Alter abzustellen). Ich brauche meine Energie für anderes, auf dem Sportplatz natürlich auch, um alles im Schwung zu halten, denn wenn ich nicht diese faulen Inder in Gang bringe, von allein tun sie kaum soviel, um ihre Körper zu erhalten, aber nichts, um sie zu verbessern, und selbst Milkha und Daljit oder Makhan wollen, daß ich dauernd nur nach ihnen schaue, und so bleibt nur wenig für die anderen, wenn ich nicht mit größter Konzentration alles überwache und in Gang halte, danach bin ich so fertig, dass ich oft zwei Stunden zur Erholung benötige."[186]

*

Nach einem internationalen Wettkampf in Delhi liefen einige elf- oder zwölfjährige Jungen zu Peltzer und baten ihn, sie zu trainieren. Jeder von ihnen war klein, dünn, schwarzhaarig, barfuß und zäh. Ihre Augen leuchteten vor Ehrgeiz.

Sie kamen täglich ins Nationalstadion und ließen sich nicht abweisen. Peltzer erlaubte ihnen, die Aschenbahn zu betreten – eine Runde, zwei Runden; er zeigte ihnen einen Tiefstart, wie man weitspringt und einen Ball richtig wirft. Eines Tages schleppten sie Holzstangen an, weil ihnen die Stabhochspringer so imponiert hatten. Von Peltzer lernten sie, wie man sich daran emporschwingt. Sie waren begeistert. Schließlich schlug er ihnen vor, gemeinsam einen Sportclub zu gründen, den Peltzer „Olympic Youth Delhi" (OYD) nannte.

Die Autoritäten in Patiala waren empört. Sich mit Straßenjungen abzugeben, gehöre nicht zu den Aufgaben eines Nationalcoaches. Dazu noch diese „unorthodoxen" Trainingsmethoden! Peltzer ließ seine Burschen Zehnkämpfe bestreiten, den Stabhochspringer schickte er zum Lauf, den Langstreckler zum Weitsprung, und Sonntagvormittags trafen sich alle im Park zum Crosslauf. Peltzer führte eine indische Jugendmeisterschaft über 300 m Hürden, im 1500-m-Hindernislauf und im Zehnkampf ein. Die Preise bezahlte er aus eigener Tasche. Und irgendwann begann er mit dem Handballspiel, nachdem ihm sein alter Stettiner Mannschaftskamerad Gerd Amlong die Regeln auf Englisch geschickt hatte.

Allerdings waren auch die Eltern der Jungen besorgt. Ihnen wäre es lieber gewesen, wenn der „Doc" ihre Kinder im Lesen und Schreiben unterrichtet hätte. Peltzer lud sie auf den Sportplatz ein und besuchte die Familien zu Hause. „Play and Study", lautete seine Devise. „Sie werden bessere Schüler sein, wenn sie ihr tägliches Pensum auf dem Sportplatz erledigen."[187] „Obwohl zur Zeit mit einigen Männern der Indischen Leichtathletik in heftigen Meinungsverschiedenheiten, will Dr. Peltzer an diesen begeisterten Jungen festhalten. ‚Wie könnte ich sie im Stich lassen? Sie hängen so an mir, weil ich sie die ersten Schritte auf der Aschenbahn lehrte, verlangen (sie), daß ich stets bei ihrem Training bin, immer persönlich helfe. Dauernd ruft es auf dem Sportplatz: ‚Doctor! See here!'"[188] Auch er selbst würde hinzulernen, behauptete Peltzer: „Dabei stellte ich fest, daß alle jungen Inder ihre eigenen Leistungen wie auch meine Lehrtätigkeit sehr kritisch betrachten und sich sowohl im Training als auch im Wettkampf unerhört konzentrieren können. Dabei sahen die meisten von ihnen noch nie einen großen Könner der Aschenbahn in einen Wettkampf gehen, aber sie benehmen sich schon wie diese. Ich meine das natürlich zur guten und positiven Seite hin."[189]

Otto Peltzer besaß eine klare Vision, wie man die indische Leichtathletik, die bisher keinen Nachwuchssport gekannt hatte, entwickeln müßte. Er suchte den Kontakt zur Modern School in der Bahakhamba Road gleich in der Nähe des Nationalstadions und überzeugte den Direktor, Vizepräsident des OYD zu werden. Das Präsidentenamt übernahm Professor Ranjit Bhatia vom St. Stephen's College. Sonntagabends – nach den Wettkämpfen – fuhr Peltzer mit dem Fahrrad in die Zeitungsredaktionen, um darum zu bitten, die Ergebnisse seiner Jungen zu veröffentlichen. „Sie werden sich noch mehr anstrengen, wenn sie ihre Namen gedruckt sehen."[190]

Bald waren es fünfzig Schützlinge, die er um sich versammelt hatte und die in Delhi nur „The Peltzer boys" genannt wurden, obwohl auch einige Mädchen unter ihnen waren. Wo sie auftauchten, gewannen sie. V.V. Ramani, ein Junge aus Madras, der als 12jähriger zu jener ersten Gruppe gehörte, mit der Peltzer begonnen hatte, war bald Indiens bester Junior im Stabhochsprung und im Zehnkampf. Mit 14 Jahren lief er die Meile in 4:38,2 min, wobei er Naveen Kamal schlug, der als 17jähriger alle indischen Jugendrekorde auf den Mittelstrecken und über 1500 m Hindernis hielt. 14jährig war Rupinder Singh, der auf der Meilenstrecke 4:38,6 min erreichte und der mit seinem Freund aus der Nachbarschaft, Ashish Roy, jeden Morgen vor Schulbeginn einen Lauf von sechs bis neun Kilometer Länge absolvierte. Erst 13 Jahre alt war Rakesh Upadhyaya, als er im Weitsprung auf 6,03 m kam. Und schließlich Happy Narinder Sikand, der als 16jähriger die 10 000 m in 34:28 min lief – „What a boy!" staunte Peltzer.[191]

Langsam wuchs in Indien das Verständnis für Peltzers Arbeit. So beschloß der Sport Council von Delhi, allen Medaillengewinnern der Jugendmeisterschaften jährliche Zuschüsse zwischen 200 und 600 Rupien zu zahlen, doch kaum einer der Jungen sah etwas von dem Geld. Sie mußten es zu Hause abliefern, wo die ganze Familie davon lebte. Auch in anderen Städten tat sich einiges. Der National Track Club in Madras, dessen Präsident Peltzer war, begann, nationale Schülermeisterschaften auszutragen.

„Don't worry. I'll be back"

Im September 1967 häufte sich in Peltzers Kalender die Eintragung „Irwin Hospital". Unter dem 11. September vermerkte er: „The glorious day". Daneben hatte er gekrakelt: „US-Kontrakt für 250 000 Dollar ausgeschlagen, dafür Telegramm an die Freie Schulgemeinde Wickersdorf geschickt."[192] Je schlechter es ihm ging, desto mehr lebte Peltzer in der Vergangenheit.

Mit einer schweren Herzattacke wurde er ins Krankenhaus eingeliefert, wo er eine schwere Krise durchmachte. Die Jungen schickten ihm Früchte, kleine Andenken und Briefe, in denen sie von ihren Fortschritten berichteten; doch nichts half. Der „Club der Alten Meister" erfuhr durch Peltzers Cousin Heinz Georg Radbruch vom Zustand des „Seltsamen", worauf Dr. Adolf Metzner und Franz Buthe-Pieper auf eigene Kosten nach Delhi reisten, um den alten Rebellen endlich nach Hause zu holen. Inzwischen war er zu schwach, um noch protestieren zu können. „Farewell Meet?" notierte er am 10. Dezember 1967.

An einem Sonntag fand sein Abschiedsmeeting auf dem Sportplatz der Modern School statt. Die Mitglieder des OYD versammelten sich vollständig; aus der ersten Generation der „Peltzer boys" waren junge Männer geworden. Viele hatten Tränen in den Augen. „Don't worry, I'll be back", lauteten die Abschiedsworte Peltzers, worauf er alle persönlichen Trophäen verteilte, die sich bei ihm angesammelt hatten. Die „Times of India" veröffentlichte am nächsten Tag einen Bericht mit der Schlagzeile: „The boys will miss their ‚Doc'".[193]

Am 14. Dezember 1967 traf Peltzer nach 18stündigem Flug und mehr als elfjähriger Abwesenheit in Frankfurt ein. Ein Ambulanzwagen erwarte-

„Delhi-Agra" - eine von Dr. Otto Peltzer organisierte Jugendstafette, bei der es in Strömen goß.

Training mit dem „Doc"

Nehru und der „German Olympic Coach" – Empfang aus Anlaß des Länderkampfes gegen die DLV-Mannschaft, der 1962 von den Indern gewonnen wurde. Im Hintergrund: DLV-Präsident Dr. Max Danz.

Rechts:
Verehrt wie ein Weiser

Nach dem „Dr.-Peltzer-Lauf" am Sonntagvormittag in Delhi. In der ersten Reihe Happy Sikand, der stolz seine Teilnahmeurkunde in die Kamera zeigt.

„The Peltzer boys"
V.V. Ramani,
Happy Sikand und
Rakesh Kumar im
September 1963 mit
dem „Doc"

Happy Sikand mit Familie,
Weihnachten 1998, Oxnard,
Kalifornien

te ihn auf dem Rollfeld. Seine Angina Pectoris wurde in Malente/Holstein behandelt, wo man ihm auch noch eine Niere entfernte. Geschwächt verbrachte er seinen 69. Geburtstag auf der Insel Djerba, allein, jedoch keineswegs einsam: „Zwei Kinder (Mädchen 4, Bube 6) brachten mir eine tunesische Porzellandose, wie mir die Eltern sagten, von ihren Ersparnissen gekauft; ich hatte ihnen beim Burgenbau öfters geholfen."[194]

Peltzers Sehnsucht, noch einmal nach Indien zurückzukehren, erfüllte sich nicht. Auch sein Ziel, eine indische Juniorenmannschaft zu einer Wettkampfreise in die Bundesrepublik zu holen, blieb unerreicht. Obwohl die Tournee seit 1964 mehrfach im Rahmen des deutsch-indischen Kulturaustausches angekündigt worden war, galt sie in Bonn als „nicht vordringlich"; von DLV-Präsident Max Danz wurde das Problem nicht angesprochen. Daraufhin bat Peltzer, dessen 70. Geburtstag von seinen Freunden im Hamburger „Haus des Sports" ausgerichtet worden war, von allen für ihn vorgesehenen Blumen und Geschenken abzusehen und das Geld stattdessen auf ein „Spendenkonto Indien" einzuzahlen. Trost kam aus Indien: Das Glück von „Father ‚Doc'" liege dort, wo Mahatma Gandhi geboren wurde, schrieb V.V. Ramani im Auftrage des „Delhi Schoolboy Team".[195]

Alle „Peltzer boys" träumten davon, an den Olympischen Spielen 1972 in München teilzunehmen. Natürlich auch Happy Sikand, der Kapitän des OYD-Teams, 19facher indischer Jugendmeister und zweiter Preisträger des Gandhi-Gedächtnis-Malwettbewerbs. Er wollte in München als Moderner Fünfkämpfer an den Start gehen. Um sich darauf vorbereiten zu können, sollte ihm aus dem „Indienfonds" die Ausbildung in der Bundesrepublik ermöglicht werden. Im Frühjahr 1970 traf er in Malente ein und gewann gleich zum Auftakt bei den Kreismeisterschaften im Waldlauf mit 130 m Vorsprung – barfuß, wie er es gewohnt war. Er wohnte in Malente bei seinem „Doc" im „Haus Carola".

Es war am 11. August 1970 auf dem Sportplatz Waldeck in Eutin, als Peltzer seinem Lieblingsschüler, der bei einem Abendsportfest die 1500 m lief, die Zwischenzeiten zurief. Danach ging er Richtung Parkplatz, um auf Happy zu warten. Später fand man Otto Peltzer auf einem Feldweg, tot – um seinen Hals hing noch die Stoppuhr.

1996, bei den Crossmeisterschaften von Schleswig-Holstein in Eutin, führte die Strecke genau über jene Stelle, auf der sein Herz zerbrochen war. *Die Idee hätte ihm sicher gut gefallen.*

Epilog

Vom Leben nicht verwöhnt, im Sterben verehrt. Der Tod von „Otto dem Seltsamen" stieß auf ein großes Medienecho. Alle brachten wohlwollende Nachrufe. Bei der Trauerfeier in Hamburg standen die „Alten Meister" Spalier, der DLV kondolierte ebenso wie der CSV Marathon 1910 Krefeld. Max Schmeling schickte mit einem Kranz „einen letzten Gruß". Die Urteile der Zeitzeugen, von denen die meisten schon nicht mehr leben, divergierten allerdings. „Emton" sah ihn rückblickend als „tragische Figur". Für Fritz Schilgen war er ein „Komödiant"; seiner Ansicht nach spielte er eine Rolle – „nämlich sich". Lilli Amlong, die ihm 1926 nach seinem Sieg über Nurmi ein Gedicht gewidmet hatte und ihn weit besser kannte, als alle annahmen, nannte ihn „interessant, klug und sehr lieb". Für sie war er kein „Seltsamer", sondern ein „Seltener" – das Urteil einer Frau.

Wieder andere beurteilten ihn als „zwiespältig und zerrissen", und manche meinten auch, derjenige würde nur Widerspruch ernten, der über ihn schreibt, denn ein Vorbild sei Otto Peltzer nicht! Vielleicht nicht, aber ein Mensch, na, immerhin.

Happy Sikand blieb noch fünf Jahre und konnte, dank der Unterstützung von Heinz Georg Radbruch, in Hamburg eine Ausbildung beenden. Er heiratete, zeugte zwei Kinder und ging mit seiner Familie in den Iran, wo er in die „Islamische Revolution" geriet. Auf der Flucht verlor er Peltzers Kamera, seine Stoppuhr und alle Unterlagen. Heute lebt er in Oxnard, Kalifornien, betreibt eine Tankstelle und sagt: „Alles, was ich bin, verdanke ich Dr. Otto Peltzer".

An den Olympischen Spielen nahm er nicht teil. Vertreten wurde er durch andere „Peltzer boys": Edward Sequeira über 5000 m und Sri Ram Singh über 800 m kamen jedoch 1972 in München nicht über ihre Vorläufe hinaus. Sri Ram Singh aber war nach seinem großen Idol Milkha Singh der erste indische Leichtathlet, der bis 1980 dreimal bei den Olympischen Spielen an den Start ging.

Der „Olympic Youth Delhi" wurde in „Otto Peltzer Memorial Athletic Club" umbenannt, und in Madras findet seit 1970 das „Dr. Otto Peltzer Cross Country Hill Race" statt. Auch das 5-km-„Training" am Sonntagmorgen wird weiter gepflegt – wer daran teilnehmen möchte, braucht in Delhi nur nach den „Otto-Peltzer-Läufen" zu fragen ...

ANMERKUNGEN

1. Willy Meisl, Sport am Scheideweg, Iris Verlag, Heidelberg, 1928, S. 48
2. Umkämpftes Leben. Sportjahre zwischen Nurmi und Zatopek, Verlag der Nation, Berlin, 1955, S. 20
3. Adolf Hitler, Mein Kampf, Eher-Verlag, München, 1925, S. 398
4. Otto Peltzer, Sport und Erziehung. Gedanken über eine Neugestaltung, Verlag der Greif, Walther Gericke, Wiesbaden, 1947, S. 64
5. Umkämpftes Leben, S. 44
6. „Personalangaben" bei seinem Eintritt in die SS, 22.10.1938, BDC
7. Umkämpftes Leben, S. 43
8. Ebenda, S. 45
9. Zitiert von Rolf Spaethen in: „Preußen-Nachrichten", 1.12.1970, „Totenrede für Otto Peltzer"
10. Leitsätze „Bund für deutsche Volkskraft", in: „Reichswacht", Heft 6/7, 1921, S. 32
11. Ebenda
12. Otto Peltzer, Das Verhältnis der Sozialpolitik zur Rassenhygiene, Inauguraldissertation, Staatswirtschaftliche Fakultät der Ludwig-Maximilians-Universität München, 1925
13. Ebenda, S. 235
14. Beurteilung von Zwiedineck-Südenhorst, Archiv der Ludwig-Maximilians-Universität München, M-Npr-SoSe 1925 Peltzer
15. Hans Hoske, Sonderlager im Arbeitsdienst als bevölkerungspolitische Notwendigkeit, in: „Gesundheit und Erziehung", Nr. 47, 1934, S. 273-281
16. Umkämpftes Leben, S. 70
17. Ebenda, S. 86
18. Ebenda, S. 100
19. „Start und Ziel", Nr. 3, 1926, S. 247
20. Ebenda
21. „Berliner Tageblatt", 11.9.1926
22. Ebenda, 12.9.1926
23. Ebenda, 12.9.1926
24. Ebenda, 14.9.1926
25. „Stettiner General-Anzeiger", 22.9.1926
26. Josef Waitzer, Willy Dörr (Hrsg.), Welt-Olympia 1928 in Wort und Bild, Verlag Conzett & Huber, Berlin, Stuttgart, Zürich, 1928, S. 65
27. Siemsen an Renée Vera Cafiero, Weihnachten 1943, in: „Capri", Zeitschrift für schwule Geschichte, November 1995, S. 46/47
28. Umkämpftes Leben, S. 113
29. Ebenda, S. 114
30. Thijs Maasen, Pädagogischer Eros. Gustav Wyneken und die Freie Schulgemeinde Wickersdorf, Verlag rosa Winkel, Berlin, o.J., S. 52
31. „Junge Menschen", Nr. 3, März 1926, S. 61. Schwule wurden damals als Invertierte bezeichnet. Für Hans Blüher waren nur die „Vollinvertierten" die „eigentlichen Heerführer der Jugend".
32. Ebenda, Nr. 11, S. 258
33. „Der Leichtathlet", 10.1.1927
34. Otto Peltzer (Hrsg.), Das Trainingsbuch des Leichtathleten, Verlegt bei Dieck & Co. in Stuttgart, 6. Auflage, 1928, S. 9
35. „Der Leichtathlet", 10.5.1927, S. 6
36. Ebenda
37. „Der Leichtathlet", Nr. 1/2, 1928, S. 11
38. „Der Leichtathlet", Nr. 11, 1928, S. 8
39. „Der Leichtathlet", Nr. 13, 1928, S. 4
40. „Der Leichtathlet", Nr. 22, 1928, S. 12
41. Peltzer, Sport und Erziehung, S. 91/92. Vgl. auch 98.
42. „Der Leichtathlet", Nr. 34, 1928, S. 9
43. „Der Leichtathlet", Nr. 51/52, 1928, S. 6
44. Umkämpftes Leben, S. 189
45. Carl Diem, Tagebuch Japanreise, CDI, S. 46
46. „Der Leichtathlet", Nr. 42/43, 1929, S. 3
47. Diem, Tagebuch Japanreise, S. 81
48. Ebenda, S. 95
49. Ebenda, S. 150
50. Sally Magnusson, The Flying Scotsman, Quartet Books, London, Melbourne, New York, 1981, S. 101
51. James McNeish, Ahnungslos in Berlin. Tagebuch einer Forschungsreise, LCB-Editionen, Berlin, 1983, S. 24
52. James McNeish, Lovelock, Hodder & Stoughton, Auckland, 1986
53. „Der Leichtathlet", Nr. 23, 1930, S. 11
54. Ebenda
55. „Der Leichtathlet", Nr. 27, 1930, S. 3
56. Ebenda

57 „Der Leichtathlet", Nr. 33, 1930, S. 3
58 Nachgedruckt in: „Der Leichtathlet", Nr. 12, 1928, S. 1
59 Interview mit Fritz Schilgen, 30.10.1998
60 Ebenda
61 Bericht über die Beteiligung Deutschlands an den X. Olympischen Spielen in Los Angeles und den III. Winterspielen in Lake Placid 1932, Deutscher Olympischer Ausschuß, S. 20
62 Liselott Diem, Leben als Herausforderung, Bd. 2, Briefe von Carl Diem an Liselott Diem 1924-1947, Verlag Hans Richarz, St. Augustin, 1986, S. 126
63 Carl Diem, Reisetagebuch Los Angeles, CDI, Köln, 3.8.1932
64 Umkämpftes Leben, S. 269. Peltzer wurde am 1. Mai 1933 in die NSDAP unter der Mitgliedsnummer 3 280 146 aufgenommen, eine Aushändigung der Mitgliedskarte wurde jedoch im Juni 1934 aus unbekannten Gründen - also lange vor Einleitung eines Ermittlungsverfahrens gegen ihn - verweigert. Aus der SS, wo er die Nr. 75534 besaß, wurde er nach seiner Verurteilung ausgestoßen und am 17. November 1936 in die Warnkartei aufgenommen. Siehe BDC, Personalakte Peltzer.
65 „Reichssportblatt", 5.8.1934, S. 693
66 „Reichssportblatt", 12.8.1934, S. 722
67 So die Erinnerung von Dieter Huhn (Berlin), der damals zu Peltzers Trainingsgruppe gehörte. Huhn war später u.a. Kinder- und Jugendsportwart des DDR-Leichtathletikverbandes.
68 Himmlers Rede vom 18.2.1937 vor SS-Gruppenführern in Bad Tölz, in: B.F. Smith und A.F. Peterson (Hrsg.), Heinrich Himmler, Geheimreden 1933-1945 und andere Ansprachen, Frankfurt/Main, Berlin, Wien, 1974
69 Henry Picker, Hitlers Tischgespräche, Ullstein Verlag, Frankfurt/Main, Berlin, 1993, S. 235
70 Himmlers Geheimerlaß zur Bekämpfung der Homosexualität und Abtreibung, 10.10.1936, in: Homosexualität in der NS-Zeit, herausgegeben von Günter Grau, Fischer Taschenbuch Verlag, Frankfurt/Main, 1993, S. 122
71 „Pariser Tageblatt", 20.6.1935
72 „Völkischer Beobachter", 26.6.1935
73 Strafsache gegen den Journalisten Dr. Otto Paul Eberhard Peltzer, Landgericht Berlin, 2.9.1935, VK
74 Ebenda
75 Peltzer an Dr. Horst Pelckmann, Frankfurt/Main, 8.6.1950, VK
76 Ebenda
77 Information von David Lowe, London (Sohn von Douglas Lowe)
78 Stellungnahme von Zwiedineck-Südenhorst an den Dekan der Staatswirtschaftlichen Fakultät der Universität München, 6.9.1935
79 Grau, Homosexualität in der NS-Zeit, S. 88
80 Strafsache gegen den Fachschriftsteller Otto Paul Eberhard Peltzer, Landgericht Berlin, 26.8.1936, VK
81 Beschwerde des Otto Peltzer wegen Entziehung des Dr.-Grades, Der Reichs- und Preußische Minister für Wissenschaft, Erziehung und Volksbildung, 11.6.1937, VK
82 Archiv der deutschen Jugendbewegung, Burg Ludwigstein, N Wyn 767
83 Richtlinien zur Bekämpfung der Homosexualität und der Abtreibung, Kriminalpolizeistelle Kassel, 11.5.1937, in: Grau, Homosexualität in der NS-Zeit, S. 129 ff.
84 Ausnahmeregelung für Schauspieler und Künstler, Erlaß Himmlers vom 29.10.1937, in: Grau, Homosexualität in der NS-Zeit, S. 179
85 SÄPO, Stockholm, Akte Peltzer
86 Ebenda. Nach Informationen von Viva Staehelin-Rhodin und Björn Rhodin.
87 Von Mengden an Auswärtiges Amt, Dr. Garben, 18.3.1940, Archiv AA, Ausbürgerungen 1941, R 100027
88 SÄPO-Archiv, Akte Peltzer
89 Peltzer an Deutsche Gesandtschaft, Stockholm, 24.5.1940, Archiv AA, Ausbürgerungen 1941, R 100027
90 SÄPO-Archiv, Akte Peltzer
91 Peltzer an das Deutsche Konsulat, Stockholm, 12.10.1940, Archiv AA, Ausbürgerungen 1941, R 100027
92 SÄPO-Archiv, Akte Peltzer
93 Aberkennung der deutschen Staatsangehörigkeit, 5.11.1940, Archiv AA, Aus-

bürgerungen 1941, R 100027
94 „Idrottsbladet", Otto Peltzer, „Lanzi bättre än Harbig!", 16.10.1940
95 AA an Chef der Sicherheitspolizei und des SD, 13.11.1940, Archiv AA, Ausbürgerungen 1941, R 100027
96 Telegramm Gesandtschaft Stockholm an AA, 7.2.1941, Archiv AA, Ausbürgerungen 1941, R 100027
97 Umkämpftes Leben, S. 317
98 „Reichssportblatt", 15.7.1941, S. 622
99 Umkämpftes Leben, S. 318
100 Peltzer an Ernst van Aaken, 1.1.1956, VK
101 Berg an Hajo Bernett, 11.4.1986, VK
102 Eine ausführliche Darstellung findet sich in: Florian Freund, Konzentrationslager Ebensee, Ein Außenlager des KZ Mauthausen, herausgegeben vom Dokumentationsarchiv des österreichischen Widerstandes, Wien, 1990
103 Archiv der Gedenkstätte Konzentrationslager Mauthausen B/5/49/9
104 Tagebuch Drahomír Bárta, Prag, 22.1.1945, zitiert in: Freund, Konzentrationslager Ebensee, S. 24
105 Umkämpftes Leben, S. 323
106 Beichte des Lagerkommandanten von Mauthausen SS-Standartenführer Franz Zieraus, Arbeitsgemeinschaft „Das Licht", o. J., S. 5
107 „Von Stockholm nach Mauthausen", Kriegszeitbericht über Dr. Peltzer von Dr. Karl Wittig, Frankfurt/Main, CDI
108 Prozeß vor dem Alliierten Militärgericht Dachau gegen die Wachmannschaften des KZ Mauthausen, Pelzer-Direct, National Archives, College Park, Maryland, S. 2345.
109 Ebenda, S. 2347 und 2351.
110 Trial of the Major War Criminals before the International Military Tribunal, Nuremberg, 14 November 1945 - 1 October 1946, Published at Nuremberg, Germany, 1948, XIV, S. 436
111 Das Gerücht war von linken Emigranten verbreitet worden, worauf Himmler energisch befahl, gegen die Verbreitung mit Sondergerichten vorzugehen.
112 Umkämpftes Leben, S. 326
113 Peltzer, Sport und Erziehung, S. 41
114 Diem an Gerda May, 25.7.1947, CDI
115 Diem an Peltzer, 13.5.1947, CDI
116 „Nouvelles de France", Deutsche Ausgabe, 14.8.1947
117 Peltzer, Sport und Erziehung, S. 185
118 Ebenda, S. 98/99
119 Ebenda, S. 73
120 Ebenda, S. 119
121 Ebenda, S. 33
122 Ebenda, S. 73
123 Ebenda, S. 25
124 Ebenda, S. 93 ff.
125 Ebenda, S. 21
126 Ebenda, S. 100
127 Otto Peltzer, Geistige Führung im Sport, 1947, VK
128 Peltzer an „Karl" (der Empfänger war nicht zu ermitteln!), 20.12.1947, VK. Der ehemalige Reichstrainer für Mittelstreckenlauf, Woldemar Gerschler, war jetzt Direktor des Instituts für Leibesübungen an der Freiburger Universität; Christian Busch, der Olympia-Inspekteur von 1936, wurde von der britischen Rheinarmee als Sportlehrer beschäftigt und trainierte deren Offiziere.
129 Diem an Werner Klingeberg, 24.1.1948, CDI
130 Rundbrief von Peltzer „Eindrücke aus der Sport-Schweiz", Juli 1947, CDI
131 Rundbrief von Peltzer, Zürich, Juni 1946 (richtig 1947), CDI
132 Ebenda
133 Van Aaken an Peltzer, 27.3.1947, VK
134 Margret Crisp, Das war van Aaken, Edition Spiridon, Hilden, 1984
135 Van Aaken an Peltzer, 16.3.1949, VK
136 Peltzer an Hans Geister, 29.11.1949, VK
137 „Welt am Sonntag", 12.2.1950
138 „Süddeutsche Zeitung", 21.2.1950
139 Leserbrief Prof. Dr. Dieterich an die „Süddeutsche Zeitung", 21.2.1950, VK
140 KTSV Preußen 1855 an den Oberbürgermeister von Krefeld, 18.3.1950, VK
141 Van Aaken, Ärztlich-psychologische Beurteilung Dr. Otto Peltzers, Waldniel, 2.4.1950, VK
142 Urteil des DLV-Rechtsausschusses, 21.4.1950, VK
143 Van Aaken an Dr. Max Danz, 17.6.1950, VK

Anmerkungen

144 Urteil des DLV-Rechtsausschusses, 21.4.1950, VK
145 Dr. Peter Vogel an Peltzer, 17.3.1950, VK
146 Van Aaken an Dr. Max Danz, 17.6.1950, VK
147 Peltzer an Lilli Amlong, 18.12.1958, VK
148 Peltzer an Rechtsanwalt Dr. Horst Pelckmann, 8.6.1950, VK
149 Peltzer an van Aaken, 12.12.1951, VK. Willi Pollmanns amtierte 1951/52 als Lehrwart des DLV und wurde 1952 Sportwart.
150 Programm des „Komitees für Einheit und Freiheit im deutschen Sport", VK
151 Die Besprechung mit der IOC-Exekutive sollte am 8. Februar 1952, um 10.30 Uhr, in Kopenhagen stattfinden. Die Abreise der DDR-Vertreter verzögerte sich, weil die dänischen Einreisevisa erst am Vortag erteilt wurden. Als die Delegation dann nach 19stündigem Flug über Prag um 15 Uhr in Kopenhagen eintraf, setzte die IOC-Exekutive eine letzte Frist bis um 18 Uhr. Als die DDR-Emissäre um 17.50 Uhr den Tagungsort erreichten, hatten die IOC-Mitglieder ihn jedoch bereits verlassen.
152 „Leichtathletik", 1. Juni-Heft 1952, S. 6
153 Peltzer an van Aaken, 18.12.1951, VK
154 Danz an Peltzer, 15.10.1952, VK
155 „Neues Deutschland", 14.11.1952
156 „Neue Zeitung", 21.11.1952
157 „Erklärung zu der Verleumdung der Neuen Zeitung", 21.11.1952, VK
158 Protokoll der Besprechung DSB/DSA am 12.12.1952, VK
159 10. Tagung des ZK der SED, 20.-22.11.1952, VK
160 Peltzer an van Aaken, 20.12.1955, VK
161 BVersGE 6, 389, 413 ff, 418
162 Nach Mitteilung der Staatsanwaltschaft beim Landgericht Frankfurt/Main vom 15.10.1998 wurde eine eventuell vorhanden gewesene Akte inzwischen vernichtet.
163 BfV an BMI, 12.6.1957, AA, Politisches Archiv, Ref. 604/IV5 (B 94)
164 Diem an Botschaft Teheran, 21.11.1957, Ebenda
165 AA an Botschaft Teheran, 11.3.1958, Ebenda
166 Botschaft Teheran an AA, 27.11.1957, Ebenda
167 Peltzer, Kalender 1959, 1. Januar, VK
168 Botschaft Delhi an AA, 12.11.1958, AA, Politisches Archiv, Ref. 604/IV5 (B 94)
169 Klingeberg an den Bundesminister des Innern, 5.1.1959, AA, Politisches Archiv, Ref. 604/IV5 (B 94)
170 Vertraulicher Erlaß, Dr. Weber, AA, 29.1.1959, AA, Politisches Archiv, Ref. 604/IV5 (B 94)
171 Ebenda
172 Botschaft Delhi an AA, 5.3.1959, AA, Politisches Archiv, Ref. 604/IV5 (B 94)
173 Ebenda
174 Klingeberg an Referat 505 AA, 4.7.1959, AA, Politisches Archiv, Ref. 604/IV5 (B 94)
175 Peltzer, Kalender 1959, VK
176 „Leichtathletik", Nr. 27, 1960, S. 623
177 Peltzer an van Aaken, 1.2.1959, VK
178 Peltzer, Kalender, 6.9.1960, VK
179 Diem an Peltzer, 21.7.1961, CDI
180 Peltzer, Kalender 1960, VK
181 „Leichtathletik", Nr. 45, 1962, S. 1061
182 „Die Zeit", 23.11.1962, S. 49
183 Ebenda
184 Ebenda
185 Peltzer an Lilli Amlong, 24.11.1962, VK
186 Peltzer an Lilli Amlong, 8.4.1962, VK
187 „Political Weekly Magazine", 17.12.1967
188 „Deutsches Sport-Echo", 16.10.1964
189 Ebenda
190 „Political Weekly Magazine", 17.12.1967
191 Peltzer, Kalender 1967, VK
192 Ebenda
193 „Times of India", 11.12.1967
194 Peltzer an Eva Obermüller, 9.3.1969, VK
195 V.V. Ramani an Heinz Georg Radbruch, 22.12.1969, VK

Bestleistungen
Dr. OTTO Paul Eberhard PELTZER
* 8. März 1900 Ellernbrook-Drage/Holstein, † 11.8.1970 Eutin
Größe: 1,86 m, Gewicht: 72 kg
Vereine: SC Preußen 01 Stettin, TSV 1860 München, Idrottsforening Linnéa Stockholm

Weltrekorde:

500 m	1:03,6 min	Budapest	6.6.1926
800m/880 y	1:51,6 min	Stamford Bridge	3.7.1926
1000 m	2:25,8 min	Colombes	18.9.1927
1500 m	3:51,0 min	Berlin	11.9.1926

Deutsche Rekorde:

500 m	1:05,7 min	München	6.8.1922
	1:05,3 min	Düsseldorf	6.9.1925
	1:03,6 min	Budapest	6.6.1926
800 m	1:52,8 min	Stockholm	15.7.1925
800m/880 y	1:51,6 min	Stamford Bridge	3.7.1926
1000 m	2:29,5 min	Stockholm	12.9.1922
	2:29,3 min	Düsseldorf	5.9.1926
	2:27,4 min	Hamburg	17.10.1926
	2:25,8 min	Colombes	18.9.1927
1500 m	3:59,4 min	Göteborg	15.7.1923
	3:58,6 min	Berlin	24.5.1926
	3:51,0 min	Berlin	11.9.1926
2000 m	5:28,3 min	Kopenhagen	7.1923
400 m Hürden	54,9 s	Leipzig	8.8.1926
	54,8 s	Berlin	17.7.1927
440 y Hürden	54,4 s	Dublin	11.9.1927
4x400 m	3:14,4 min	Los Angeles	7.8.1932
4x880 y	7:44,8 min	Stamford Bridge	24.8.1929
3x1000 m	7:48,9 min	München	29.7.1924

Deutsche Meisterschaften:

1922 Duisburg:	1500 m (1.)
1923 Frankfurt/Main:	800 m (1.)
	1500 m (1.)
1924 Stettin:	800 m (1.)
	1500 m (1.)
1925 Berlin:	800 m (1.)
	1500 m (1.)
1926 Leipzig:	400 m (1.)
	1500 m (1.)
	400 m Hürden (1.)
	3x1000 (1.)
1927 Berlin:	400 m Hürden (1.)
1928 Düsseldorf:	800 m (4.)
	4x1500 m (2.)
1929 Breslau:	800 m (2.)
1930 Berlin:	800 m (aus dem Finale ausgeschlossen)
1931 Berlin:	800 m (1.)
	4x400 m (4.)
1932 Hannover:	800 m (1.)
	4x400 m (4.)
1933 Köln:	800 m (6.)
1934 Nürnberg:	800 m (1.)
	4x400 m (4.)

Olympische Spiele:

1928:	800 m: im 1. Zwischenlauf ausgeschieden
	1500 m: im 5. Vorlauf ausgeschieden
1932:	800 m: 9. im Finale
	1500 m: im Vorlauf aufgegeben
	4x400 m: 4. im Finale

Bestleistungen:

100 m	10,9 s	1926				
200 m	22,1 s	1925				
400 m	47,8 s*	1930	110 m Hürden	16,2 s	1925	
500 m	1:03,6 min (WR)	1926	400 m Hürden	54,4 s (DR)	1927	
800 m/880y	1:51,6 (WR)	1926	Weitsprung	6,20 m		
1000 m	2:25,8 min (WR)	1927	Hochsprung	1,72 m		
1500 m	3:51,0 min (WR)	1926	Stabhochsprung	2,90 m		
2000 m	5:28,3 min (DR)	1923	Dreisprung	12,78 m	1918	
10 000 m	32:47,0 min	1932	Kugelstoßen	10,87 m		
15 km	51:10,0 min	1924	Speerwerfen	46,70 m		
			Diskuswerfen	33,40 m		

Leistungen am 16. März 1962 in Delhi als 62jähriger:

300 m	44,3 s („trotz Rauchen")	
Hochsprung	1,44 m	
Kugelstoßen	9,56 m („Nachkriegsrekord")	
Diskuswerfen	30,07 m	

WR	Weltrekord
DR	Deutscher Rekord
*	Zeit als Staffelstartläufer (regulär 48,8/1925 und 1927)

BIOGRAPHIEN

Aaken, Ernst van; Dr.; Arzt, Trainer; * 16.5.1910 Emmerich, † 2.4.1984 Waldniel; Stud. Astronomie, Physik, Medizin; 1934 Westdt. Hochschulmeister Stabhochsprung (3,64); seit 1947 prakt. Arzt in Waldniel, 1953 Gründung OSC Waldniel; 1948-49 Jugendwart Westdt. LV, 1965-66 Beisitzer LV Niederrhein; Pionier d. Langstreckenlaufs; 28.10.1973 Organisator d. 1. Frauenmarathons in Waldniel; Freund u. Fürsprecher Peltzers; Buchautor, umfangr. Veröffentlichungen zu Frauen-Mittel- u. Langstreckenlauf.
Adelson, Walther von, Journalist, Sportfunktionär; * 27.6.1896 Hamburg, † 10.3.1963 Arlesheim/Schweiz; Mittelstreckenläufer unter Pseudonym „Kern"; SV Victoria Hamburg, KSV Holstein, Eintracht Frankfurt, Hamburger SV; 1926-34 Hauptschriftltr. „Sport-Express"; Berufsverbot als „Halbjude"; 1940-45 Wehrmacht; 1945 Sportreferent Radio Hamburg; Herausgeber „Sportspiegel", 1945-48 Vors. LV Hamburg; 1948 Vors. DLA (Rücktritt wegen Liebesaffäre); Wechsel in die Schweiz.
Althaus, Friedhelm, Bankkaufmann; * 18.2.1907 Duisburg, † 15.8.1992 Duisburg; DSC Preußen Duisburg; 1956-62 stellv. Vors. Westdt. LV; 1962 Pressewart; 1963-69 Vors.; nebenberufl. journ. Tätigkeit; veröffentlichte 1949 Brief von Peltzer an Hans Geister.
Amlong, Gerhard (Gerd), Sportfunktionär, Zolloberinspektor; * 14.8.1900 Bremen, † 22.8.1990 München; Sprinter; Abteilungsleiter Leichtathletik Preußen 01 Stettin; 1936 Olympia-Übungslktr. f. Pommern; Kampfrichter-Obmann München; Pressewart u. Schriftführer DLV Oberbayern; 1931 Heirat mit Lilli Rudolph.
Amlong, Elisabeth (Lilli), geb. Rudolph, * 18.8.1911 Stettin; 800-m-Läuferin Preußen 01 Stettin; 1931 Heirat mit Gerhard Amlong; Freundin von Peltzer; lebt in München.
Bachmayer, Georg, SS-Hauptsturmführer; * 12.5.1913 Friedolfing, † ?; NSDAP; Lagerführer KZ Ebensee.
Bedarff, Emil, Langstreckenläufer, Lehrer, Sportfunktionär; * 28.2.1896 Düsseldorf, † 12.7.1960 Düsseldorf; SC 1899 Düsseldorf; DM 1919 3000 m Hindernis; 1920 5000 m; 1921 5000 m; 1922 10 000 m; 1923 5000/10 000 m; Inh. Sportartikelgeschäft.
Berg, Josef (Jupp), Langstreckenläufer, Diplom-Ing.; * 3.4.1909 Euskirchen, † 1998 Köln; DM 3000 m Hindernis 1933 (3.), 1935 (3.), 1936 (4.), 1938 10 000 m (1.); leitete Stollenbau KZ Ebensee u. half Peltzer.
Blüher, Hans (eigentl. Artur Zelvenkamp); Schriftsteller; * 17.2.1888 Freiburg/Schlesien, † 5.2.1955 Berlin; löste mit seinen Büchern „Die deutsche Wandervogelbewegung als erotisches Phänomen" (1912) und „Die Rolle der Erotik in der männlichen Geschichte" (1919) eine kontroverse Diskussion um die Wandervogelbewegung aus.
Bongs, Rolf: Schriftsteller, Archivar, Sportlehrer, Redakteur; * 5.6.1907 Düsseldorf, † 20.11.1981 Düsseldorf; Literatur-Studium Universität München, Berlin, Marburg; ab 1945 Publizist; seit 1956 freier Schriftsteller u. Journalist; 1971 Dozent Universität Massachusetts, USA; Werke: Lyrik (1931), Über den Körper (1932), Der Läufer (1932), Das Hirtenlied (1933); Der Läufer (1935), Die feurige Säule (1953, 1959), Das Anlitz André Gides (1953), Flug durch die Nacht, Hahnenschrei (1955), Absturz, Monolog eines Betroffenen (1955/66), Die großen Augen Griechenlands; Freund Peltzers.
Böcher, Herbert, Dipl.-Sportlehrer, Trainer; * 22.2.1903 Siegen/Westf., † 14.1.1983 Koppl-Habach/Öst.; Studium DHfL Berlin; SC Teutonia 99 Berlin, SCC; 1926 DM 800 m; 1927 DM 800 m; 1928 OS 1500 m (im Finale aufg.); nahm an Peltzers WR-Lauf am 11.9.1926 teil (aufg.); 1930-33 Trainer in China; danach Sportjournalist.
Brauchitsch, Manfred von, Autorennfahrer, Sportfunktionär; * 15.8.1905 Hamburg; 1913-23 Gymnasium Berlin; 1923 Freikorps Erhardt; 1924-28 Reichswehr (nach Motorradunfall ausgesch.); ab 1929 Privat-Rennfahrer; 1932 Sieg beim Avus-Rennen, Klassen-Weltrekord mit 194,4 km/h auf Mercedes SSKL; ab 1934 Werksfahrer bei Mercedes-Benz; 1934 Sieger Nürburgring; 1937 Großer Preis von Monaco; 1938 Großer Preis von Frankreich; 1940-43 persönl. Referent v. Junkers-Chef Dr. Koppenberg; Sturmführer NSKK; 1944-45 Referent Reichsmin. f. Rüstung u. Kriegsproduktion (Techn. Amt Panzerbeauftragter); ab 1945 am Starnberger See; 1948-50 Präsident d. AvD; 1949/50 Auswanderung nach Argentinien; 1951 u. 1953 Präs. d. Westdt. Komitees zur Vorber. d. Weltfestspiele; 1952 Präs. Komitee f. Einheit u. Freiheit im dt. Sport; Mai 1953 Verhaftung, Vorwurf „Hochverrat"; acht Monate Untersuchungshaft Neudeck u. Stadelheim; 30./31.12.1954 Flucht in die DDR; 1957-60 Präs. ADMV; 1960-90 Präs. Ges. zur Förderung d. olymp. Gedankens in der DDR; lebt in Gräfenwarth/Thür.
Braun, Hanns (Johannes), Leichtathlet, Bildhauer; * 26.10.1886 Berlin, gef. 9.10.1918 Flandern; Vater Kunstmaler; Münchner SC;

OS 1908 800 m (3.), 1912 400 m (2.); 11x DR; 1. WK Bayer. Luftwaffenkorps; Leutnant; Fluglehrer; bayer. Feldfliegerabt. Nr. 1; starb bei Kollision mit Flugzeug aus den eigenen Reihen.

Brustmann, Martin, Dr. med., Arzt; * 4.5.1885 Berlin, † 7.7.1964 Hildesheim; SC Komet Berlin, 1906 OS Teilnahme 100 m, Sprünge; 1905 Erfinder Gepäckmarsch; dt. Olympiaarzt 1912, 1928, 1936 für Schützen und Masseurausbildung; 1915-18 Truppenarzt; 1. WK 1920-22 Reichswehr, sportärztl. Beratung, Dozent DHfL u. Wünsdorf; 1920-32 Hauptschule f. Leibesübungen d. Polizei Berlin-Spandau; 1932 NSDAP, SA; 1938 SS (Standartenführer), Himmlers Berater in Homosexuellenfragen; Berater für Mitgl. d. Reichsregierung bei „Lebens- u. Eheführung"; 1945 sowj. Kriegsgefangenschaft, 1946-47 brit. Internierung Eselheide bei Paderborn; danach Arzt in Hildesheim.

Burghley, David, Lord; brit. Olympiasieger, Sportfunktionär, * 9.2.1905 Stamford, † 22.10.1981 Stamford; 1928 OS 400 m Hürden (1.), 1932 4x400 m (2.); 1926-27 Präs. Cambridge University Athletic Club; 1933 IOC, 1951-70 Exekutive; 1952-66 Vizepräsident; 1936-81 Präs. British Olympic Association; 1948 OS London Präs. OK; 1946-76 Präs. IAAF; 1931-43 Parlamentsabg. f. Peterborough; 1943 Gouverneur auf d. Bermudas; 1956 6. Marquess of Exeter u. Mitglied d. Oberhauses; vielfacher Aktionär u. Aufsichtsratsmitglied in einer Bank, einer Versicherungsgesellschaft u. gr. Konzerne.

Busch, Christian, Turner, Sportlehrer, Sportfunktionär; * 8.1.1880 Wuppertal, † 29.3.1977 Wuppertal; 1904 OS Dreikampf (7.), Neunkampf (9.); 1914-16 u. 1921-23 Sportwart DSBfA; 1932-36 Stell. Vors. DSBfA bzw. DLV; Direktor Amt f. Leibesübungen Köln; 1934 Olympiatrainer, 1935 Olympiainspekteur für OS 1936; 1934 Mitg. DOA; 1936 Chef de Mission dt. Olympiamannschaft; ab 1946 Trainer brit. Rheinarmee; 1951-53 Beisitzer Westdt. LV.

Buthe-Pieper, Franz; Gastronom, Starter; * 30.8.1910 Essen, † 18.7.1976 Gelsenkirchen; TuS Bochum; 1933 DM 100 m (4.); BL 100 m 10,5 (1933); ab 50er Jahre Starter, OS 1972 Starter-Obmann; führte die „Rote Jacke" für Starter ein; holte Peltzer 1967 zusammen mit Adolf Metzner nach Hause.

Cavalier, Heinz, Journalist, * 3.9.1901 Berlin, † 3.1.1982 West-Berlin; 1921 Stud. Jura Univ. Berlin (abgebr.); 1924-29 u. 1930-44 Schriftltr. bzw. Hauptschriftltr. „Der Leichtathlet"; 1950-72 Chefred. „Leichtathletik", 1956-70 DLV-Pressewart; 1959-70 Beisitzer DLV-Präsid.

Cramm, Gottfried Baron von, Tennisspieler, Kaufmann; * 7.7.1909 Gut Wispenstein b. Hannover; † 2.11.1976 bei Kairo (Autounfall); 1932-55 25 x DM; 1933 Wimbledonsieger Mix mit Hilde Krahwinkel; 1934-38 2. u. 3. Tennis-Weltrangliste; 37 x Mitgl. Davis Cup-Team; 1938 wegen Vergehen § 175 mit jüd. Schauspieler Manasse Herbst 1 J. Gefängnis (1953 rückwirkend Tilgung), nach 6 Mon. vorfristig entlassen; Spielverbot; 1940 Soldat; 1942 Ausreise nach Schweden auf Wunsch von König Gustaf V. u. mit Einverständnis (oder Auftrag?) von Canaris (Aufklärung); 1944 Rückkehr nach Dtschl.; Sportler des Jahres 1947 u. 1948; Präs. TC Rot-Weiß Berlin, 1967-70 Hamb. Tennis-Gilde; 1953-56 Mitgl. DOG-Präs.; 1955 Heirat mit Woolworth-Erbin Barbara Hutton (1962 gesch.).

Danz, Max, Dr., Internist; * 6.9.1908 Kassel, Stud. Medizin Univ. Berlin; SCC; DM 800 m 1931 (2.), 1932 (2.), auf eigene Kosten Teilnahme OS in Los Angeles (im Vorlauf ausgesch.); 1937 NSDAP; Sturmarzt NS-Fliegerkorps; ab 1938 Assistenzarzt Berlin-Spandau; 1941-45 Leitender Oberarzt; 1945 Rückkehr Kassel; 1949 Gründungsmitgl. NOK für Deutschland (zeitweise Vizepräsident) und DSB; 1948 Vors. DLA; 1949-70 Präs. DLV; ab 1970 Ehrenpräs.; 1956-76 Mitgl. IAAF-Council.

Daume, Willi, Prof., Dr. h.c.; Handballer, Sportfunktionär, Industrieller; * 24.5.1913 Hückeswangen, † 20.5.1996 München; 1932 Abitur in Leipzig; 1932-38 Studium Volkswirtschaft u. Jura Leipzig, München u. Köln; ab 1938 nach Tod seines Vaters Leitung d. Eisengießerei Daume; 1937 NSDAP u. Betriebsführer DAF; Handballspieler in Leipzig u. Köln; 1936 OS Basketball (nicht eingesetzt); 1945 Vors. Eintracht Dortmund; 1948 Vizepräs. ADS in d. Brit. Zone; 1949 Mitbegründer NOK für Deutschland, Schatzmeister; 1961-92 NOK-Präs., danach Ehrenpräs.; 1949-55 Präs. Dt. Handball-Bund; 1950-70 Präs. DSB; 1979-88 Präs. DOG; 1956-1991 IOC-Mitg.; 1972-76 Vizepräsident; Präs. OK 1972; 1967 Gründer Stiftung Dt. Sporthilfe; ab 1988 Präs. Comité International pour le Fair Play.

Desseker, Wolfgang, Dr., Leichtathlet, * 18.11.1911 Stuttgart, † 3.1973 Stuttgart; SV Kickers Stuttgart; 1934 800 m (2. hinter Peltzer); 1933 Studenten-Weltspiele 800 m (1.).

Diederichs, Eugen, Dr. h.c.; Verleger, * 22.6.1867 Löbnitz b. Naumburg, † 10.9.1930 Jena; 1888-90 Buchhändlerlehre; 1896 Gründung Eugen Diederichs Verlag Florenz u. Leipzig (besonders Märchen- u. Sagenbücher); 1904 Jena; Wandervogel-

Biographien

bewegung; Verlag ging 1948 nach Düsseldorf, 1988 vom Hugendubel Verlag übernommen.
Diem, Carl, Prof. Dr. h.c.; Sportfunktionär und -wissenschaftler, Journalist; * 24.6.1882 Würzburg, † 17.12.1962 Köln; 1887 Berlin; 1899 Gründer SC Marcomannia Berlin; 1903 Schriftf. DSBfA; 1904 Gründer u.a. 1905-20 Vors. Berl. Athletik Vereine; 1906 OS Athen Mannschaftsbegleiter u. Journalist; 1907-13 Sportred. Scherl-Verlag; 1908 Veranstalter 1. Hallen-Sportfest Berlin u. Großstaffellauf Potsdam-Berlin; 1908-13 Vors. DSBfA; 1912 Mannschaftsltr., 1928 u. 1932 Chef de Mission dt. Olympiamann.; 1913-16 Generalsekr. OS 1916; 1914 Kriegsfreiwilliger; 1912/13 Erfinder Reichssportabzeichen; 1917-33 Generalsekr. DRAfOS bzw. DRAfL; 1920-33 Prorektor DHfL; 1921 Dr. h.c.; 1932-37 Generalsekr. OK Berlin 1936 (Erfinder Fackellauf); 1938-45 Direktor IOI; 1939-45 Ltr. Stadionverwaltung; 1947-62 Gründer u. Rektor DSH Köln; 1949-52 Schriftf. NOK f. Dtschl.; 1949-53 Sportreferent Bundesregierung; CDU; 1951 Mitbegründer DOG; 1956 Olympisches Diplom.
Dieterich, Victor, Prof. Dr.; Forstwissenschaftler; * 26.8.1879, † ?; Prof. für Forstwissenschaft Univ. Freiburg; seit 1930 Univ. München, seit 1933 Dekan d. Staatswirtschaftl. Fakultät; aberkannte Peltzer den Doktortitel.
Döring, Paul; Lehrer; *?, † ca. 1990; NSDAP; 1933 von den Nazis als Pädag. Ltr. FSGW eingesetzt, danach bis 1941 Stiftungsführer der Oberrealschule Wickersdorf; lebte später in Norddeutschland.
Edel, Kurt; Leichtathlet, Sportfunktionär; * 17.9.1920 Weißenfels, † 2.3.1987 Berlin; Berliner SC, TSV Weißenfels, Hamburger SV, Polizei Brandenburg; 1944 schwere Verwundung (entlassen); 1945/46 Turnlehrerstud. Univ. Halle; danach Inst. für Leibesübungen Hamburg; 1947-59 Mitarb. f. körperl. Ausbildung Landespolizeidirektion Potsdam, danach Hauptreferent f. Sportfragen HV Volkspolizei; OiBe MfS; Oberst; 1950/51 Spartenleiter Leichtathletik DS; 1951-55 Präs. NOK der DDR; 1955-87 NOK-Mitglied; Mitarb. Staatl. Komitee f. Körperkultur u. Sport; 1960-70 Generalsekr. Olympische Gesellschaft; 1949 Ostzonenmeister 400 m, Bestl. 49,0 s (1946).
Eicke, Theodor, SS-Obergruppenführer; * 17.10.1892 Hampont/Elsaß, umgek. 16.2.1943 (Flugzeugabsturz); ab 1920 Kommissar Thür. Polizei; SIPO, Kripo Ludwigshafen; Entlassung als Nazi; 1923-32 Kaufmann u. Sicherheitsbeauftr. IG Farben; 1928 NSDAP, SA; 1930 SS; 1931 Standartenführer; 1932 Flucht nach Verurteilung wegen Bombenanschlägen; 1933 Komm. KZ Dachau; 1934 Inspekteur KZ u. SS-Wachmannschaften (Totenkopfverbände).
Eldracher, Eugen, Leichtathlet; * 8.5.1907 Hirschorn/Neckar, gef. 1945; Eintracht Frankfurt; DM 1929 100/200 m (1.), zweifacher Sieger Länderkampf Japan-Deutschland; Bestleistung 100 m 10,4 s.
Földeak, Jean (eigentl. Janos); Ringer, Trainer; * 9.6.1903 Kinizsi/Ungarn, † 5.3.1993 München; stammte aus Temesvar, gelernter Schlosser; wollte 1924 in die USA auswandern; bekam kein Visum u. blieb in Hamburg hängen; dort Ausbilder d. Polizei in Jiu-Jitsu; ab 1927 dt. Staatsangehörigkeit; OS 1932 klass. Ringkampf Mittelgew. (2.); 1929-35 4 x DM; 1935-36 poln. Olympiatrainer; 1937-44 Reichstrainer; 1949-66 Bundestrainer; Fabrikant f. Ringermatten; 1952 Mitgl. Komitee f. Einheit u. Freiheit im dt. Sport; 1953 Mitgl. d. Präsidiums zur Förderung des dt. Sports.
Friedel, Hanns, Dr., Arzt, Saalfeld, Schüler Freie Schulgemeinde Wickersdorf, durch ihn kam Peltzer zur FSGW.
Ganz, Anton; SS-Hauptsturmführer; * 6.2.1899 Kettershausen, † ?; NSDAP; Lagerführer KZ Ebensee, Mauthausen (1942-45).
Gaumitz, Helmut, Dr., Obermedizinalrat, Sportmediziner, Sozialhygieniker; * 1893 Dresden, † 1973 Traunstein; Stud. Medizin Freiburg; Arzt in Solingen (Mütterberatung), Krakau, Wien, ab 1945 in Traunstein u. i. Köln Stadtarzt; Tutor von Peltzer im Verein Dt. Studenten (Peltzer sein „Leibbursch").
Geheeb, Paul, Reformpädagoge; * 10.10.1870 Geisa/Thüringen, † 1.5.1961 Hasliberg; Studium Gießen, Jena u. Berlin; 1902-06 Lehrer Landerziehungsheim in Haubinda bei Hermann Lietz; 1906 mit Gustav Wyneken Gründung FSGW; 1910 Gründung Odenwaldschule; 1934 Emigration Schweiz; Gründung Ecole d'Humanité in Versoix (Genf).
Geister, Hans; Leichtathlet; * 28.9.1928 Duisburg-Hamborn; Schwarz-Weiß Hamborn, CSV Marathon 1910 Krefeld; städt. Angestellter in Duisburg; 1952 OS 4x400 m, 400 m (Semifinale ausg.); DM 1951 400 m (1.), 19 Länderkämpfe; Briefschüler von Peltzer, wurde von ihm nach Krefeld geholt, deshalb 3 Mon. Sperre; lebt in Krefeld.
Gerschler, Woldemar, Prof.; Gymnasiallehrer, Trainer; * 14.6.1904 Meißen, † 28.6.1982 Freiburg i. Breisgau; Sportlehrer beim Dresdner SC (betreute u.a. 800-m-Weltrekordler Rudolf Harbig); 1947-49 Lehrwart DLA bzw. DLV; 1949-71 Ltr. Inst. f. Leibeserziehung Univ. Freiburg; Trainingsberater d. Weltrekordler u. Olympiamedaillengewinner Josy

Barthel (LUX), Gordon Pirie (GBR) u. Roger Moens (BEL); mit Prof. Herbert Reindell Begründer der Freiburger Schule u. Verfechter d. Intervallmethode.
Glücks, Richard, SS-Gruppenführer; * 22.4.1889, † 10.5.1945 Flensburg (Selbstmord); nach 1. WK Geschäftsmann i. Düsseldorf; 1942 Ltr. Amtsgruppe D SS-Wirtschafts-u. Verwaltungshauptamt; 1943 SS-Gruppenführer u. Generalltn. Waffen-SS; Nachfolger von Theodor Eicke als Inspekteur der KZ.
Grix, Arthur Ernst, Journalist, Reiseschriftsteller, Romancier; * 4.8.1893 Berlin, † 12.1.1966 Berlin; Mittelstreckenläufer; gründete Boxabteilung SC Charlottenberg; wanderte 1923 in die USA aus; Rückkehr 1934; schrieb Sport- und Reisebücher (u.a. über Japan); später Falkensee b. Berlin.
Grotjahn, Alfred, Prof., Dr.; Arzt, Rassenhygieniker; * 25.11.1869 Schladen/ Harz, † 4.9.1931; seit 1920 Prof. für Soz.-Hygiene in Berlin; Lehrstuhl für Rassenhygiene in Jena; Werke: „Alkoholismus" (1902), „Wandlung der Volksernährung" (1902), „Alkohol und Arbeitsstätte" (1903), „Soziale Hygiene u. Entartungsprobleme" (1904); „Handwörterbuch d. Soz. Hygiene" (1913).
Haefliger, Louis, Kaufmann, Bankier; * 30.1.1904 Zürich, † 15.2.1993 in der Slowakei; Filliallfr. Depositenbank d. Bank Leu AG Zürich; 1945 freiwilliger Helfer des Intern. Kom. vom Roten Kreuz (IKRK); Rettungsaktion für Häftlinge d. KZ Mauthausen; als „Abenteurer" umstritten; Entlassung aus dem IKRK; später rehabilitiert u. f. Friedensnobelpreis vorgeschlagen.
Halt, Karl Ritter von, Dr.; Bankdirektor, Reichssportführer; * 2.6.1891 München, † 5.8.1964 München; 1909-11 Lehrling Deutsche Bank; 1914-18 Komp.führer Bayer. Infant.-Leibreg.; 1917 Ritter Militär-Max-Joseph-Ordens (1921 verliehen); 1918 brit. Gefangenschaft; 1911-35 Ang. Deutsche Bank u. (1923-1935) des Bankhauses Aufhäuser; ab 1910 Studium München, 1922 Dr.oec.publ.; 1935-45 Direktor Deutsche Bank; 1938 Chef Personalabteilung, Vorstandsmitgl.; 1933 NSDAP, SA; 1942 SA-Oberführer; Mitgl. „Freundeskreis Reichsführer SS"; 1944 Reichssportführer; 1945 Komm. Volkssturm-Bat.; 1945-50 Internierung Omsk u. Buchenwald; OS 1912 Zehnkampf (8.), Fünfkampf (ausgesch.); 1909-1921 8 x DM; 1925-33 Sportwart DSBfA/DLV, 1929-45 Vorsitzender (1934-45 Reichsfachamtsleiter); 1932-46 IAAF-Council; 1929-64 IOC (1937-45, 1958-63 Exekutive); Präsident OK Olymp. Winterspiele 1936 und 1940 (ausgefallen);

Vorstandsmitgl. OK Berlin 1936; 1951-61 Präsident NOK f. Dtschl.; 1957 Gr. BVK mit Stern.
Harbig, Rudolf, Weltrekordläufer; * 8.11.13 Dresden, gef. 5.3.44 Olchowez/Kirowgrad; Dresdner SC; Ang. Gaswerke; 1936 OS 4x400 m (3.); 1938 EM 800 m (1.); WR 400 m 46,0 (1939), 800 m 1:46,6 (erst 1955 gebrochen), 1000 m 2:21,5; 1937 NSDAP, SA; seit 1950 jährlich Rudolf-Harbig-Gedächtnispreis des DLV; 1951-65 Harbig-Sportfest mit Gedenklauf in Ost-Berlin bzw. Dresden; seine Frau Gerda war Mitgl. NOK d. DDR.
Hartmann, Eduard, Dr., Unternehmer, Sportfunktionär; Inh. Südfrüchte-Großhandlung; Gesellschafter Fa. Mercantil GmbH, Web- u. Wirkwaren Krefeld; 1949-52 Vors. von CSV Marathon 1910 Krefeld; lebte später in der Schweiz.
Hellpap, Waldemar, Dr., Leichtathlet, Gynäkologe; * 29.9.1907 Bromberg, † ? Berlin; Preußen 01 Stettin; Schüler Peltzers an FSGW (Freistele); danach Stud. Medizin Berlin; 1932 DM 1500 m (2.); Studenten-Weltspiele 1930 1500 m (5.), 1933 1500 m (4.), 3000 m (4.).
Henkel, Wilhelm, Dr., Zahnarzt, SS-Hauptsturmführer; * 14.6.1909 Odenhausen, hing. 28.5.1947 Landshut; 1941-43 Zahnarzt KZ Mauthausen; 33. SS-Div. „Totenkopf" (1943), 11. SS. Div. „Nordland" (1943).
Herrmann, Paul Millington, Industrieller, Patenonkel von Peltzer, Aufsichtsratsmitglied Vulkan-Werft, Stettin.
Heydrich, Reinhard, SS-Obergruppenführer, Chef der Sicherheitspolizei und d. SD; * 7.3.1904 Halle/Saale, † 4.6.1942 Prag (nach Attentat vom 27.5.); 1919 Mitgl. Dt. völk. Schutz- u. Trutzbund; 1922-31 Reichsmarine (nach „ehrenwidrigem" Verhalten entl.); 1931 SS-Obersturmbannführer; 1932 Standartenführer u. Chef d. SD; 1933 Ltr. Pol. Abt. Polizeidir. München, Oberführer; 1934 Obergruppenführer; 1936 Chef SIPO u. d. SD; 1939 Chef RSHA; seit 1941 Stellv. Reichsprotektor von Böhmen u. Mähren; 20.1.1942 Ltr. „Wannsee-Konferenz" zur Vernichtung der europ. Juden; 1941 Reichsfachamtsltr. Fechten; versuchte, das Amt des Präs. d. Intern. Fechtverbandes an sich zu reißen.
Himmler, Heinrich, Reichsführer-SS, Chef. d. Dt. Polizei; * 7.10.1900 München, † 23.5.1945 Lüneburg (Selbstmord); 1. WK Offiziersanwärter 11. Bayer. Infant.-Reg.; 1918-22 Stud. TH München; Landwirt; Verkäufer Düngemittelfirma; 1923 Teiln. Hitler-Ludendorff-Putsch München; 1926-30 stellv. Propagandaltr. NSDAP; Geflügelzüchter; seit Januar 1929 Ernennung als Ltr. SS; 1930 MdR; Gründung

SD; 1933 Polizeipräs. u. Komm. Pol. Polizei München; richtete erstes KZ in Dachau ein; seit 1934 Chef d. Gestapo; 1936 Chef d. Dt. Polizei u. Reichsführer-SS; 1939 Reichskomm. f. d. Festigung d. dt. Volkstums; 1943 Reichsinnenminister.
Hirschfeld, Emil, Kugelstoßweltrekordler; Trainer; * 31.7.1903 Danzig, † 23.2.1968 Berlin; 1924-42 (u.a. SV Hindenburg, Allenstein) u. 1950-52; OS 1928 (3.), 1932 (4.); WR 16,04 m (1928); 7 x Dt. Meister; ab 1953 Trainer in Greiz u. Rostock.
Höckert, Gunnar Mikael, finn. Olympiasieger, Ökonom; * 12.2.1910 Helsinki, gef. 11.2.1940 bei Mainila/Karelien; begann Karriere 1934 mit Sieg über Olympiasieger Lauri Lehtinen; OS 1936 5000 m (1.); von Paavo Nurmi trainiert u. von Peltzer 1938/39 betreut; Febr. 1940 Fähnrich im Winterkrieg in Karelien; bei sowj. Sturmangriff i. Bunker verschüttet; starb auf d. Transport zum Verbandsplatz.
Hoff, Charles, norw. Stabhochsprung-Weltrekordler, Sportjournalist; * 9.5.1902, † 19.2.1985 Oslo; 1922-25 4 x WR Stabhochsprung (Bestleistung 4,25 m); 1923 inoff. WR 500 m; OS 1924 800 m (8.); nach US-Hallentournee zum Profi erklärt; trat dann als Stabhochspringer im Zirkus in Frack und Zylinder auf; Co-Autor „Der Weg zum Erfolg. Ein sportliches Führerbuch" (1927/mit Peltzer); Anhänger d. "Nasjonal Samling" von Vidkun Quisling; norw. „Reichssportführer"; nach 2. WK verurteilt u. Berufsverbot.
Hoke, Ralph Johann, Trainer, Sportwissenschaftler; * 17.6.1896 Groß-Schönau/Sachsen, † 13.7.1979 Saarbrücken; seit 1920 Sportlehrer Österr. Heeressportschule; Sportwart Allg,. Österr. Sportverband; Sportkonsultant Min. f. Unterrricht; 1921 Studium in USA; Trainer i. Jugoslawien; seit 1926 Trainer in Deutschland (u.a. Gisela Mauermayer); 1931 Berliner SC; seit 1933 Reichsbund f. Leibesübungen, ab 1936 Gruppenltr. Leichtathletik Reichsakademie f. Leibesübungen; 1948 österr. Olympiatrainer (u.a. Herma Bauma); 1952 Lehrer Univ. Saarbrücken; 1955-61 Dir. Staatl. Sportschule Saarland; Autor von 10 Lehrbüchern.
Hoppenrath, Dieter, * 8.12.1923, TV Schönlanke, Eintracht Frankfurt, CSV Marathon 1910 Krefeld; DM 1950 Hochsprung (1.), Bestleistung: 1,90 m; 1952 vom DLV-Rechtsausschuß für 1 J. gesperrt wegen Teilnahme am Ost-Berliner Harbig-Sportfest.
Hoske, Hans, Dr., Rassenhygieniker, Sportmediziner, * 1900, † 23.7.1970; 1. WK; 1919 Studium Medizin Univ. Berlin; 1920 Studium DHfL; 1922 Examen als Heilgymnast u. orthopäd. Turnlehrer; 1926 Gründer d. „Heilstätte d. Dt. Kaufmannsjugend" i. Jena-Lobeda; 1927-31 Dozent DHfL u. Stadionarzt d. DRAfL; OS 1928 mit Brustmann u. Frohwalt Heiss Arzt d. dt. Olympiamannschaft; 1929 Ltr. allg. Gesundheitsfürsorge i. Dt. Handlungsgehilfenverband (DHV); 1933 NSDAP, SS; Herausg. „Zeitschrift f. Schulgesundheitspflege" (mit Erich Klinge); 1934 Adjutant Reichsarzt SS; 1935 Habil.; 1935-38 Referent Hauptamt f. Volksgesundheit d. NSDAP; Dozent Reichsakademie f. Leibesübungen; beratender Hygieniker u. Sportarzt d. SS-Medizinerschaft Univ. Berlin; 1939-45 Stabsarzt, Ltd. Sanitätsoffizier d. Min. f. d. besetzten Ostgebiete; nach 2. WK Sportarzt i. Hamburg; 1946 Lehrbeauftragter f. „die biolog. Grundlagen der Leibeserziehung"; 1948 als Nazi entlassen u. an der Sporthochschule Köln angestellt, bis 1951 Dozent DSH Köln f. Hygiene, Massage, Trainingslehre u. Ausgleichsgymnastik; 1957 Gründer d. Dt. Jugendgesundheitsdienstes; 1959-64 Hrsg. „Ärztliche Jugendkunde".
Houben, Herbert, Leichtathlet, Sportjournalist, * 24.2.1898 Goch/Rheinland, † 9.11.1956 Krefeld; TSV Krefeld, Preußen Krefeld, TuS Bochum; begann als Fußballer; ab 1920 Leichtathlet; 1928 OS 100 m (Vorl. ausgesch.), 4x100 m (2.); DM 1921, 1922, 1923 100/200 m, 1924 100 m; WR 50 m 1928, 100 y 1924, 4x100 m 1928; 1923 Göteborg-Spiele 100 m (1.); nach 2. WK Wiesbaden, dann Besitzer Sportgeschäft i. Krefeld.
Huhn, Fritz, Leichtathlet, Turn- u. Sportlehrer; * 26.9.1900 Jena, † 10.6.1990 Stuttgart; seit 1917 Leichtathlet; VfB Jena; OS 1928 Hochsprung (17.); DM 1923 (1.), 1926 (1.); Bestleistung: 1,885 m (1928) bei einer Größe von nur 1,67 m; 1925-27 Pädagogikstudium Univ. Jena; 1927-34 Ausbildung z. Sportphilologen i. Jena; 1934-45 Lehrwart Hochsprung DLV; OS 1936 Kampfrichter-Obmann Sprung; nach 2. WK Heidelberg Gymnasialrat u. Trainer bei Stuttgarter Kickers.
Keßler, Gerhard, Prof. Dr., Nationalökonom, Sozialwissenschaftler; * 24.8.1883 Gr. Wilmsdorf/Ostpreußen, † 14.8.1963 Kassel; Studium Univ. Leipzig u. Berlin; Privatdozent Nat.Ökonomie TH Braunschweig; seit 1912 Jena; 1914-18 1. WK; seit 1919 wieder Jena; 1927 Leipzig; SPD u. Reichsbanner; kandidierte 1. Reichstagswahlen 5.4.1933; Entlassung; Emigration Türkei; Aufbau der türk. Gewerkschaften; enger Kontakt zu Ernst Reuter; 1951 Rückkehr; bis 1958 Honorarprof. Univ. Göttingen.

Kisters, Ferdinand (Ferdy), Trainer; * 29.1.1906 Düsseldorf, † 16.12.1985 Düsseldorf; SC 99 Düsseldorf, Post-SV Düsseldorf; DM 400 m 1930 (1.), 1937 (2.); 1949-72 DLV-Trainer 400-m-Läufer; Trainer u.a. von Leo Lickes.
Klingeberg, Werner, IOC-Sekretär, Diplomat; * 15.7.1910 Hannover, † 1.7.1982 Itzehoe; 1929-32 DHfL Berlin, Dipl.-Sportlehrer; 1932 DOA-Sekretär; 1932-34 Studium University of California Berkeley, danach bis 1936 Univ. Berlin; 1935-36 Sport-Abt.ltr. OK Berlin 1936; 1937-40 IOC-Sekretär (1937/8 Tokio, 1938-40 Helsinki); 1940-45 DNB Presse-Rundfunkabhördienst u.a. in Paris; 1930 NSDAP, SA (Fliegersturm), 1945-50 Textilkaufmann Handweberei Hablik Itzehoe; Ltr. Landwirtsch. Druckerei und Verlagsanstalt („Norddeutsche Rundschau"); 1946 Dolmetscher US- u. brit. Besatzungsmacht; 1950-52 Verlagsltr. AP Frankfurt/M.; 1952 AA Bonn; 53-57 Kultur- u. Pressereferent Gesandtschaft Stockholm; 1957-60 Referent f. Körpererziehung AA Bonn; 1960 Olympiareferent Botschaft Rom; 1961/62 Legationsrat Botschaft Leopoldville/Kongo; 1963-66 Botschaft Washington (1964 Tokio), 1966 Botschafter Libréville, 1968-74 Georgetown u. Bridgetown; 1949-52 Persönliches Mitgl. NOK f. Deutschland; 1951 DOG-Gründungsmitglied.
Körnig, Helmut, Dr., Sportjournalist; * 12.9.1905 Glogau, † 5.3.1973 Dortmund; SCC; OS 1928 200 m (3.), 4x100 m (2.); 1932 4x100 m (2.); DM 1926, 1927 100/200 m, 1928 100 m, 1930 100/200 m; 1927 engl. Meister 100 y; Studium Jura Univ. Berlin; 1934 Sportredakteur „Berliner Tageblatt"; 1953 Direktor Westfalenhalle Dortmund.
Kohlmey, Willy, Leichtathlet, Sportfunktionär, Kaufmann; * 19.7.1881 Berlin, † 9.9.1953 West-Berlin; Berliner SC; OS 1912 100 m (Vorlauf ausgesch.); DR 100 m 10,8 s (1909); 1925 Sportwart DSBfA; Inhaber Sportartikel-Geschäft i. Berlin.
Koivistonen, Janne, finn. Masseur, betreute den Olympiasieger von 1912 u. 1920 Hannes Kolehmainen; lebte seit den 20er Jahren in Argentinien; OS 1928 Masseur u. Betreuer von Peltzer.
Kool, Jaap, hol. Reformpädagoge, Komponist; * 31.12.1891 Amsterdam, †1960 Den Haag; Schüler FSGW; 1930-32 Pädag. Ltr.; 1933-39 Lehrer, bei Kriegsbeginn ausgewiesen; 1939-44 Operndirektor Den Haag; nach 2. WK Holzhändler, Schriftsteller u. Inhaber einer Musikalienhandlung in Den Haag; komponierte u.a. Opern u. eine Arbeitersymphonie.

Krebsbach, Eduard, Dr.; * 8.8.1894 Bonn, hing. 28.5.1947 Landsberg; SS-Sturmbannführer, 3. SS-Div. „Totenkopf"; 1941 KZ Sachsenhausen; 1941-44 Mauthausen, 1944 Lagerarzt Riga.
Krümmel, Carl, Prof. Dr.; Ministerialdirektor; * 24.1.1895 Hamburg, † 21.8.1942 Mühlberg (Flugzeugunfall); TSV München 1860, 1919 DM 5000 m; Heeres-Sportlehrer; Dozent DHfL; 1925-30 Vors. d. Verbandes dt. Sportlehrer; NSDAP, SA (zuletzt Oberführer); Inspektor d. Geländesportschulen OSAF; 1934-42 Ministerialdirektor u. Chef Amt Körperliche Erziehung im Reichserziehungsmin.; 1937-42 Dir. Reichsakademie f. Leibesübungen; persönl. Vorstandsmitglied OK Berlin 1936.
Krupski, Ottomar, Leichtathlet, Sportfunktionär; * 7.2.1893 Stallupönen/Ostpr., † 17.9.1937 Jugoslawien (Kanuunfall); SCC; DM 1920 5000 m (3.); Organisator BSC-Sportfest 11.9.1926 am Funkturm.
Ladoumègue, Jules, franz. Weltrekordläufer; * 10.12.1906 Bordeaux, † 3.3.1973; begann 1920 mit Leichtathletik; OS 1928 1500 m (2.); verbesserte am 5.10.1930 in Paris Peltzers 1500-m-WR auf 3:49,2, WR 1930 1000 m, 1931 Meile 4:10,4; 1931 Aberkennung Amateurstatus wegen nicht genehmigtem Auslandsstart; danach Profi: 1933 Wettkämpfe u.a. in der UdSSR gegen Brüder Snamenski u. im Variéte auf d. Laufband.
Lang, Franz-Paul, Dr.; Bankier, Rechtsanwalt, Sportfunktionär; * 8.7.1886 München, † 19.11.1968 München; Turner u. Turnlehrer; 1920-21 Stell. Vors. DSBfA; 1921-31 1. Vors. DSBfA; 1931 Konkurs; 1926-28 Vorsitzender d. Handballkomm. d. IAAF; 1928-30 Mitglied IAAF-Council.
Lewald, Theodor, Staatssekretär, Ministerialdirektor, Dr. h.c., * 18.8.1860 Berlin, † 15.8.1947 Berlin; 1893 Reichskommissariat Weltausstellung Chicago; 1900 stellv. Reichskomm. Weltausstellung Paris; 1898 Geh. Regierungsrat u. Vortrag. Rat; 1904 Reichskommissar Weltausstellung St. Louis; 1910 Ministerialrat Reichsamt d. Innern u. stellv. Bevollmächtigter zum Bundesrat; 1. WK Ltr. dt. Zivilverwaltung Polen u. Belgien; 1917 Unterstaatssekr.; 1918 Wirkl. Geh. Rat; 1919-21 Staatssekretär RMdI; November 1921 Abschied; 1919-33 Vors. DRAfL; 1925-1933 Vors. DOA; 1924-1938 IOC (1927-38 Exekutive); Vorstandsmitgl. DVP; OS Berlin 1936 Präsident OK.
Lickes, Leonhard (Leo), Leichtathlet, Unternehmensberater; * 2.8.1926 Krefeld, † 9.6.1989 Krefeld; KTSV Preußen 1855

Krefeld, CSV Marathon 1910 Krefeld; Briefschüler von Peltzer; trainierte bei Ferdy Kisters; DM 1948 200 m (1.) , 1949; Marketingexperte i. d. Textilbranche.
Lietz, Hermann, Reformpädagoge; * 28.4.1868 Dumgenevitz (Putbus), † 12.6.1919 Haubinda/Thür.; 1898 Gründung d. Landerziehungsheime Ilsenburg, 1901 Haubinda, 1904 Bieberstein (Hofbieber b. Fulda), 1914 Landwaisenheim Veckenstedt (Krs. Wernigerode); 1920 „Lebenserinnerungen".
Liddell, Eric, brit. Olympiasieger, Missionar; * 16.1.1902 Tientsin/China, † 21.2.1945 Weihsien/China; 2. Sohn einer schott. Missionarsfamilie in China; 1907 Rückkehr nach Schottland, Ausbildung Eltham College Mottingham u. Univ. Edinburgh; 1923 brit. Meisterschaft 100 y (1.); 1924 OS 400 m (1.), kein Start über 100 m, weil Finale an einem Sonntag war ("Sonntagsarbeit"); 1925 China: Missionsarbeit Anglo-Chinese College in Tientsin; 2. WK jap. Internierung i. Lager Weihsien; Filmporträt 1981 "Chariots of Fire".
Lindhagen, Sven, schwed. Journalist; * 1896 Stockholm, † 1969 Stockholm; 1917-69 2. Redakteur, Red.sekr. u. CvD „Idrottsbladet".
Lovelock, John, Dr., Arzt; neuseel. Olympiasieger; * 5.1.1910 Greymouth/NZL, † 28.12.1949 New York (Selbstmord?); Studium Otago University; ab 1931 Oxford Univ.; Mitgl. Achilles Club; 1936 Rücktritt; prakt. Arzt; 1940 Jagdunfall; 1947 Wechsel nach New York; Assistenzdirektor f. Chirurgie an einem Krankenhaus; fiel auf d. leeren Metro-Bahnsteig u. Station Church Street in Brooklyn vor einfahrende U-Bahn.
Lowe, Douglas, brit. Olympiasieger, Richter; * 7.8.1902 Manchester, † 30.3.1981 Cranbrook, Kent; Studium Jura Pembroke College Cambridge; 1924 u. 1928 800 m (1.); 1926 brit. Meisterschaften Niederlage gegen Otto Peltzer; 1928 Rücktritt; königl. Richter; 1931-38 Ehrensekretär.
Lyberg, Wolf, schwed. Journalist; * 24.7.1917 Visby; 1940-59 u. 1962-66 Redakteur „Idrottsbladet"; übersetzte Peltzers Artikel; 1969-88 Schwed. NOK, u.a. Generalsekretär; IOC-Statistiker, Buchautor; Olympischer Orden.
Martin, Paul („Paulet"), Dr.; Leichtathlet, Arzt, Sportmediziner, Philosoph, Schriftsteller; * 11.8.1901, † 28.4.1987 Lausanne; Pfadfinder; Lausanne-Sports; OS 1924 800 m (2.); 5 x Teiln. OS; 34 x Schweiz. Meister (400-1500 m) u. 18 Rekorde; 1930 US-Hallenmeister 1000 y; Studium Medizin Genf; Chirurg, 1929 Promotion; danach 2 Jahre USA; Autor zahlr. Schriften; 1952 Gr. Preis d. Sportliteratur d. franz. Schriftstellervereinigung.
Martin, Séraphin (Séra), franz. Weltrekordläufer; * 2.7.1906, † ?; OS 1928 800 m (6.); brach 1926 u. 1928 Peltzers Weltrekorde über 1000 bzw. 800 m.
May, Gerda, „Verlobte" von Peltzer; lebte in Wiesbaden.
Meier, Wilhelm (Willi), Dr., Leichtathlet, Arzt; * 13.4.1907 Herten-Scherlebeck, † 19.3.1979 München; DSC Arminia Bielefeld, FSGW, Preußen 01 Stettin; SCC; begann 1924 mit Leichtathletik; OS 1928 Weitsprung (4.); Studenten-Weltspiele 1928 (1.), 1930 (3.); Bestleistung 7,54 m (1928); Schüler von Peltzer an d. FSGW; Studium Medizin Univ. Berlin; nach 2. WK Fa. August Wolff i. Bielefeld; Hrsg. „Alcina-Sport-Dienst".
Meisinger, Josef; Ltr. d. Reichszentrale zur Bekämpfung d. Homosexualität u. Abteilung beim Reichskriminalpolizeiamt u.d. Gestapo-Sonderdezernats; SD-Hauptamt; 1940 SD-Kommandeur u. SD Warschau; wegen brutalen Vorgehens nach Tokio versetzt.
Meisl, Willy, Dr., Journalist; * 1893 Wien, † ?; Fußball-Torwart beim 1. Wiener Amateursportverein; 1925-33 Red. Ullstein-Verlag („BZ am Mittag", „Voss. Zeitung"); 1928 Hrsg. „Der Sport am Scheideweg" (u.a. mit Kisch, Brecht, Bronnen, Thieß); 1934 Emigration als Jude nach London; schrieb mehrere Bücher; Red. „World Sports" London; sein Bruder Hugo Meisl (1881-1937) war von 1914-1937 Trainer d. österr. „Wunderteams", intern. Schiedsrichter u. Mitbegründer d. Mitropa-Cups.
Mengden, Guido von; Sportfunktionär, Journalist; * 13.11.1896 Düren, † 4.5.1982 Göttingen; 1914 Kriegsfreiwilliger; 1916 als Führer eines Sturmtrupps schwer verwundet (als Vizefeldwebel entlassen); 1917-19 Studium Geodäsie Bonn; Landvermesser u. Kulturingenieur; 1924/25 Schriftltr. „Rheydter Tageblatt"; 1925-33 Geschäftsführer bzw. Direktor Westdt. Spielverbände u. Schriftltr. „Fußball und Leichtathletik"; 1933 NSDAP; DFB-Pressewart; 1935 Pressereferent Tschammers; 1936 Stabschef d. DRL bzw. NSRL; 1938 SA (1941 Obersturmbannführer); 1939-45 Hauptschriftltr. „NS-Sport"; 1945 Führer Volkssturmbataillon 3/107; 1948 Uerdingen; Sportberichte unter Pseudonym „Till van Ryn"; 1951-53 DOG-Geschäftsführer; Redakteur „Olympisches Feuer" u. NOK-Olympia-Standardmagazin 1952/56; 1954-63 DSB-Hauptgeschäftsführer; 1961 Generalsekr. NOK f. Dtschl.
Metzner, Adolf, Prof., Dr., Leichtathlet, Arzt, Sportjournalist; * 25.4.1910 Frankenthal/

Pfalz; † 5.3.1988 Hamburg; Eintracht Frankfurt; OS 1932 400 m (Zwischenlauf ausgesch.), 4x400 m (4.); 1934 EM 400 m (1.); DM 400 m 1932, 1934, 1935; Bestleistung: 47,8 s (1932); Studium Medizin; 1938 Arzt Physiol. Chem. Inst. Frankfurt/Main; 1933 NSDAP, SS (1942 Hauptsturmführer); SS-Sanitätsamt; SS-Panzergrenadier-Bt.; nach 2. WK Flucht u. Versteck in Holstein; 1948-51 stellv. Vors. LV Pfalz; gründete 1931 mit seinem Bruder Arthur die Monatszeitschrift „Der Aktive" (nach dem 2. WK Mitteilungsblatt des „Clubs der Alten Meister"); ab 1951 1. Präs. „Club der Alten Meister"; nebenberufl. umfangr. journal. Tätigkeit (u.a. „Die Zeit"); holte zusammen mit Franz Buthe-Pieper 1967 Peltzer aus Indien zurück.

Miller, Franz, Angestellter, Sportfunktionär, Sportjournalist; * 22.6.1895 München, † 7.2.1963 München; Prokurist Privatbank; TSV München 1860, Mittelstreckenläufer; Olympia-Starter 1928, 1932 u. 1936; 1933 NSDAP; Sportschriftltr. „Münchner Neueste Nachrichten"; Vors. Verein Augsburger Sportpresse; Kassenwart VDS.

Molles, Herbert, Leichtathlet; * 8.11.1902 Oldenburg, gef. 24.1.1944 Italien; VfK Königsberg; DM Speerwerfen 1927, 1929; DR 1929 64,91 m; Teiln. Japan-Tournee (verpaßte mit Peltzer in Warschau den Zug); forderte Wichmann zum Duell auf schweren Säbel wegen Beleidigung heraus.

Müller, Fredy, Leichtathlet, Sportfunktionär; * 8.6.1905 Lyck/Ostpreußen, † 17.3.1959 West-Berlin; TSV Zehlendorf 1888; OS 1928 800 m (Zwischenl. ausgesch.); DM 800 m 1929, 1930; Studenten-Weltspiele 800 m 1928 (2.), 1930 (1.); 1949-59 Vors. Berliner LV; 1951-53 u. 1959 Beisitzer DLV-Präs.

Müller-Hess, Victor, Prof., Dr.; Arzt, Pathologe; * 25.2.1883 Semlin i. Banat, † 16.8.1960 Berlin; 1920 Privatdozent Königsberg, 1922 Bonn, 1930 Prof. Gerichtsmedizin Berlin, 1933 Pr. Landesgesundheits-Rat; Gutachter f. Homosexuellen-Fragen.

Münstermann, Alois, Sportlehrer, Journalist; * 22.8.1903, † ?; Studium DHfL; Sportlehrer FSGW; sozialpol. Abt. d. Siemenswerke; 1936-43 Ltr. d. „Funk-Gymnastik", nach 2. WK in Bethel b. Bielefeld; 1949 Fußballtrainer Arminia Bielefeld; ab 1950 Redakteur „Der Fußball-Trainer" in Reutlingen.

Nathan (Natan), Heinz Alexander (Alex); Prof., Dr., Leichtathlet; * 1.2.1906 Berlin, † 18.1.1971 London; SCC; 1929 WR 4x100 m (40,8); 1933 Emigration; Prof. f. mod. Geschichte King's School Worchester/England; beschuldigte Peltzer 1950, Mitgl. d.

NSDAP u. d. SS gewesen zu sein.

Nurmi, Paavo, finn. Olympiasieger, Trainer, Bauunternehmer; * 13.6.1897 Turku, † 2.10.1973 Helsinki; begann 1917 mit Leichtathletik; Turun Urheiluliitto; OS 1920-28 9 x Gold; 22 x finn. Meister; 31 WR; 1932 durch IAAF lebenslänglich disqualifiziert wegen Verletzung der Amateurbestimmungen; OS 1936 Trainer; OS 1952 letzter Fackelläufer; gelernter Mechaniker; Besuch Industrieschule; 1936-1973 Direktor Paavo Nurmi Oy; 1968 Gründung Paavo-Nurmi-Stiftung; Staatsbegräbnis.

Obermüller, Gerhard („Emton"), Diplomsportlehrer, Journalist; * 11.9.1912 Stettin, † 10.3.1995 Berlin; SC Preußen 01 Stettin; 1932 Abitur FSGW; Studium DHfL; Reichssender Berlin; 2. WK Offizier; sowj. Gefangenschaft; „Nationalkomitee Freies Deutschland"; SED; 1949-51 Chefred. Deutsches Sport-Echo; Red. SFB; 1929 Thür. u. Mitteldt. Meister; 6 x Pommernmeister; Bestleistungen: 100 m 10,8 s, 200 m 22,5 s, Weitsprung 7,09 m.

Paulen, Adriaan, niederl. Leichtathlet, Landvermesser, Sportfunktionär; * 12.10.1902 Haarlem, † 9.5.1985 Eindhoven; OS 1920 800 m (7.); WR 500 m (1924); zeitweise in Kanada Arbeit in einer Goldmine; im 2. WK Offizier d. holl. Widerstandsbewegung; 1948-76 Mitgl. IAAF-Council; 1961-64 Vors. Techn. Komitee IAAF; 1964-70 Präs. Europakomitee d. IAAF, 1970-76 Präs. EAA; 1976-1981 Präs. IAAF; 1959-65 NOK-Vizepräs.; 1965-71 NOK-Direktor.

Peltzer, Elly, Mutter von Otto P., * ?, † Ende Febr./Anfang März 1945 Köselitz (Selbstmord).

Peltzer, Ilse, Schwester von Otto P., * 1898 Ellernbrook-Drage, † 1925 Köselitz.

Peltzer, Inge, Schwester von Otto P., * 1917 Köselitz, † Ende Febr./Anfang März 1945 Köselitz (Selbstmord)

Peltzer, Paul, Vater von Otto P., * ?, umgek. Ende Febr./Anfang März 1945 Köselitz.

Peltzer, Werner, Landwirt, Bruder von Otto P., * 1903 Ellernbrook-Drage?, umgek. Ende Febr./Anfang März 1945 Köselitz.

Petitpierre, Ferdinand de, Dr., Schweiz. Reformpädagoge, Schriftsteller (Pseudonym „Lermitte"); 1929-30 Pädag. Ltr. FSGW; ab 2. WK wieder in Zürich.

Ploetz, Alfred, Prof., Dr.; Nationalökonom, Arzt, Rassenhygieniker; * 22.8.1860 Swinemünde, † 1940; Studium Univ. Breslau, Zürich, Bern, Basel, Prom.; Prof. München spez. Rassengygiene u. Anthropologie.

Pollmanns, Willi, Sportfunktionär;

* 30.4.1908 Düsseldorf, † 12.7.1977 Hamburg; SC 1899 Düsseldorf, Sportfreunde Neuß, Dt. SC Düsseldorf; DM 110 m Hürden 1934 (2.), 1939 (2.); 1951-52 DLV-Lehrwart, 1952-65 DLV-Sportwart; 1954-61 Vors. Westdt. LV.
Radbruch, Gustav, Rechtsphilosoph, Strafrechtslehrer, Politiker, * 21.11.1878 Lübeck, † 23.11.1949 Heidelberg; 1902 Prom. Berlin; seit 1904 Privatdozent, 1910 Professor f. Recht Heidelberg, Königsberg (1914), 1916-18 1. WK Westfront; Kiel (1919) u. erneut Heidelberg (1926-33, 1945-49); SPD; 1920-24 MdR, 1921-23 Reichsjustizminister; prägte unter d. Eindruck der NS-Verbrechen die Radbruchsche Formel (Rechtspositivismus, Recht auf Widerstand); Onkel von Peltzer; schrieb Vorwort für sein Buch „Sport u. Erziehung".
Rau, Richard, Leichtathlet, Sportartikelhändler; * 26.8.1889 Berlin, † Nov. 1945 Wjasma/UdSSR; OS 1912 200 m (4.); DM 1909 100 m (1.), 1910 100/200 m (1.); 1911 100/200/110. Hürden (1.), 1912 100/200 m (1.), 1916 200 m (1.), 1919 110 m Hürden (1.), 1920 100/200 m (1.); Inhaber eines Sportartikel-Geschäfts in Berlin; 11.9.1926 Starter von Peltzers Weltrekordlauf über 1500 m; 1933 NSDAP, SS (1938 Hauptsturmführer); 1945 amerik. Gefangensch.; Entlassung i. sowj. Zone (bei Kontrolle auf d. Flucht angeschossen).
Reisdorf, Valentin-Christian Falk, Journalist, Sportfunktionär; * 23.2.1899 Neuwied, † 1.6.1957 Frankfurt/M.; 1946 Techn. Ltr. DM in Frankfurt/M.; 1946-48 stellv. Vors. LV Hessen; 1949-55 DLV-Pressewart; Red. Mitgl. „Neue Presse" Frankfurt/M., 1946-48 Stellv. Vors. LV Hessen, 1948-52 Pressewart LV Hessen; besonderer Gegner Peltzers.
Rhodin, Harald, Physiotherapeut; * 21.6.1894 Sölwesborg/SWE, † 1.9.1960 Stockholm; ab 1914 Masseur in St. Petersburg, wo der Sänger Fjodor Schaljapin zu seinen Kunden gehörte; 1915/16 Aufenthalt i. Schweden; 1917 wieder St. Petersburg, nach d. Oktoberrevolution ausgewiesen; 1919 in Stettin, erfolgr. Schwimmer, Hoch- und Stabhochspringer; Masseur von Peltzer; 1933 Heirat mit Käthe R.; Febr. 1938 Emigration nach Schweden; dort eigenes Massageinstitut.
Richard, Tex, US-Boxmanager; wollte Peltzer 1926 nach seinem 1500-m-Weltrekord für 250 000 Dollar als Profi engagieren.
Schilgen, Fritz, Dipl.-Ing.; *8.9.1906 Kronberg/Taunus; Mittelstreckenläufer ASC Darmstadt, Siemens Berlin; 1928-33 8 Länderkämpfe; 1927/29 Dt. Hochschulmeister 1500/5000 m; letzter Läufer Stafette Olympia–Berlin, entzündete am 1.8.1936 Olympisches Feuer im Olympiastadion; Fernmeldetechniker bei Telefunken; nach 2. WK Ulm, über 30 Patente u. Gebrauchsmuster Elektrotechnik; 1972 Verantw. im OK München für olymp. Fackellauf; lebt in Kronberg.
Schirach, Baldur von; Reichsjugendführer; 9.5.1907 Berlin, † 8.8.1974 Kröv a.d. Mosel; Studium Volkskunde u. Geschichte München; 1925 NSDAP; 1926 SA (1941 Obergruppenführer); 1929 Führer Nationalsoz. Dt. Studentenbund; 1931-1940 Reichsjugendführer; 1940-45 Gauleiter von Wien; 1946 als Hauptkriegsverbrecher zu 20 J. Gefängnis verurteilt; Haft in Berlin-Spandau; 1966 Entlassung.
Schmeling, Max; Profiboxer, * 28.9.1905 Klein-Luckow/Uckermark; begann als 18j. in Köln mit Boxen; 1924 Profidebüt; 1926 DM Halbschwergewicht; 1927 EM; 1928 DM Schwergewicht; 1930 WM Schwergewicht (gegen Jack Sharkey); 1931 Titelverteidigung gegen Young Stribling; 1932 WM-Niederlage gegen Sharkey; 19.6.1936 Sieg gegen Joe Louis („Der braune Bomber"), 1938 WM-Niederlage gegen Louis; verheir. mit Schauspielerin Anny Ondra; Besitzer der Fa. Getränke-Industrie Hamburg, Max Schmeling & Co.
Schmoller, Gustav, Prof., Dr.; Nationalökonom, Rassenhygieniker; * 24.6.1838 Heilbronn, † 27.6.1917 Bad Harzburg; 1864-72 Prof. Halle, 1872-1882 Straßburg, 1882-1913 Berlin; 1884 Mitgl. d. Preuß. Staatsrates; seit 1899 Preuß. Herrenhaus; Hauptvertreter d. histor. Schule d. „Kathedersozialismus"; Mitbegr. „Verein für Socialpolitik".
Schröter, Rupert, Dr., Sportfunktionär; 1953-55 Vors. DLV-Rechtsausschuß; leitete 1950 Verfahren gegen Peltzer wegen „Ziehung".
Siemsen, Hans, Prof., Dr. phil; Schriftsteller; * 27.3.1891 Mark/Westf., † 26.2.1969 Essen; 1923-32 Prof. Pädagogik Univ. Jena, USPD, SPD; 1928-30 MdR; 1933 Emigration Schweiz, dort Lehrer; 1946 Rückkehr.
Sintenis, Renée, Prof., Bildhauerin, Malerin, Graphikerin; * 20.3.1888 Glatz/Schlesien, † 22.4.1969 West-Berlin; Studium Kunstgewerbeschule Berlin; seit 1931 AdK; vor allem Tier- und Sportlerplastiken („Der Läufer Nurmi", „Fußballer"/Olymp. Bronzemedaille Kunstwettb. Amsterdam 1928); 1952 Pour le merité Friedenskl.; 1953 BVK; verheiratet mit Maler Prof. Emil Rudolf Weiß.
Storz, Werner („Harry"), Dr. phil.; Leichtathlet, Journalist; * 3.3.1904 Halle/Saale, † 13.8.1982 Hamburg; VfL Halle; OS 1928 400 m (5.), 4x400 m (2.); DM 400 m 1928 (2.), 1929 (2.); 1924 Reichswehr; 1929 Stadtverordn. Halle f. NSDAP; 1931 NSDAP,

SA, SS (Sturmbannführer); 1932 Sportschriftleiter „Völkischer Beobachter"; Rundfunksprecher; RSHA; ab 1954 Sportredakteur „Hamburger Abendblatt".
Suhrkamp, Heinrich (genannt Peter), Dr. phil.; Pädagoge, Verleger; * 18.3.1891 Kirchhatten/Oldenburg, † 31.3.1959 Frankfurt/Main; Studium Heidelberg, Frankfurt/M.; 1911 Lehrer; 1915-18 1. WK; danach Lehrer Odenwaldschule; 1925 Lehrer u. 1926-29 Pädag. Ltr. FSGW; danach Dramaturg u. Regisseur; 1930-32 Red. Ullstein-Verlag; 1933-36 Herausg. „Die Neue Rundschau"; 1937 Inh. u. Ltr. S. Fischer Verlag bzw. ab 1950 Suhrkamp-Verlag (Verleger von Brecht, Hesse, Adorno, Proust u.a.); 1944 KZ Sachsenhausen (Anklage Hochverrat); Mitgl. PEN-Club.
Syring, Max, Leichtathlet, Trainer; * 20.8.1908 Reuden/Krs. Zerbst, † 14.4.1983 Hamburg; KTV Wittenberg; 1932-43 14 x DM 5000/10 000 m; 1956 u.a. in Leipzig Trainer von Klaus Richtzenhain (Olympiasilber Melbourne 1500 m); danach Hamburg.
Tegnér, Torsten; schwed. Journalist, * 6.12.1888 Stockholm, † 10.6.1977 Stockholm; 1915-67 Herausgeber u. Chefredakteur „Idrottsbladet" (für 10 Kronen und mit 84 Abonnenten gekauft); AIPS-Mitbegründer; 1923 EM Eishockey (1.), 1909, 1913 Nord. Meister u. 1909, 1914 schwed. Meister im Bandy; 1908-72 OS Berichterstatter.
Troßbach, Heinrich (Heiner), Leichtathlet, Sportjournalist; * 8.3.1903 Sablon b. Metz/Lothringen, 8.10.1947 Kulmbach; Eintracht Frankfurt, BSC; DM 1922 110 m Hürden (1.); 1923, 1925 110/400 m Hürden (1.), 1926 110 m Hürden (1.); 1929 Teiln. Japan-Tournee; prägte für Peltzer d. Spitznamen „Otto der Seltsame"; 1929/30 Redakteur „Der Leichtathlet"; 1938-42 Sportwart Fachamt Leichtathletik, Pressereferent u. Archivar d. NSRL-Führung.
Tschammer und Osten, Hans, Reichssportführer, DOA-Präsident; * 27.10.1887 Dresden, † 25.3.1943 Berlin; ab 12. Lebensjahr Kadetten-Korps Dresden; 1907 Abitur, zeitweise Militärturnanstalt; 1914 Adjutant 6. Kgl. Sächs. Infant.-Regiment Nr. 105 Straßburg; Okt. 1914 Unterarmdurchschuß; 1915 Adjutant Kreischef Hasselt in Belgien; 1916 Adj. Gouvernement Limburg EK I; Okt. 1917 Nachrichtenoffizier Gr. Hauptquartier; bis 1919 Nachrichtenoffizier Sächs. Kriegsmin.; 1920 Rittergut Klein-Dehsa; 1923-26 Führer Jungdt. Orden Sachsen; 1924 Wechsel nach Dresden; 1925/26 Stahlhelm; 1930 NSDAP, 1931 SA (Führer Standarte 103 Löbau); 1932 Gruppenführer Mitte Dessau; MdR;

1.-25.4.1933 Sonderkommissar OSAF im RMdI; 28.4.1933 Reichssportkommissar (ab 19.7. Reichssportführer), Präsident DOA, Führer DT; Vorstandsmitgl. OK OS 1936 Berlin u. Garmisch-Partenkirchen; Dtsch. Adelsgesellschaft; 1934 Ltr. Sportamt „KdF"; 1934 Ltr. Oberste Behörde f. Vollblutzucht u. -Rennen; HJ-Obergebietsführer; 1936 Präs. Dt. Reichsakademie f. Leibesübungen; 1937 Staatsrat, SA-Obergruppenführer; Staatsbegräbnis.
Vogel, Peter, Dr. rer. pol., Unternehmer, Sportfunktionär; * 8.3.1900 Krefeld, † 1971 Krefeld; Studium Univ. Köln, 1929 Prom.; Geschäftsführer Fa. Mercantil GmbH, Web- u. Wirkwaren Fabrikation u. Großhandel; ab 1949 Obmann Leichtathletik-Abt. CSV Marathon 1910 Krefeld; 1950 Verweis „wegen Ziehung", später Rechtswart LV Niederrhein; Bürgerschaftsvertreter.
Volkmann, Gerhard, Leichtathlet; SC Komet Berlin; DM 1920 3000 m Hindernis; 1922 DR (9:55,2).
Waitzer, Josef, Reichssportlehrer; * 1.5.1884 München-Haidhausen, † 28.2.1966 Korbach/Hessen; OS 1912 Teiln. Diskus, Speer, Fünfkampf; 1913 Teiln. DRAfOS-Studienreise i. USA; 1922-24 Trainer Schweiz; 1925-37 Reichssportlehrer bzw. -trainer DSBfA bzw. DLV; 1948-49 Pressewart DLA, 1949-51 DLV-Lehrwart.
Wasicky, Erich, SS-Hauptsturmführer; * 27.5.1911, hinger. 28.5.1947 Landsberg; 1941-44 Apotheker KZ Mauthausen; 1944-45 20. SS-Div.
Wichmann, Friedrich-Wilhelm, Dr.; Leichtathlet; * 31.8.1901 Dortmund, 20.11.1974 Korbach; Eintracht Frankfurt; DM 1929 200 m; Teiln. Japan-Tournee; von Molles zum Duell auf schweren Säbel wegen Beleidigung herausgefordert.
Wide, Edvin, Lehrer, schwed. Langstreckenläufer, * 22.2.1896 Kimito/Åland-Inseln; † 19.6.1996 Stockholm; IF Linnéa Stockholm; OS 1920 3000 m Mannschaft (3.), 1924 5000 m (3.), 10 000 m (2.), 1928 5000 m (3.), 10 000 m (3.); 1931 Rücktritt.
Wittig, Karl, Dr.; KZ-Leidensgenosse von Otto Peltzer; 1945-46 gem. Quartier im Boelcebunker Frankfurt/Main.
Wyneken, Gustav Adolf, Dr. phil.; Reformpädagoge, * 19.3.1875 Stade, † 8.12.1964 Göttingen; Abitur Klosterschule Ilfeld; Studium Theologie, Philosophie u. Philologie Berlin, Halle, Greifswald, Göttingen; 1898 Diss.; 1900-1906 Lehrer Landerziehungsheim Ilsenburg b. Hermann Lietz; 1906-10 mit Paul Geheeb Gründung u. Ltg. FSGW; 1918/19

Biographien

Berater Preuß. Kultusmin.; 1919/20, 1925-31 wirtsch. Ltr.FSGW; freier Schriftsteller (u.a. 1921 „Eros" – bis 1924 bereits 17 Auflagen); zeitweise mit Jugendbew. verbunden; 1931 Rücktritt u. Umzug nach Berlin; 1940 Entzug d. Rente; letzte Jahre in Göttingen.

Zátopek, Emil, Offizier, tsch. Langstreckenläufer; * 19.9.1922 Kopřivnice, Krs. Novy Jicín; OS 1948 5000 m (2.), 10 000 m (1.); 1952 5000 m (1.), 10 000 m (1.), Marathon (1.), 1956 Marathon (6.); seine Frau wurde am selben Tag in Helsinki im Speerwerfen Olympiasiegerin wie er über 5000 m (24.7.1952); wegen seines Laufstils "Prager Lokomotive" genannt; 18 x WR; EM 1950 5000 m (1.), 10 000 m (1.), 1954 5000 m (3.), 10 000 m (1.); 1957 Rücktritt; fiel 1968 während d. "Prager Frühlings" in Ungnade, weil er "Manifest der 2000 Worte" unterschrieb; als Major entlassen; danach Geologe in einem Bohrtrupp; 1971 Widerruf seiner Unterschrift; Archivar d. Sportdokumentation d. CSTV; 1990 Rehabilitierung; Ende 1952 Teiln. Weltfriedenstreffen i. Wien; Zusammentreffen mit Peltzer.

Ziereis, Franz, SS-Standartenführer; *13.8.1905 München, † 24.5.1945 Pyrhn/Spital (auf d. Flucht erschossen); NSDAP; Kommandant KZ Mauthausen.

Zwiedenick, Otto Edler von Südenhorst, Prof., Dr., Dr.-Ing.; Sozial- und Lohnpolitiker, Rassenhygieniker; * 24.2.1871 Graz/Steiermark, † 4.8.1957 Graz; Gymn. Graz; 1889-95 Stud. Graz, Heidelberg, Leipzig; 1895 Prom. Graz; 1901 Habil., Privatdozent; 1903 Prof. TH Karlsruhe, 1912-13 Rektor; 1917-18 Ltr. Presseabt. Litzmannstadt; 1920 Prof. Breslau, 1921-1938 u. nach 1945 München; 1926-30 Ständiger Sachverständ. d. Ausschusses zur Untersuchung d. Erzeugnis- u. Absatzbedingungen; 1953 BVK; lebte in Gräfelding b. München.

Abkürzungen

AA	Auswärtiges Amt
AAA	Amateur Athletic Association
AdK	Akademie der Künste
ADMV	Allgemeiner Deutscher Motorsportverband
ADS	Arbeitsgemeinschaft Sport
AIPS	Internationaler Sportjournalistenverband
AP	Associated Press
AvD	Automobilclub von Deutschland
BA	Bundesarchiv Berlin
BDC	Berlin Document Center
BfV	Bundesamt für Verfassungsschutz
BSC	Berliner Sport-Club
BVK	Bundesverdienstkreuz
CDI	Carl-Diem-Institut
DAF	Deutsche Arbeits-Front
DFB	Deutscher Fußball-Bund
DHfL	Deutsche Hochschule für Leibesübungen
DLA	Deutscher Leichtathletik-Ausschuß
DLV	Deutscher Leichtathletik-Verband
DM	Deutsche Meisterschaften
DNB	Deutsches Nachrichten Büro
DOA	Deutscher Olympischer Ausschuß
DOG	Deutsche Olympische Gesellschaft
DR	Deutscher Rekord
DRAfL	Deutscher Reichsausschuß für Leibesübungen
DRAfOS	Deutscher Reichsausschuß für Olympische Spiele
DRL	Deutscher Reichsausschuß für Leibesübungen
DSB	Deutscher Sportbund
DSBfA	Deutsche Sportbehörde für Athletik (2. Hälfte 20er Jahre nur noch DSB)
DSH	Deutsche Sporthochschule
EK	Eisernes Kreuz
EM	Europameisterschaften
FSGW	Freie Schulgemeinde Wickersdorf
HJ	Hitler-Jugend
HV	Hauptverwaltung
IOC	Internationales Olympisches Komitee
IOI	Internationales Olympisches Institut
IKRK	Internationales Rotes Kreuz
KdF	„Kraft durch Freude"
KZ	Konzentrationslager
LV	Landesverband
MdR	Mitglied des Reichstages
NOK	Nationales Olympisches Komitee
NSDAP	Nationalsozialistische Deutsche Arbeiterpartei
NSKK	Nationalsozialistisches Kraftfahrer-Korps
NSRL	Nationalsozialistischer Reichsbund für Leibesübungen
OK	Organisationskomitee
OS	Olympische Spiele
OSAF	Oberster SA-Führer
RMdI	Reichsministerium des Innern
RSHA	Reichssicherheitshauptamt
SA	Sturm-Abteilung
SC	Sportclub
SCC	SC Charlottenburg
SD	Sicherheitsdienst
SIPO	Sicherheitspolizei
SS	Schutzstaffel
SV	Sportverein
TH	Technische Hochschule
TSV	Turn- und Sportverein
VDS	Verband Deutscher Sportjournalisten
VfB	Verein für Ballspiele
VK	Archiv Volker Kluge
WK	Weltkrieg
WM	Weltmeisterschaft
WR	Weltrekord

Bibliographie

Publikationen:

Amrhein, Klaus, Biographisches Handbuch zur Geschichte der deutschen Leichtathletik 1898-1998, Leichtathletik-Fördergesellschaft, Darmstadt, 1998

Beichte des Lagerkommandanten von Mauthausen SS-Standartenführer Franz Zieraus, Arbeitsgemeinschaft „Das Licht",

Bericht über die Beteiligung Deutschlands an den X. Olympischen Spielen in Los Angeles und den III. Winterspielen in Lake Placid 1932, Deutscher Olympischer Ausschuß, 1932

Bilder aus der Freien Schulgemeinde Wickersdorf, im Selbstverlag der Freien Schulgemeinde, Wickersdorf, 1930

Bongs, Rolf, Über den Körper, Verlag Die Rabenpresse, Berlin, 1932

Crisp, Margret, Das war van Aaken, Edition Spiridon, Hilden, 1984

Diem, Carl, Ausgewählte Schriften, Bd. 3, Reiseberichte, Verlag Hans Richarz, Sankt Augustin, 1982

Diem, Liselott, Leben als Herausforderung, Bd. 2, Briefe von Carl an Liselott Diem 1924-1947, Verlag Hans Richarz, St. Augustin, 1986

Florian Freund, Konzentrationslager Ebensee, Ein Außenlager des KZ Mauthausen, herausgegeben vom Dokumentationsarchiv des österreichischen Widerstandes, Wien 1990

Geuter, Ulried, Homosexualität in der deutschen Jugendbewegung, Psychoanalyse und Jugendpsychologie des 20. Jahrhunderts, Suhrkamp-Taschenbuch, Frankfurt a.M., 1994

Grau, Günter (Hrsg.), Homosexualität in der NS-Zeit, Fischer Taschenbuch Verlag, Frankfurt/Main, 1993

Hänsch, Kerstin, Dr. Otto Peltzer, Diplomarbeit, Friedrich-Schiller-Universität Jena, Sektion Sportwissenschaft, 1991

Hasenjäger, Karl, Jubiläums-Festschrift, Chronik, Sport-Klub „Preußen 1901" Stettin, Hamburg-Wandsbek, 1961

Hitler, Adolf, Mein Kampf, Eher-Verlag, München, 1925

Kluge, Volker, Olympische Sommerspiele, Die Chronik I, Sportverlag, Berlin, 1997

Maasen, Thijs, Pädagogischer Eros. Gustav Wyneken und die Freie Schulgemeinde Wickersdorf, Verlag rosa Winkel, Berlin, o.J., S.

Macco, Hans, Deutsches Geschlechterbuch, Bd. 79

MacLean, French L., The Camp Man, The SS Officers Who Ran the Nazi Concentration Camp System, Schiffer Military History Atglen, PA, 1999

Magnusson, Sally, The Flying Scotsman, Quartet Books, London, Melbourne, New York, 1981

Maršálek, Hans, Die Geschichte des Konzentrationslagers Mauthausen, Wien, Linz, Österreichische Lagergemeinschaft, 1995

McNeish, James, Ahnungslos in Berlin. Tagebuch einer Forschungsreise, LCB-Editionen, Berlin, 1983

McNeish, James, Lovelock, Hodder & Stoughton, Auckland, 1986

Meisl, Willy, Der Sport am Scheidewege, Iris Verlag, Heidelberg, 1928

Peltzer, Otto, Das Verhältnis der Sozialpolitik zur Rassenhygiene, Inauguraldissertation, Staatswirtschaftliche Fakultät der Ludwig-Maximilians-Universität München, 1925

Peltzer, Otto (Hrsg.), Das Trainingsbuch des Leichtathleten, Verlegt bei Dieck & Co. in Stuttgart, 1926

Peltzer, Otto, Der Weg zum Erfolg. Ein sportliches Führerbuch, unter Mitwirkung von Charles Hoff, 2 Bd., Oldenburg 1927

Peltzer, Otto, Dr. Peltzer's Extract of Modern Athletic Systems by The Rajkumari Sports Coaching Scheme, German Coach in India, Edited by B.N. Dastoor, Owens Sports, Navsari, 1960

Peltzer, Otto, Sport, Ein Weg zu Freiheit und Kultur, Deutsche Verlags-Anstalt, Stuttgart, 1946

Peltzer, Otto, Sport und Erziehung, Gedanken über eine Neugestaltung, Verlag der Greif, Walther Gericke, Wiesbaden, 1947

Peltzer, Otto, Umkämpftes Leben. Sportjahre zwischen Nurmi und Zatopek, Verlag der Nation, Berlin, 1955

Picker, Henry, Hitlers Tischgespräche, Ullstein Verlag, Frankfurt/Main, Berlin, 1993

Bibliographie

Puschner, Uwe; Schmitz, Walter; Ulbricht Justus H. (Hrsg.), Handbuch zur „völkischen Bewegung" 1871-1918, Saur Verlag, München, 1996

B.F. Smith, B.F.; Peterson, A.F. (Hrsg.), Heinrich Himmler, Geheimreden 1933-1945 und andere Ansprachen, Frankfurt/Main, Berlin, Wien, 1974

Trial of the Major War Criminals before the International Military Tribunal, Nuremberg, 14 November 1945 - 1 October 1946, Published at Nuremberg, Germany, 1948, XIV

Unsere Zeitgenossen, Wer ist's, Verlag von H.A. Ludwig Degener, Leipzig, 1911

Waitzer, Josef; Dörr, Willy (Hrsg.), Welt-Olympia 1928 in Wort und Bild, Verlag Conzett & Huber, Berlin, Stuttgart, Zürich, 1928

Wer ist's?, Verlag Hermann Degener, Berlin, 1935

Wistrich, Robert, Who's Who in Nazi Germany, Weidenfels and Nicolson, London, 1982

Zeitungen / Zeitschriften:

Berliner Tageblatt
Blätter für Volksgesundheit und Volkskraft
Capri, Zeitschrift für schwule Geschichte
Der Aktive, Mitteilungsblatt der Vereinigung alter Leichtathleten „Club der Alten Meister"
Der Leichtathlet
Deutsches Sport-Echo
DGLD-Bulletin
Die Welt
Die Zeit
Fußball und Leichtathletik
Gesundheit und Erziehung
Grüne Fahne
Holsteiner Courier
Idrottsbladet
Junge Menschen
Leichtathletik
Neue Zeitung
Neues Deutschland
Nouvelles de France, Deutsche Ausgabe
NS-Sport
Ostholsteiner Anzeiger
Pariser Tageblatt
Political Weekly Magazine
Preußen-Nachrichten
Reichsgesetzblatt
Reichssportblatt
Reichswacht
Rheinische Post
Sozial- und Zeitgeschichte des Sports
Start und Ziel
Stettiner General-Anzeiger
Süddeutsche Zeitung
The Statesman
Times of India
Vereins-Zeitung Sportclub Preußen 01 e.V.
Völkischer Beobachter
Welt am Sonntag

Archive:

Archiv der deutschen Jugendbewegung, Burg Ludwigstein
Archiv der Gedenkstätte Konzentrationslager Mauthausen
Archiv Volker Kluge, Berlin
Bundesarchiv, Berlin
Bundesministerium des Innern, Republik Österreich
Carl- und Liselott Diem-Archiv, Köln
Landesarchiv Berlin
National Archives, College Park, Maryland
Politisches Archiv des Auswärtigen Amtes, Bonn, Berlin
SÄPO-Archiv, Stockholm
Stadtarchiv Krefeld
Stiftung Dokumentationsarchiv des österreichischen Widerstandes, Wien
Textilmuseum Krefeld
Universitätsarchiv, Ludwig-Maximilians-Universität, München

Das Geleitwort entnahmen wir mit freundlicher Genehmigung von Prof. Walter Jens seiner Festrede zum 100jährigen Jubiläum des DLV am 2. Juli 1998 im Roten Rathaus von Berlin.

Krombacher
EINE PERLE DER NATUR.

Gebraut nach dem deutschen Reinheitsgebot in der Krombacher Privatbrauerei
57215 Kreuztal · Am Rothaargebirg · Telefon 02741 ... · Internet:
www.krombacher.de

MIT FELSQUELLWASSER GEBRAUT.

Wer sich misst, kommt weiter.

Punkt um Punkt vorankommen. Im Sport ebenso wie beim Energiesparen. Damit sich auch auf diesem Feld Ihr gezielter Einsatz lohnt, bietet Techem perfekte Lösungen zum individuellen Erfassen und Abrechnen von Wärme, Wasser, Strom.

Saonestraße 1
60528 Frankfurt am Main
Telefon: 0 69/66 39-0
Telefax: 0 69/66 39-300
www.techem.de

Ob Heizkostenverteiler, Wärme- oder Wasserzähler, Systemtechnik oder Erfassung kombiniert mit Einzelraum-Temperaturregelung – Techem hat stets die passende Geräteausstattung.

techem
Ideen mit Energie.

Fotos:
Archiv Kluge
Dieter Huhn (1)
Viva Staehelin-Rhodin (1)

Ein spezieller Dank gilt:
Lilli Amlong (München), Prof. Rangit Bathia (Delhi), Hajo Bernett (Bad Honeff/†); Manfred von Brauchitsch (Gräfenwarth), Margret Crisp (Waldniel), Dr. Max Danz (Kassel), Joachim Engel (Ellernbrook-Drage), Hans Geister (Krefeld), Dr. Günter Grau (Berlin), Manfred Herzer (Berlin), Dieter Huhn (Berlin), Ove Karlsson (Stockholm), Prof. Dr. Arnd Krüger (Göttingen), Jens Kuhnke (Malente), David Lowe (London), Wolf Lyberg (Stockholm), James McNaish (Wellington), Eva Obermüller (Berlin), Andreas Pretzel (Berlin), Heinz Georg Radbruch (Hamburg/†), Erk Peter Radbruch (Hitzhusen), Jane Ume Radbruch (Hamburg), Björn Rhodin (Stockholm), Theo Rous (Alpen), Fritz Schilgen (Kronstein/Taunus), Peter J. Schröder (Drage), Prof. Dr. Willi Schröder (Jena), Erwin Schwarz (Erfurt), Gustav Schwenk (Düsseldorf), Happy Sikand (Oxnard, Calif.), Viva Staehelin-Rhodin (Monthey, Schweiz), Manfred Steffny (Erkrath), Prof. Dr. Hans Joachim Teichler (Potsdam), Werner Tetzlaff (Neu Darchau), Prof. Dr. Manfred Thieß (Stadtroda), Prof. Dr. Günter Wonneberger (Borthen)

Noch ein persönliches Wort:
Bücher haben bekanntlich ihre Geschichte. Diese begann vor mehr als 30 Jahren, als ich mit Dr. Otto Peltzer zu korrespondieren begann und ihn irgendwann bat, für mich einen Artikel zu verfassen. Er schrieb mir daraufhin am 14. Juni 1970 die nebenstehende Karte und fragte an, bis wann ich seine Ausführungen in der Hand haben müßte. Das war das letzte Mal, daß ich von ihm hörte. Nach seinem Tode erhielt ich einen Brief von seinem Cousin Heinz Georg Radbruch, der mir schrieb: „Vielleicht interessiert es Sie, daß auf seinem Schreibtisch das angefangene Manuskript lag, um das Sie ihn gebeten hatten."

Friedhof Hohenwestedt